WISSENSCHAFTLICHE BEITRÄGE
AUS DEM TECTUM VERLAG

Reihe Rechtswissenschaften

Band 108

Christian Widera

Verträge zwischen nahen Angehörigen im Einkommensteuerrecht

Zu den Maßstäben für eine steuerliche Bewertung von Einkünfteverlagerungen innerhalb des Familienverbundes

Tectum Verlag

Christian Widera

Verträge zwischen nahen Angehörigen im Einkommensteuerrecht.
Zu den Maßstäben für eine steuerliche Bewertung von
Einkünfteverlagerungen innerhalb des Familienverbundes
Wissenschaftliche Beiträge aus dem Tectum Verlag:
Reihe: Rechtswissenschaften; Bd. 108

Zugl. Diss. Philipps-Universität Marburg 2018

ISBN: 978-3-8288-4221-2
ISSN: 1861-7875
E-Book: 978-3-8288-7126-7
ePub: 978-3-8288-7127-4

Printed in Germany

Bibliografische Informationen der Deutschen Nationalbibliothek
Die Deutsche Nationalbibliothek verzeichnet diese Publikation in der Deutschen Nationalbibliografie; detaillierte bibliografische Angaben sind im Internet über http://dnb.d-nb.de abrufbar.

Meiner Familie

Vorwort

Diese Arbeit wurde im März 2018 dem Fachbereich Rechtswissenschaften der Philipps-Universität Marburg vorgelegt und am 20. Juni 2018 in einem Disputationvortrag verteidigt. Die Arbeit berücksichtigt die Rechtsprechung des Bundesfinanzhofs zu Verträgen zwischen nahen Angehörigen bis Juli 2017

Mein persönlicher Dank gilt zu aller erst meinem Doktorvater Professor Dr. Sebastian Müller-Franken, der mir während der ganzen Zeit meiner Dissertation mit vielen wertvollen Gesprächen und Anregungen zur Seite stand und mir während meiner Zeit als Wissenschaftlicher Mitarbeitet an seinem Lehrstuhl darüber hinaus auch die Teilnahme an wissenschaftlichen Tagungen ermöglichte und mich förderte. Diese Zeit werde ich immer in besonderer Erinnerung behalten.

Herrn Professor Dr. Steffen Detterbeck möchte ich für die zügige Erstellung des Zweitgutachtens danken.

Mein besonderer Dank gilt meinen Eltern, Petra und Arnold Widera, sowie meiner Schwester Stephanie Widera. Die Unterstützung und Ermutigung, die ich durch sie in allen Lebenslagen erfahren habe, haben die Erstellung dieser Arbeit erst ermöglicht. Dafür bin ich aus tiefstem Herzen dankbar.

Ein herzlicher Dank gebührt auch Herrn Nils Kowalewski, den ich seit der Grundschule glücklicherweise meinen besten Freund nennen darf und der mir in vielen Gesprächen mit Rat zur Seite gestanden hat.

Schließlich danke ich meiner Freundin Lea Hachmeister, die mich während der Bearbeitung immer emotional unterstützt hat und die Mühe des Korrekturlesens auf sich genommen hat. Ich bin unendlich dankbar, mit Dir gemeinsam alle Wege zu beschreiten.

Inhaltsübersicht

Inhaltsverzeichnis

Literaturverzeichnis

Alexy, *Robert*: Theorie der Grundrechte, 1. Aufl. (Nachdruck), Frankfurt 2001.

– Verfassungsrecht und einfaches Recht, VVDStRL Bd. 61 (2002), S. 7-33.

Anzinger, *Heribert M.*: Anscheinsbeweis und tatsächliche Vermutung im Ertragsteuerrecht. Anwendungsgrundsätze am Beispiel der Rechtsprechung des Bundesfinanzhofes zu Liebhaberei und gewerblichem Grundstückshandel, Steuerwissenschaftliche Schriften Bd. 1, Baden-Baden 2006; zugl.: Darmstadt, Techn. Univ., Diss., 2005 (zit.: Anscheinsbeweis, S.).

Arnauld, *Andreas von*: Möglichkeiten und Grenzen dynamischer Interpretation von Rechtsnormen. Ein Beitrag zur Rekonstruktion autor-subjektiver Normauslegung, Rechtstheorie 32 (2001), 465-495.

Autenrieth, *Karlheinz*: Schenkung einer Darlehensforderung vom Vater an Kinder. Anmerkung zum Urteil des Bundesfinanzhofes vom 10.04.1984 - VIII R 134/81, BB 1985, 168-168.

Barth, *Rainer*: Richterliche Rechtsfortbildung im Steuerrecht, Schriften zum Steuerrecht Bd. 50, Berlin 1996; zugl.: Münster, Univ., Diss., 1995 (zit.: Rechtsfortbildung, S.).

Baumbach, *Adolf* (Begr.)/***Hopt,*** *Klaus*: Handelsgesetzbuch, 38. Aufl., München 2017 (zit.: *Bearbeiter*, in: Baumbach/Hopt, HGB, Rn.).

Bauschatz, *Peter*: Verdeckte Gewinnausschüttung und Fremdvergleich im Steuerrecht der GmbH. §§ 8 Abs. 3 S. 2, 8a KStG, Schriften zum Steuerrecht Bd. 71, Berlin 2001; zugl.: Augsburg, Univ., Diss. 2000 (zit.: Verdeckte Gewinnausschüttung und Fremdvergleich, S.).

Becker, *Enno*: Die Reichsabgabenordnung, Kommentar, 7. Aufl., Berlin 1930 (zit.: RAO, §, Anm.).

Beermann, *Albert* (Begr.)/***Gosch,*** *Dietmar* (Hrsg.): Kommentar zur Abgabenordnung und Finanzgerichtsordnung, Loseblatt-Ausgabe, Bonn (zit.: *Bearbeiter*, in: Beermann/Gosch, AO/FGO, §, Rz.).

Beinert, *Jörg*: Rechtstatsächliche Aspekte der Übertragung von Einkunftsquellen, in: Tipke (Hrsg.), Übertragung von Einkunftsquellen im Steuerrecht, Veröffentlichungen der Deutschen Steuerjuristischen Gesellschaft Bd. 1, 2. Aufl., Köln 1979, S. 141-154 (zit.: DStJG 1, S.).

Beisse, *Heinrich*: Die wirtschaftliche Betrachtungsweise bei der Auslegung der Steuergesetze in der neueren deutschen Rechtsprechung, StuW 1981, 1-14.

Bender, *Bodo*: Grundlagen und Kriterien des steuerlichen Fremdvergleichs bei schenkweise eingeräumten Beteiligungen an Familienpersonengesellschaften, Würzburger Rechtswissenschaftliche Schriften Bd. 75, Würzburg 2008; zugl.: Würzburg, Univ., Diss., 2007 (zit.: Grundlagen und Kriterien, S.).

Beul, *Herbert*/**Beul,** *Carsten-René*: Steuerliche Anerkennung von Verträgen zwischen nahen Angehörigen, DStR 1985, 13-20.

Biergans, *Enno*/**Stockinger,** *Roland*: Zum Einkommensbegriff und zur persönlichen Zurechnung von Einkünften im Einkommensteuerrecht (II), FR 1982, 25-33.

Bilsdorfer, *Peter*: Der steuerliche Fremdvergleich bei Vereinbarungen unter nahestehenden Personen, Grundlagen und Praxis des Steuerrechts Bd. 34, Bielefeld 1996; zugl.: Saarbrücken, Univ., Diss., 1996 (zit.: Fremdvergleich, S.).

Birk, *Dieter*: Das Leistungsfähigkeitsprinzip als Maßstab der Steuernormen. Ein Beitrag zu den Grundfragen des Verhältnisses Steuerrecht und Verfassungsrecht, Steuerwissenschaft Bd. 13, Köln 1983; zugl.: München, Univ., Habil.-Schr., 1981 (zit.: Leistungsfähigkeitsprinzip, S.).

– Gleichheit und Gesetzmäßigkeit der Besteuerung. Zum Stellenwert zweier Grundprinzipien in der Steuerreform 1990, StuW 1989, 212-218.

Ders./**Desens,** *Marc*/**Tappe,** *Henning* (Hrsg.): Steuerrecht, 20. Aufl., Heidelberg 2017 (zit.: Steuerrecht, Rn.).

Blass, *Theo*: Darlehen zwischen Eltern und Kindern aufgrund eines geschenkten Kapitals, DStZ 1985, 374-375.

Blaurock, *Uwe* (Hrsg.): Handbuch Stille Gesellschaft, 8. Aufl., Köln 2016 (zit.: *Bearbeiter*, in: Handbuch Stille Gesellschaft, Rn.).

Blümich, *Walter* (Begr.)/**Heuermann,** *Bernd*/**Brandis,** *Peter* (Hrsg.): Kommentar zum Einkommensteuergesetz, Körperschaftsteuergesetz und Gewerbesteuergesetz, Loseblatt-Ausgabe, München (zit.: *Bearbeiter*, in: Blümich, EStG/KStG/GewStG, §, Rn.).

Ders. (Begr.)/**Brandt,** *Jürgen* (Hrsg.)/**Bode,** *Walter* (Hrsg.): Kommentar zum Einkommensteuergesetz, Loseblatt-Ausgabe, Heidelberg (zit.: *Bearbeiter*, in: Bordewin/Brandt, EStG, §, Rz.).

Braun, *Johann*: Einführung in die Rechtsphilosophie, 2. Aufl., München 2011.

Brockmeyer, *Hans Bernhard*: Typisierungen im Einkommensteuerrecht durch die Rechtsprechung des Bundesfinanzhofes, in: Kirchhof u. a. (Hrsg.),

Steuerrechtsprechung, Steuergesetz, Steuerreform - Festschrift für Klaus Offerhaus, Köln 1999, S. 13-34 (zit.: *Brockmeyer*, in: FS Offerhaus, S.).

Broudré, *Anna M.*: Darlehensverträge zwischen Angehörigen, DB 1993, 8-11.

Bühler, *Ottmar*/ ***Strickrodt,*** *Georg*: Steuerrecht, Grundriss in zwei Bänden (zit.: Steuerrecht, S.).

– Band I: Allgemeines Steuerrecht - 1. Halbband, 3. Aufl., Wiesbaden 1959.

– Band I: Allgemeines Steuerrecht - 2. Halbband, 3. Aufl., Wiesbaden 1960.

Bumke, *Christian*: Verfassungsrechtliche Grenzen fachrichterlicher Rechtserzeugung, in: Bumke (Hrsg.), Richterrecht zwischen Gesetzesrecht und Rechtsgestaltung, Tübingen 2012, S. 33-47 (zit.: *Bumke*, in: Richterrecht, S.).

Bydlinski, *Franz*: Juristische Methodenlehre und Rechtsbegriff, 2. Aufl., Wien 1991 (zit.: Juristische Methodenlehre, S.).

Crezelius, *Georg*: Steuerrechtliche Rechtsanwendung und allgemeine Rechtsordnung. Grundlagen für eine liberale Besteuerungspraxis, Steuerrecht in Wissenschaft und Praxis, Herne u. a. 1983; zugl.: Bielefeld, Univ., Habil.-Schr., 1982/1983 (zit.: Steuerrechtliche Rechtsanwendung, S.).

– Das Argumentationsmuster des sogenannten Gesamtplans, FR 2003, 537-542.

– Scheingeschäfte und Strohmanngeschäfte, insbesondere im Steuerrecht, in: Baumann u.a. (Hrsg.), Gesetz. Recht. Rechtsgeschichte. Festschrift für Gerhard Otte zum 70. Geburtstag, München 2005, S. 39-53 (zit.: *Crezelius*, in: FS Otte, S.).

Damas, *Jens-Peter*/ ***Ungemach,*** *Markus*: Schreckgespenst Gesamtplanrechtsprechung? Erwägungen für die Gestaltungspraxis, Dogmatik und Historie eines Argumentationstopos, DStZ 2007, 552-560.

Danzer, *Jürgen*: Die Steuerumgehung, Steuerwissenschaft Bd. 9, Köln 1981; zugl.: Bochum, Univ., Diss., 1980/81 (zit.: Steuerumgehung, S.).

Desens, *Marc*: Bindung der Finanzverwaltung an die Rechtsprechung. Bedingungen und Grenzen für Nichtanwendungserlasse, Jus Publicum Bd. 206, Tübingen 2011; zugl.: Münster, Univ., Habil.-Schr., 2009/2010 (zit.: Bindung der Finanzverwaltung, S.).

Dornbach, *Eike-Goetz*: Die steuerrechtliche Problematik der Beurteilung von Rechtsbeziehungen zwischen Familienangehörigen (II), FR 1979, 417-424.

Dreier, *Horst* (Hrsg.): Kommentar zum Grundgesetz (zit.: *Bearbeiter*, in: Dreier, GG, Art., Rn.).

– Bd. I: Präambel, Art. 1-19, 3. Aufl., Tübingen 2013.

– Bd. II: Art. 20-82, 3. Aufl., Tübingen 2015.

Drews, *Bill* (Begr.)/ ***Wacke,*** *Gerhard*/ ***Vogel,*** *Klaus*/ ***Martens,*** *Wolfgang* (Hrsg.): Gefahrenabwehr. Allgemeines (Ordnungsrecht) des Bundes und der Länder, 9., völlig neubearbeitete Auflage, Köln 1986 (zit.: *Bearbeiter*, in: DWVM, Gefahrenabwehr, S.).

Drüen, *Klaus-Dieter*: Die Bruttobesteuerung von Einkommen als verfassungsrechtliches Vabanquespiel, StuW 2008, 3-14.

– Unternehmerfreiheit und Steuerumgehung, StuW 2008, 154-166.

Ebenroth, *Carsten Thomas* (Begr.)/***Boujong,*** *Karlheinz* (Begr.)/***Jost,*** *Detlev* (Hrsg.)/***Strohn,*** *Lutz* (Hrsg.), Handelsgesetzbuch, 3. Aufl., München 2014 (zit.: *Bearbeiter*, in: E/B/J/S, HGB, §, Rn.).

Eckhoff, *Rolf*: Rechtsanwendungsgleichheit im Steuerrecht. Die Verantwortung des Gesetzgebers für einen gleichmäßigen Vollzug des Einkommensteuerrechts, Köln 1999; zugl.: Münster, Univ., Habil.-Schr., 1999 (zit.: Rechtsanwendungsgleichheit, S.).

– Gleichmäßigkeit der Besteuerung, in: Kube/Mellinghoff u. a. (Hrsg.), Leitgedanken des Rechts - Festschrift für Paul Kirchhof zum 70. Geburtstag, Bd. II: Staat und Bürger, Heidelberg 2013, S. 1601-1609 (zit.: *Eckhoff*, in FS Kirchhof Bd. II, S.).

Ehlers, *Dirk* (Hrsg.)/***Pünder,*** *Hermann* (Hrsg.): Allgemeines Verwaltungsrecht, 15. Aufl., Berlin 2016 (zit.: *Bearbeiter*, in: Ehlers/Pünder, Allgemeines Verwaltungsrecht, §, Rn.).

Engisch, *Karl*: Logische Studien zur Gesetzesanwendung, 3. Aufl. Heidelberg 1963.

Englisch, *Joachim*: Folgerichtiges Steuerrecht als Verfassungsgebot, in: Tipke u. a. (Hrsg.), Gestaltung der Steuerrechtsordnung - Festschrift für Joachim Lang zum 70. Geburtstag, Köln 2010, S. 167-220 (zit.: *Englisch*, in: FS Lang, S.).

– Zulässigkeit und Grenzen steuerverschärfender Rechtsfortbildung, StuW 2015, 302-314.

Falkner, *Melanie*: Die Einkunftserzielungsabsicht als subjektives Besteuerungsmerkmal. Eine Analyse subjektiver Tatbestandsmerkmale im Steuerrecht - zugleich ein Beitrag zur Liebhaberei im Steuerrecht, Finanz- und Steuerrecht in Deutschland und Europa, Bd. 5, Frankfurt 2009; zugl.: Passau, Univ., Diss., 2009 (zit.: Einkunftserzielungsabsicht, S.).

Felix, *Günther*: Die steuerliche Anerkennung von Arbeitsverhältnissen zwischen Familienanagehörigen. Ein Beitrag zur neuen Rechtslage nach dem Karlsruher Urteil unter besonderer Berücksichtigung arbeitsrechtlicher Grundsätze, FR 1957, 149-153.

– Die steuerliche Anerkennung von Rechtsverhältnissen unter Angehörigen, FR 1996, 729-736.

Fenyves, *Attila*: Die zivilrechtliche Anerkennung von Vereinbarungen zwischen Angehörigen, in: Ruppe (Hrsg.), Handbuch der Familienverträge: Zivilrechtliche, steuerrechtliche und sozialrechtliche Folgen von Vereinbarungen zwischen

Angehörigen, 2 Aufl., Wien 1985, S. 59-100 (zit.: *Fenyves*, in: Handbuch der Familienverträge, S.).

Fischer, *Peter*: Fremdvergleich und Üblichkeit. Überlegungen zu Peter Bilsdorfer, Der steuerliche Fremdvergleich bei Vereinbarungen unter nahestehenden Personen, 1996, DStZ 1997, 357-361.

Förster, *Guido*: Die Gesamtplanrechtsprechung im Steuerrecht - Reichweite, Risiken und Chancen , in: Carlé u. a. (Hrsg.), Gestaltung und Abwehr im Steuerrecht - Festschrift für Klaus Korn, Bonn/Berlin 2005, S. 3-18 (zit.: *Förster*, in: FS Korn, S.).

Friauf, *Karl Heinrich*: Möglichkeiten und Grenzen der Rechtsfortbildung im Steuerrecht, in: Tipke (Hrsg.), Grenzen der Rechtsfortbildung durch Rechtsprechung und Verwaltungsvorschriften im Steuerrecht, Veröffentlichungen der Deutschen Steuerjuristischen Gesellschaft Bd. 5, Köln 1982, S. 53-69 (zit.: DStJG 5, S.).

Ders. (Hrsg.)/***Höfling,*** *Wolfram* (Hrsg.): Berliner Kommentar zum Grundgesetz, Loseblatt-Ausgabe, Berlin (zit.: *Bearbeiter*, in: Friauf/Höfling, Berliner Kommentar, Art., Rn.).

Gabel, *Monika G.*: Verfassungsrechtliche Maßstäbe spezieller Missbrauchsnormen im Steuerrecht, Steuerwissenschaftliche Schriften Bd. 28, Baden-Baden 2011; zugl.: Köln, Univ. Diss., 2010 (zit.: Missbrauchsnormen im Steuerrecht, S.).

Gemeinhardt, *Gereon*: Verträge unter nahen Angehörigen - steuerliche Anerkennung, BB 2012, 739-747.

Gerten, *Andreas*: Angemessenheit und Steuern. Verdeckte Einkommensverwendung bei Kapitalgesellschaften im internationalen Vergleich, Schriften zum Gesellschafts-, Bilanz- und Unternehmensteuerecht Bd. 17, Frankfurt a.M.; zugl.: Köln, Univ., Diss., 2013/2014 (zit.: Angemessenheit und Steuern, S.).

Görlich, *Wolfgang*: Die steuerrechtliche Behandlung von Vertragsgestaltungen zwischen nahen Angehörigen. Verfassungsrechtliche, methodische und steuerrechtliche Grundlagen, Schriften zum Steuerrecht Bd. 20, Berlin 1979; zugl.: Bielefeld, Univ., Diss., 1978 (zit.: Vertragsgestaltungen, S.).

Gosch, *Dietmar*: Kommentar zum Körperschaftsteuergesetz, 3. Aufl., München 2015 (zit.: KStG, §, Rn.).

– Der BFH und der Fremdvergleich, DStZ 1997, 1-10.

Gräber, *Fritz* (Begr.): Finanzgerichtsordnung mit Nebengesetzen, Kommentar, 8. Aufl., München 2015 (zit.: *Bearbeiter*, in: Gräber, FGO, §, Rn.).

Grieger, *Rudolf*: Gedanken zur Verlagerung von Einkünften auf nahestehende Personen durch Verträge, DStZ/A 1961, 81-88.

Grimm, *Claus*: Das Steuerrecht im Spannungsverhältnis zwischen wirtschaftlicher Betrachtungsweise und Zivilrecht, DStZ/A 1978, 283-290.

Groh, *Manfred*: Sind schenkweise begründete Innengesellschaften und Darlehen steuerlich unbeachtlich?, BB 1987, 1505-1508.

– Darlehensgewährung aus Auflagenschenkung im Ertragsteuerrecht - Anmerkungen zum BFH-Urteil vom 15.04.1999, IV R 60/98, DStR 1999, 1221 -, DStR 2000, 753-758.

Hansen, *Udo*: Der Indizienbeweis, JuS 1992, 327-330.

Heck, *Philipp*: Gesetzesauslegung und Interessenjurisprudenz, AcP Bd. 112 (1914), S. 1-318.

Hensel, *Albert*: Zur Dogmatik des Begriffs „Steuerumgehung", Bonner Festgabe für Ernst Zittelmann zum fünfzigjährigen Doktorjubiläum, München u.a. 1924, S. 217-288, hier zitiert nach Ekkehardt Reimer/Christian Waldhoff (Hrsg.): Albert Hensel - System des Familiensteuerrechts und andere Schriften, Köln 2000 (zit.: *Hensel*, Zur Dogmatik des Begriffs „Steuerumgehung", in: System des Familiensteuerrechts und andere Schriften, S.).

– Die Abänderung des Steuertatbestands durch freies Ermessen und der Grundsatz der Gleichheit vor dem Gesetz, Vierteljschr. f. St. u. FinR 1927, 39-131.

– Gesetz und Gesetzesanwendung im Steuerrecht. (Grundsätzliches zu § 4 AO), Vierteljschr. f. St. u. FinR 1931, 115-129.

– Steuerrecht, 3. Aufl., Berlin 1933.

Herrmann, *Carl*/ ***Heuer,*** *Gerhard*/ ***Raupach,*** *Arndt*: Kommentar zum Einkommensteuer- und Körperschaftsteuergesetz, Loseblatt-Ausgabe, Köln (zit.: *Bearbeiter*, in: H/H/R, EStG/KStG, §, Anm.).

Hesse, *Konrad*: Grundzüge des Verfassungsrechts der Bundesrepublik Deutschland, Neudruck der 20. Aufl., Heidelberg 1999 (zit.: Grundzüge des Verfassungsrechts, Rz.).

Heuermann, *Bernd*: Vermieten als unangemessenes Gestalten durch gegenläufige Rechtsgeschäfte auf der Nutzungsebene - Zugleich einige methodenkritische Bemerkungen über den Sinn der Unterscheidung von Innen- und Außentheorie –, StuW 2004, S. 124-130.

– Irritationen über einen alten Rechtsprechungsgrundsatz - Verträge zwischen nahestehenden Personen ohne zivilrechtliche Wirksamkeit - Anmerkungen zum Nichtanwendungserlass vom 2.4.2007 - IV B 2 - S 2144/0 und zu den BFH-Urteilen vom 7.6.2006 - IX R 4/04 und vom 22.2.2007 - IX R 45/06 -, DB 2007, 1267-1270.

– Beweisanzeichen als bipolare Elemente zur Prüfung innerer Tatsachen, StuW 2009, 356-361.

Hey, *Johanna*: Steuerplanungssicherheit als Rechtsproblem, Köln 2002; zugl.: Köln, Univ., Habil.-Schr., 2001 (zit.: Steuerplanungssicherheit, S.).

– Spezialgesetzliche Missbrauchsgesetzgebung aus systematischer, verfassungs- und europarechtlicher Sicht, StuW 2008, 167-183.

– Gestaltungsmissbrauch im Steuerrecht nach der Neufassung des § 42 AO und dem dazu ergangenen BMF-Erlass, BB 2009, 1044-1048.

– Spezialgesetzgebung und Typologie zum Gestaltungsmissbrauch, in: Hüttemann (Hrsg.), Gestaltungsfreiheit und Gestaltungsmissbrauch im Steuerrecht, Veröffentlichungen der Deutschen Steuerjuristischen Gesellschaft Bd. 33, Köln 2010, S. 139-176 (zit.: DStJG 33, S.).

Hillgruber, *Christian*: Richterliche Rechtsfortbildung als Verfassungsproblem, JZ 1996, 118-125.

– "Neue Methodik" - Ein Beitrag zur Geschichte der richterlichen Rechtsfortbildung in Deutschland, JZ 2008, 745-755.

Hintze, *Robert*: Indizien in der Finanzrechtsprechung, Bonner Schriften zum Steuer-, Finanz- und Unternehmensrecht Bd. 5, Münster 2008; zugl.: Bonn, Univ., Diss., 2007/2008 (zit.: Indizien, S.).

Hoffmann-Riem, *Wolfgang*/ **Schmidt-Aßmann,** *Eberhard*/ **Voßkuhle,** *Andreas* (Hrsg.): Grundlagen des Verwaltungsrechts, Bd. I: Methoden, Maßstäbe, Aufgaben, Organisation, 2. Aufl., München 2012 (zit.: *Bearbeiter*, in: HRSAV, GVwR I, §, Rn.).

Hübschmann, *Walter*/ **Hepp,** *Ernst* (Hrsg.)/ **Spitaler,** *Armin* (Begr.): Kommentar zur Abgabenordnung und Finanzgerichtsordnung, Loseblatt-Ausgabe, Köln (zit.: *Bearbeiter*, in: H/H/Sp, AO/FGO, §, Rn.).

Hüttemann, *Rainer*: Steuerrechtsprechung und Steuerumgehung, DStR 2015, 1146-1152.

Ipsen, *Jörn*: Richterrecht und Verfassung, Schriften zur Rechtstheorie Bd. 40, Berlin 1975; zugl.: Göttingen, Univ., Diss., 1974 (zit.: Richterrecht und Verfassung).

Isensee, *Josef*: Die typisierende Verwaltung. Gesetzesvollzug in Massenverfahren am Beispiel der typisierenden Betrachtungsweise des Steuerrechts, Schriften zum öffentlichen Recht Bd. 288, Berlin 1976 (zit.: Verwaltung, S.).

– Steuerstaat als Staatsform, in: Städter/Thieme (Hrsg.), Hamburg, Deutschland, Europa: Beiträge zum deutschen und europäischen Verfassungs-, Verwaltungs- und Wirtschaftsrecht. Festschrift für Hans Peter Ipsen zum siebzigsten Geburtstag, Tübingen 1977, S. 409-436 (zit.: *Isensee*, in: FS Ipsen, S.).

– Referat, in: Verhandlungen des 57. Deutschen Juristentages, Mainz 1988, Bd. II: Sitzungsberichte, Teil N, S. 32-68 (zit.: Referat, Bd. II, Sitzungsbericht N, S.).

– Vom Beruf unserer Zeit zur Steuervereinfachung, StuW 1994, 3-14.

– Vom Ethos des Interpreten. Das subjektive Element der Normauslegung und seine Einbindung in den Verfassungsstaat, in: Haller/Kopetzki u. a. (Hrsg.), Staat und Recht - Festschrift für Günther Winkler, Wien 1997, S. 367-396 (zit.: *Isensee*, in: FS Winkler, S.).

Ders./Kirchhof, *Paul* (Hrsg.): Handbuch des Staatsrechts der Bundesrepublik Deutschland (zit.: *Bearbeiter*, in: Isensee/Kirchhof, HStR, §, Rn.).

– Bd. II: Verfassungsstaat, 3. Aufl., Heidelberg 2004.

– Bd. V: Rechtsquellen, Organisation, Finanzen, 3. Aufl., Heidelberg 2007.

– Bd. VIII: Grundrechte - Wirtschaft, Verfahren, Gleichheit, 3. Aufl., Heidelberg 2010.

– Bd. IX: Allgemeine Grundrechtslehren, 3. Aufl., Heidelberg 2011.

Jachmann, *Monika*: Die Fiktion im öffentlichen Recht, Schriften zum öffentlichen Recht Bd. 742, Berlin 1998; zugl.: Regensburg, Univ. Habil.-Schr., 1995/1996 (zit.: Fiktion, S.).

– Objektives Nettoprinzip als tragendes Element im Gesamtsystem des Steuerrechts und Grenze für die Steuerpolitik, DStR-Beih 2009 (Heft 34), 129-132.

– Allgemeine Rechtsgrundsätze zur Rechtsfiktion, DStR-Beih 2011 (Heft 31), 77-84.

Jakob, *Wolfgang*: Abgabenordnung, 5. Aufl., München 2010.

–Einkommensteuer, 4. Aufl., München 2008.

Jarass, *Hans D.*/***Pieroth,*** *Bodo*: Grundgesetz für die Bundesrepublik Deutschland: Kommentar, 14. Aufl., München 2016 (zit.: *Bearbeiter*, in: Jarass/Pieroth, GG, Art., Rn.).

Jestaedt, *Matthias*: Grundrechtsentfaltung im Gesetz. Studien zur Interdependenz von Grundrechtsdogmatik und Rechtsgewinnungstheorie, Jus Publicum Bd. 50, Tübingen 1999; zugl.: Bonn, Univ., Habil.-Schr., 1999 (zit.: Grundrechtsentfaltung, S.).

– Wie das Recht, so die Auslegung. Die Rolle der Rechtstheorie bei der Suche nach der juristischen Auslegungslehre, ZÖR 55 (2000), 133-158.

– Das mag in der Theorie richtig sein. Vom Nutzen der Rechtstheorie für die Rechtspraxis, Tübingen 2006 (zit.: Das mag in der Theorie, S.).

– Richterliche Rechtsetzung statt richterlicher Rechtsfortbildung. Methodologische Betrachtungen zum sogenannten Richterrecht, in: Bumke (Hrsg.), Richterrecht zwischen Gesetzesrecht und Rechtsgestaltung, Tübingen 2012, S. 49-69 (zit.: *Jestaedt*, in: Richterrecht, S.).

Juchem, *Mathias*: Angehörigengeschäfte im Steuer- und Steuerstrafrecht. Miet-, Arbeits- und Darlehensverträge, Steuerrecht und Steuerberatung Bd.53, Berlin 2013; zugl.: Trier, Univ., Diss., 2013 (zit.: Angehörigengeschäfte, S.).

Jüptner, *Roland*/**Riegel,** *Werner*: Steuerlich unwirksame Ehegatten-Arbeitsverträge wegen Auslandsberührung? - zugleich ein Beitrag zu den Anforderungen der Rechtsprechung an Verträge zwischen Ehegatten -, FR 1983, 417, 426.

Kahl, *Wolfgang*/**Waldhoff,** *Christian*/**Walter,** *Christian* (Hrsg.): Bonner Kommentar zum Grundgesetz, Loseblatt-Ausgabe, Heidelberg (zit.: *Bearbeiter*, in: Bonner Kommentar, Art., Rz.).

Kanzler, *Hans-Joachim*: Erosion des Fremdvergleichs oder Missbrauchskontrolle mit Augenmaß - Anmerkung zu BFH, v. 22.10.2013 - X R 26/11, FR 2014, 187-188.

Kelsen, *Hans*: Reine Rechtslehre. Einleitung in die rechtswissenschaftliche Problematik.

– 1. Aufl., Wien 1934.

– 2. Aufl., Wien 1960.

Kempelmann, *Goetz*: Der Gesamtplan im Steuerrecht, Steuerfragen der Wirtschaft Bd. 26, Köln 2016; zugl.: Köln, Univ., Diss., 2015/2016 (zit.: Der Gesamtplan im Steuerrecht, S.).

Kempny, *Simon*: Steuerrecht und Verfassungsrecht, StuW 2014, 185-199.

Kingreen, *Thomas*/**Poscher,** *Ralf*: Grundrechte - Staatsrecht II, 33. Aufl., Heidelberg, 2017 (zit.: Grundrechte, Rz.).

Kirchhof, *Gregor*: Der besondere Schutz der Familie in Art. 6 Abs. 1 des Grundgesetzes. Abwehrrecht, Einrichtungsgarantie, Benachteiligungsverbot, staatliche Schutz- und Förderpflicht, AöR 129 (2004), S. 542-583.

Kirchhof, *Paul*: Steuerumgehung und Auslegungsmethoden, StuW 1983, 173-183.

– Steuergleichheit, StuW 1984, 297-314.

– Verfassungsrechtliche Maßstäbe für die Auslegung von Steuergesetzen, in: Präsident des Bundesfinanzhofes (Hrsg.), 75 Jahre Reichsfinanzhof-Bundesfinanzhof - Festschrift, Bonn 1993, S. 285-302 (zit.: *Kirchhof*, in: FS RFH-BFH, S.).

– Kommentar zum Einkommensteuergesetz, 16. Aufl., Köln 2017 (zit.: *Bearbeiter*, in: Kirchhof, EStG, §, Rn.).

Ders./**Söhn,** *Hartmut* (Begr.)/**Mellinghoff,** *Rudolf* (Hrsg.): Kommentar zum Einkommensteuergesetz, Loseblatt-Ausgabe, Heidelberg, (zit.: *Bearbeiter*, in: K/S/M, EStG, §, Rdnr.).

Klein, *Franz* (Begr.), Kommentar zur Abgabenordnung einschließlich Steuerstrafrecht, 13. Aufl., München 2016 (zit.: *Bearbeiter*, in: Klein, AO, §, Rz.).

Kloepfer, *Michael*: Gleichheit als Verfassungsfrage, Schriften zum öffentlichen Recht Bd. 380, Berlin 1980.

Knobbe-Keuk, *Brigitte*: „Verunglückte" Schenkungen, in: Jakobs. u.a (Hrsg.), Festschrift für Werner Flume zum 70. Geburtstag, Köln 1978, S. 149-172 (zit.: *Knobbe-Keuk*, in: FS Flume Bd. II, S.).

– Aktuelle Rechts- und Steuerprobleme der mittelständischen Unternehmen, StbJb. 1984/85, S. 81-105.

Koch, *Hans-Joachim*/***Rüßmann,*** *Helmut*: Juristische Begründungslehre. Eine Einführung in Grundprobleme der Rechtswissenschaft, JuS-Schriftenreihe Heft 22, München 1982.

Koenig, *Ulrich* (Hrsg.): Abgabenordnung, 3. Aufl., München 2014 (zit.: *Bearbeiter*, in: Koenig, AO, §, Rn.).

Korinek, *Karl*: Zur Interpretation von Verfassungsrecht, in: Meyer u. a. (Hrsg.), Staatsrecht in Theorie und Praxis - Festschrift für Robert Walter zum 60. Geburtstag, Wien 1991, S. 363-385 (zit.: *Korinek*, in: FS Walter, S.).

Krüger, *Elmar*: Die Gesamtplanrechtsprechung des BFH und das verkannte subjektive Tatbestandsmerkmal im Steuerrecht: Eine vergleichende Analyse zum Strafrecht, DStZ 2014, 194-205.

Kruse, *Heinrich Wilhelm*: Grundsätze ordnungsgemäßer Buchführung. Rechtsnatur und Bestimmung, Köln 1970; zugl.: Würzburg, Univ., Habil.-Schr., 1969/70 (zit.: GoB, S.).

– Die steuerrechtliche Behandlung unwirksamer Verträge zwischen familien- und gesellschaftsrechtlich verbundenen Personen, JbFStR 1977/78, S. 82-96.

– Steuerumgehung zwischen Steuervermeidung und Steuerhinterziehung, StbJb. 1978/79, S. 443-460.

– Lehrbuch des Steuerrechts, Bd. I: Allgemeiner Teil, München 1991 (zit.: Lehrbuch des Steuerrechts I, S.).

Kube, *Hanno*: Finanzgewalt in der Kompetenzordnung, Ius Publicum 110, Tübingen 2004; zugl.: Heidelberg, Univ., Habil.-Schr., 2003/2004 (zit.: Finanzgewalt, S.).

Kugelmüller-Pugh, *Anette*: Der steuerrechtliche „Gesamtplan" – rechtsgrundloses Argumentationsmuster oder legitime Rechtsfigur? Herkunft, Merkmale und methodische Begründung eines Rechtsinstituts, Reihe juristischer Dissertationen Bd. 10, Würzburg 2006; zugl.: Würzburg, Univ., Diss. 2006 (zit.: Der steuerrechtliche Gesamtplan, S.).

– Der „Gesamtplan" im deutschen Steuerrecht - mehr als nur ein plastischer Name?, FR 2007, 1139-1148.

Kulosa, *Egmont*: Verträge zwischen nahen Angehörigen, DB 2014, 972-980.

Kupfer, *Gerhard*: Einkünfteverlagerung auf Angehörige, KÖSDI 2001, 12777-12786.

Lambrecht, *Claus*: Normative Bindung und Sachverhaltserfassung, in: Friauf (Hrsg.), Steuerrecht und Verfassungsrecht, Veröffentlichungen der Deutschen Steuerjuristischen Gesellschaft Bd. 12, Köln 1989, S. 79-122 (zit.: DStJG 12, S.).

Lang, *Joachim*: Die Bemessungsgrundlage der Einkommensteuer. Rechtssystematische Grundlagen steuerlicher Leistungsfähigkeit im deutschen Einkommensteuerrecht, Köln, 1988; zugl.: Köln, Univ., Habil.-Schr., 1981 (zit.: Bemessungsgrundlage, S.).

– Die Ausfüllung von Lücken in Steuergesetzen, in: Cagianut/Vallender (Hrsg.), Steuerrecht: Ausgewählte Probleme am Ende des 20. Jahrhunderts - Festschrift zum 65. Geburtstag von Ernst Höhn, Bern 1995, S. 159-184 (zit.: *Lang*, in: FS Höhn, S.).

Larenz, *Karl*: Methodenlehre der Rechtswissenschaft, 6. Aufl., Berlin 1991 (zit.: Methodenlehre, S.).

Leisner-Egensperger, *Anna*: Kontinuität als Verfassungsprinzip. Unter besonderer Berücksichtigung des Steuerrechts, Jus Publicum Bd. 83, Tübingen 2002; zugl.: München, Univ., Habil.-Schr., 2001 (zit.: Kontinuität, S.).

Lerche, *Peter*: Übermaß und Verfassungsrecht. Zur Bindung des Gesetzgebers an die Grundsätze der Verhältnismäßigkeit und der Erforderlichkeit, Köln 1961; zugl.: München, Univ., Habil.-Schr. 1960 (zit.: Übermaß und Verfassungsrecht, S.).

Littmann, *Eberhard* (Begr.)/**Bitz,** *Horst* (Hrsg.)/**Meincke,** *Jens Peter* (Hrsg.): Das Einkommensteuerrecht: Kommentar zum Einkommensteuergesetz (zit.: *Bearbeiter*, in: Littmann, EStG, §, RdNr.).

– Bd. 1, §§ 1-12, 14. Aufl., Stuttgart 1985.

Looschelders, *Dirk*/**Roth,** *Wolfgang*: Juristische Methodik im Prozeß der Rechtsanwendung. Zugleich ein Beitrag zu den verfassungsrechtlichen Grundlagen von Gesetzesauslegung und Rechtsfortbildung, Schriften zu Rechtstheorie Bd. 176, Berlin 1996 (zit.: Juristische Methodik, S.).

Märkle, *Rudi*: Angehörige als Darlehensgeber, stille Gesellschafter, Kommanditisten, BB-Beil 2 1993, 1-16.

Maunz, *Theodor*/*Dürig, Günter* (Begr.): Kommentar zum Grundgesetz, Loseblatt-Ausgabe, München (zit.: *Bearbeiter*, in: Maunz/Dürig, GG, Art., Rz.).

Maurer, *Hartmut*: Allgemeines Verwaltungsrecht, 18. Aufl., München 2011 (zit.: Allg. VerwR, §, Rn.).

Merkl, *Adolf Julius*: Merkl: Das Recht im Lichte seiner Anwendung (1916/1917/1919), Deutsche Richterzeitung, 8 Jg. (1916), Sp. 584-592; 9 Jg. (1917), Sp. 162-176, 394-398, 443-450; 11 Jg. (1919), S. 290-298, hier zitiert nach Mayer-Maly, Dorothea/Schambeck, Herbert/Grussmann, Wolf-Dietrich: Adolf Julius Merkl - Gesammelte Schriften, Erster Band: Grundlagen des Rechts - Erster Teilband, Berlin 1993, S. 85-146 (zit.: *Merkl*, Das Recht im Lichte seiner Anwendung (1916/1917/1919), in: Gesammelte Schriften, Bd. I/1, S.).

– Das doppelte Rechtsantlitz (1918), Juristische Blätter, 47 Jg. (1918), S. 425-427, 444-447, 463-465, hier zitiert nach Mayer-Maly, Dorothea/Schambeck, Herbert/Grussmann, Wolf-Dietrich: Adolf Julius Merkl - Gesammelte Schriften, Erster Band: Grundlagen des Rechts - Erster Teilband, Berlin 1993, S. 227-252 (zit.: *Merkl*, Das doppelte Rechtsantlitz (1918), in: Gesammelte Schriften, Bd. I/1, S.).

– Prolegomena einer Theorie des rechtlichen Stufenbaues (1931), in: Verdross (Hrsg.), Gesellschaft, Staat und Recht. Festschrift für Hans Kelsen zum 50. Geburtstag, Wien 1931, S. 252-294, hier zitiert nach Mayer-Maly, Dorothea/Schambeck, Herbert/Grussmann, Wolf-Dietrich: Adolf Julius Merkl - Gesammelte Schriften, Erster Band: Grundlagen des Rechts - Erster Teilband, Berlin 1993, S. 437-492 (zit.: *Merkl*, Prolegomena einer Theorie des rechtlichen Stufenbaues (1931), in: Gesammelte Schriften, Bd. I/1, S.).

Meßmer, *Kurt*: Die höchstrichterliche Rechtsprechung zu Familienpersonengesellschaften im Einkommensteuerrecht - Bestandsaufnahme und kritische Betrachtung -, StbJb. 1979/80, S. 163-258.

– Die Gesellschafter und der Mitunternehmer des § 15 Absatz 1 Nr. 2 EStG, in: Klein u. a. (Hrsg.), Handelsrecht und Steuerrecht - Festschrift für Georg Döllerer, Düsseldorf 1988, S. 429-446 (zit.: *Meßmer*, in: FS Döllerer, S.).

Meyer-Arndt, *Lüder*: Leistungsverhältnisse zwischen nahen Angehörigen - von der Rechtsprechung diskriminiert?, StbJb. 1987/88, S. 167-210.

Meyer-Koppitz, *Dirk*: Die steuerliche Anerkennung von Familienpersonengesellschaften in der Rechtsform der Kommanditgesellschaft, DStZ 1996, 265-277.

Michael, *Lothar*: Der allgemeine Gleichheitssatz als Methodennorm. Methodenrechtliche Analyse und Fortentwicklung der Theorie der "beweglichen Systeme", Schriften zur Rechtstheorie Bd. 178, Berlin 1997; zugl.: Bayreuth, Univ., Diss., 1995/1996 (zit.: Der allgemeine Gleichheitssatz als Methodennorm, S.).

Michael, *Lothar*/***Morlok,*** *Martin*: Grundrechte, 6. Aufl. Baden-Baden 2017 (zit.: Grundrechte, Rn.).

Müller-Franken, *Sebastian*: Maßvolles Verwalten. Effiziente Verwaltung im System exekutiver Handlungsmaßstäbe am Beispiel des maßvollen Gesetzesvollzugs im Steuerrecht, Jus Publicum Bd. 105, Tübingen 2004; zugl.: Passau, Univ., Habil.-Schr., 2002 (zit.: Maßvolles Verwalten, S.).

– Die Rechtsprechung zur „Vererblichkeit von Verlusten“: eine Frage richterlicher Rechtsfortbildung - Zu Möglichkeiten und Grenzen des Argumentierens mit dem Leistungsfähigkeitsprinzip bei der Anwendung einfachen Rechts, DStZ 2004, 606-611.

– Verfassung und Einkommensteuerrecht. Dargestellt am Beispiel der Besteuerung privater Veräußerungsgeschäfte, in: Tipke/Söhn (Hrsg.), Gedächtnisschrift für

Christoph Trzaskalik, Köln 2005, S. 195-218 (zit.: *Müller-Franken*, in: GS Trzaskalik, S.).

Offerhaus, *Klaus*: Grundsatzfragen der Steuerrechtsprechung, Stbg 1997, S. 241-247.

– § 42 AO und der „Gesamtplan“, FR 2011, 878-884.

Ossenbühl, *Fritz*: Der Grundsatz der Verhältnismäßigkeit (Übermaßverbot) in der Rechtsprechung der Verwaltungsgerichte, Jura 1997, 617-621.

Osterloh, *Lerke*: Gesetzesbindung und Typisierungsspielräume bei der Anwendung der Steuergesetze, Baden-Baden 1992; zugl.: Berlin, Freie Univ., Habil.-Schr., 1988/89 (zit.: Gesetzesbindung, S.).

– Methodenprobleme im Steuerrecht, JöR Bd. 56 (2008), S. 141-157.

Pahlke, *Armin*: Typusbegriff und Typisierung, DStR-Beih 2011 (Heft 31), 66-71.

Palandt, *Otto* (Begr.): Kommentar zum Bürgerlichen Gesetzbuch mit Nebengesetzen, 77. Aufl., München 2018 (zit.: *Bearbeiter*, in: Palandt, BGB, §, Rn.).

Paulick, *Heinz*: Auslegung und Rechtsfortbildung im Steuerrecht, in: Thoma/Niemann (Hrsg.), Die Auslegung der Steuergesetze in Wissenschaft und Praxis - Eine Sammlung von Beiträgen sowie Auszüge aus der Rechtsprechung zum Gedenken an Armin Spitaler, Köln 1965, S. 165-193 (zit.: *Paulick*, in: GS Spitaler, S.).

Paus, *Bernhard*: Anmerkung zu BFH-Urteil vom 15.04.1999 - IV R 60/98, DStZ 1999, 952-953.

Pawlowski, *Hans-Martin*: Abschied von der „wirtschaftlichen Betrachtungsweise“ im Steuerrecht? - Methodologische Bemerkungen zur „wirtschaftlichen Betrachtungsweise“ im Steuerrecht und Zivilrecht, BB 1977, 253-259.

Pezzer, *Heinz-Jürgen*: Ausstrahlung der Rechtsprechung des Bundesverfassungsgerichts zu Ehegattenarbeitsverhältnissen auf andere Rechtsverhältnisse, StbJb. 1996/97, S. 25-43.

– Der Fremdvergleich als Prüfmaßstab für Verträge zwischen nahestehenden Personen - Sachverhaltswürdigung oder rechtliche Subsumtion, DStZ 2002, 850-855.

Raupach, *Arndt*: Die Frage der Zurechnung im Steuerrecht als Problem der Tatbestandsverwirklichung, in: Budde u. a. (Hrsg.), Handelsbilanzen und Steuerbilanzen - Festschrift für Heinrich Beisse, Düsseldorf 1997, S. 403-431 (zit.: *Raupach*, in: FS, Beisse, S.).

Rehn, *Corinna Jeanette*: Verträge zwischen nahen Angehörigen bei den Einkünften aus Vermietung und Verpachtung, Münchener Schriften zum Finanz- und Steuerrecht Bd. 9, Stuttgart 2016; zugl.: München, Univ., Diss., 2016 (zit.: Verträge zwischen nahen Angehörigen, S.).

Reinhardt, *Fritz*: Rede auf dem Deutschen Juristentag 1933, RStBl 1933, 1025-1030.

Robertz, *Michael*: Die persönliche Zurechnung von Vermögenseinkünften. Auswirkungen zivilrechtliche Sachverhaltsgestaltungen, Schriften zum Steuerrecht Bd. 1, Münster 2004; zugl.: Köln, Univ., Diss., 2003/2004 (zit.: Zurechnung von Vermögenseinkünften, S.).

Röhl, *Klaus F.*/***Röhl,*** *Hans Christian*, Allgemeine Rechtslehre: ein Lehrbuch, 4. Auflage, München 2015 (zit.: Allgemeine Rechtslehre, S.).

Rönitz, *Dieter*: Die Anwendbarkeit des § 41 Abs. 1 S. 1 AO 1977 bei Rechtsbeziehungen zwischen nahen Familienangehörigen, FR 1977, 512-516.

– Die Abgrenzung der Betriebsausgaben/Werbungskosten von den privaten Ausgaben als Problem der Sachverhaltsermittlung - unter besonderer Berücksichtigung der Lebenserfahrung und der typisierenden Betrachtungsweise, in: Söhn (Hrsg.), Abgrenzung der Betriebs- oder Berufssphäre von der Privatsphäre im Einkommensteuerrecht, Veröffentlichungen der Deutschen Steuerjuristischen Gesellschaft Bd. 3, Köln 1980, S. 297-313 (zit.: DStJG 3, S.).

Rose, *Gerd*: Missbrauchs-Innentheorie und Steuerplanungssicherheit, FR 2003, 1274-1277.

Rosenberg, *Leo* (Begr.)/***Schwab,*** *Karl Hein*/***Gottwald,*** *Peter*: Zivilprozessrecht, 17. Auflage, München 2010.

Rüthers, *Bernd*: Methodenrealismus in Jurisprudenz und Justiz, JZ 2006, 53-60.

Ders./***Fischer,*** *Christian*/***Birk,*** *Axel*: Rechtstheorie mit Juristischer Methodenlehre, 10. Aufl., München 2017 (zit.: Rechtstheorie, Rz.).

Ruppe, *Hans Georg*: Möglichkeiten und Grenzen der Übertragung von Einkunftsquellen als Problem der Zurechnung von Einkünften, in: Tipke (Hrsg.), Übertragung von Einkunftsquellen im Steuerrecht, Veröffentlichungen der Deutschen Steuerjuristischen Gesellschaft Bd. 1, 2. Aufl., Köln 1979, S. 7-40 (zit.: DStJG 1, S.).

– Die steuerliche Anerkennung von Vereinbarungen zwischen Angehörigen, in: Ruppe (Hrsg.), Handbuch der Familienverträge: Zivilrechtliche, steuerrechtliche und sozialrechtliche Folgen von Vereinbarungen zwischen Angehörigen, 2 Aufl., Wien 1985, S. 101-126 (zit.: *Ruppe*, in: Handbuch der Familienverträge, S.).

– Die persönliche Zurechnung von Einkünften und Abzugsposten innerhalb des Angehörigenverbandes, in: Ruppe (Hrsg.), Handbuch der Familienverträge: Zivilrechtliche, steuerrechtliche und sozialrechtliche Folgen von Vereinbarungen zwischen Angehörigen, 2 Aufl., Wien 1985, S. 127-157 (zit.: *Ruppe*, in: Handbuch der Familienverträge, S.).

Sachs, *Michael*: Kommentar zum Grundgesetz, 8. Aufl., München 2018 (zit.: *Bearbeiter*, in: Sachs, GG, Art., Rn.).

Säcker, *Franz*/***Rixecker,*** *Roland*/***Oetker,*** *Hartmut*/***Limperg,*** *Bettina* (Hrsg.): Münchener Kommentar zum Bürgerlichen Gesetzbuch (zit.: *Bearbeiter*, in: MüKo, BGB, §, Rn.).

– Bd. 1: Allgemeiner Teil: §§ 1-240 - ProstG - AGG, 7. Aufl., München 2015.

– Bd. 3: Schuldrecht-Besonderer Teil I: §§ 433-535 - Finanzierungsleasing - CISG, 7. Aufl., München 2016.

– Bd. 9: Familienrecht II: §§ 1589-1921 - SGB V, 7. Aufl., München 2017.

Sangmeister, *Bernd*: „Objektive Willkür" der Oder-Konten-Rechtsprechung des BFH, NJW 1996, 827-830.

Schenke, *Ralf P.*: Die Rechtsfindung im Steuerrecht. Konstitutionalisierung, Europäisierung, Methodengesetzgebung, Jus Publicum 169, Tübingen 2007; zugl.: Freiburg, Univ., Habil.-Schr. 2003/2004 (zit.: Rechtsfindung, S.).

Schmidt, *Ludwig*: - „Väter und Söhne" - Möglichkeiten und Grenzen der Einkommensverlagerung zwischen Eltern und Kindern, StbJb. 1975/76, S. 149-233.

– Koreferat zum Referat Professor Dr. Schulze-Osterloh, JbFStR 1978/79, S. 282-295.

– Möglichkeiten und Grenzen der Übertragung von Einkunftsquellen von Eltern auf Kinder, in: Tipke (Hrsg.), Übertragung von Einkunftsquellen im Steuerrecht, Veröffentlichungen der Deutschen Steuerjuristischen Gesellschaft Bd. 1, 2. Aufl., Köln 1979, S. 41-67 (zit.: DStJG 1, S.).

– Subjektive Zurechnung von Einkünften: „Väter und Söhne" - fünf Jahre danach, StbJb. 1980/81, S. 115-166.

Ders. (Begr.)/***Weber-Grellet,*** *Heinrich* (Hrsg.): Kommentar zum Einkommensteuergesetz, 36. Aufl., München 2017 (zit.: *Bearbeiter*, in: Schmidt, EStG, §, Rz.).

Schmidtmann, *Dirk*: Normative Verankerung der Gesamtplanrechtsprechung - Zugleich Anmerkungen zum BFH-Urt. v. 09.11.2011 - X R 60/09, BStBl II 2012, 638 = FR 2012, 584, FR 2015, 57-66.

Schmidt-Bleibtreu, *Bruno* (Begr.)/***Hofmann,*** *Hans*/***Hennecke,*** *Hans-Günter* (Hrsg.): Kommentar zum Grundgesetz, 14. Aufl., Köln 2017 (zit.: *Bearbeiter*, in: S-B/H/H, GG, Art., Rn.).

Schmidt-Liebig, *Axel*: Die steuerliche Anerkennung unüblicher Vereinbarungen im Ehegatten-Arbeitsverhältnis, BB 1983, 52-58.

– Indiz und Rechtsanwendung im Steuerrecht bei „verdeckter Gewinnausschüttung" und „Gewerbebetrieb" in der neueren BFH-Rechtsprechung, FR 2003, 273-280.

Schneider, *Hans-Peter*: Die Gesetzmäßigkeit der Rechtsprechung. Zur Bindung des Richters an Gesetz und Verfassung, DÖV 1975, 443-452.

Schön, *Wolfgang*: Mitarbeit und Mithilfe von Familienangehörigen im Steuerrecht als verfassungsrechtliches Problem, in: Kirchhof u. a. (Hrsg.), Steuerrecht, Verfassungsrecht, Finanzpolitik - Festschrift für Franz Klein, Köln 1994, S. 467-494 (zit.: *Schön*, in: FS Klein, S.).

– Unternehmerrisiko und Unternehmerinitiative im Lichte der Einkommenstheorien, in: Kirchhof u. a. (Hrsg.), Steuerrechtsprechung, Steuergesetz, Steuerreform - Festschrift für Klaus Offerhaus, Köln 1999, S. 385-403 (zit.: *Schön*, in: FS Offerhaus, S.).

– Subjektive Tatbestandsmerkmale in der Einkommensermittlung, DStR-Beih 2007 (Heft 39), 20-23.

– Legalität, Gestaltungsfreiheit und Belastungsgleichheit als Grundlagen des Steuerrechts, in: Hüttemann (Hrsg.), Gestaltungsfreiheit und Gestaltungsmissbrauch im Steuerrecht, Veröffentlichungen der Deutschen Steuerjuristischen Gesellschaft Bd. 33, Köln 2010, S. 29-63 (zit.: DStJG 33, S.).

Schulze-Osterloh, *Joachim*: Zivilrecht und Steuerrecht, AcP 190 (1990), S. 139-164.

Schwendy, *Klaus*: Familiengesellschaften und Gestaltungsmißbrauch, in: Raupach/Uelner (Hrsg.), Ertragsbesteuerung: Zurechnung, Ermittlung, Gestaltung - Festschrift für Ludwig Schmidt zum 65. Geburtstag, München 1993, S. 787-808 (zit.: *Schwendy*, in: FS Schmidt, S.).

Seer, *Roman*: Auswirkungen des BVerfG-Beschlusses vom 12.3.1985 auf die Anerkennung von Ehegattenarbeitsverhältnissen?, DB 1987, 713-715.

– Modernisierung des Besteuerungsverfahrens. Gedanken zum Referentenentwurf zur Modernisierung des Besteuerungsverfahrens, StuW 2015, 315-330.

Seeger, *Siegbert*: Verträge zwischen nahestehenden Personen - Grundsätzliche Überlegungen und Voraussetzungen ihrer steuerlichen Anerkennung, DStR 1998, 1339-1343.

Seiler, *Christian*: Grundzüge eines öffentlichen Familienrechts, Tübingen 2008 (zit.: Grundzüge, S.).

Sieker, *Susanne*: Umgehungsgeschäfte. Typische Strukturen und Mechanismen ihrer Bekämpfung, Jus Privatum Bd. 56, Tübingen 2001; zugl.: Berlin, Freie Univ., Habil.-Schr., 1999/2000 (zit.: Umgehungsgeschäfte, S.).

– Steuerjuristische Betrachtungsweise, in: Kube/Mellinghoff u. a. (Hrsg.), Leitgedanken des Rechts - Festschrift für Paul Kirchhof zum 70. Geburtstag, Bd. II: Staat und Bürger, Heidelberg 2013, S. 1667-1672 (zit.: *Sieker*, in FS Kirchhof Bd. II, S.).

Soergel, *Hans Theodor* (Begr.): Kommentar zum Bürgerlichen Gesetzbuch (zit.: *Bearbeiter*, in: Soergel, BGB, §, Rz.).

– Bd. 7: Schuldrecht 5, §§ 481-534, 13. Aufl., Stuttgart 2014.

Söffing, *Günter*: Möglichkeiten und Grenzen einer Verlagerung von Einkünften auf die folgende Generation, StbJb. 1978/79, S. 301-373.

– Die Steuerumgehung und die Figur des Gesamtplans, BB 2004, 2777-2787.

***Söhn,** Hartmut*: Betriebsausgaben, Privatausgaben, gemischte Aufwendungen, in: Söhn (Hrsg.), Abgrenzung der Betriebs- oder Berufssphäre von der Privatsphäre im Einkommensteuerrecht, Veröffentlichungen der Deutschen Steuerjuristischen Gesellschaft Bd. 3, Köln 1980, S. 13-102 (zit.: DStJG 3, S.).

***Spilker,** Bettina*: Behördliche Amtsermittlung, Jus Publicum Bd. 245, Tübingen 2015; zugl.: Münster, Univ., Habil.-Schr. 2012 (zit.: Amtsermittlung, S.).

***Spindler,** Wolfgang*: Neuere Tendenzen in der steuerrechtlichen Beurteilung von Mietverhältnissen unter nahen Angehörigen, DB 1997, 643-648.

– Zur Bedeutung von Indizien in der jüngeren Rechtsprechung des Bundesfinanzhofes, StbJb. 2002/03, S. 61-81.

– Der „Gesamtplan" in der Rechtsprechung des BFH, DStR 2005, 1-5.

– Der Nichtanwendungserlass im Steuerrecht, DStR 2007, 1061-1066.

***Stadie,** Holger*: Die persönliche Zurechnung von Einkünften, Schriften zum Steuerrecht Bd. 25, Berlin 1983 (zit.: Zurechnung, S.).

***Staudinger,** Julius von* (Begr.): Kommentar zum Bürgerlichen Gesetzbuch mit Einführungsgesetz und Nebengesetz, Buch 2. Recht der Schuldverhältnisse, §§ 516-534, Neubearbeitung 2013, Berlin 2013 (zit.: *Bearbeiter*, in: Staudinger, BGB, §, Rn.).

***Steirer,** Ursula*: Rechtsgeschäfte zwischen Ehegatten - verfassungsrechtliche Vorgaben und steuerrechtliche Realitäten, Bochumer juristische Studien Nr. 43, Bochum 1986; zugl.: Bochum, Univ., Diss., 1985 (zit.: Rechtsgeschäfte zwischen Ehegatten, S.).

***Stern,** Klaus* (Hrsg.): Das Staatsrecht der Bundesrepublik Deutschland (zit.: Staatsrecht Bd., S.).

– Bd. III/2: Allgemeine Lehren der Grundrechte, München 1994.

***Ders./Becker,** Florian* (Hrsg.): Grundrechte-Kommentar, 2. Aufl., Köln 2016 (*Bearbeiter*, in: Stern/Becker, Grundrechte-Kommentar, Art., Rdn.).

***Sterner,** Ingo*: Neue Rechtsprechung zum Fremdvergleich in der Einkommensteuer zur Anerkennung von Angehörigenverträgen, KÖSDI 1995, 10380-10386.

***Stollenwerk,** Ralf*: Geschäfte zwischen nahestehenden Personen. Begriff und Funktion im deutschen Steuer-, Handelsbilanz- und Insolvenzrecht, Rechtsordnung und Steuerwesen Bd. 47, Köln 2014; zugl.: Bonn, Univ., Diss., 2013/2014 (zit.: Geschäfte zwischen nahestehenden Personen, S.).

***Strahl,** Martin*: Die Bedeutung der Gesamtplanrechtsprechung bei der Umstrukturierung von Personengesellschaften unter steuerneutraler Ausgliederung einzelner Wirtschaftsgüter, FR 2004, 929-938.

Stuhrmann, *Gerd*: Einzelfragen zur Familienpersonengesellschaft, in: Raupach/Uelner (Hrsg.), Ertragsbesteuerung: Zurechnung, Ermittlung, Gestaltung - Festschrift für Ludwig Schmidt zum 65. Geburtstag, München 1993, S. 403-419 (zit.: *Stuhrmann*, in: FS Schmidt, S.).

Tanzer, *Michael*: Der Gesamtplan im Rahmen steuerlicher Tatbestände, in: Hüttemann (Hrsg.), Gestaltungsfreiheit und Gestaltungsmissbrauch im Steuerrecht, Veröffentlichungen der Deutschen Steuerjuristischen Gesellschaft Bd. 33, Köln 2010, S. 189-209 (zit.: DStJG 33, S.).

Teschke, *Manuel*: Konzeption einer Besteuerung des laufenden Ertrags von Netzwerken Nahestehender, Forschungsreihe Rechnungslegung und Steuern, Wiesbaden 2009; zugl.: Köln, Univ., Diss. 2009 (zit.: Konzeption, S.).

Thiemann, *Christian*: Das Folgerichtigkeitsgebot als verfassungsrechtliche Leitlinie der Besteuerung, in: Emmenegger/Wiedmann (Hrsg.), Linien der Rechtsprechung des Bundesverfassungsgerichts, Erörtert von den wissenschaftlichen Mitarbeitern, Bd. 2, Berlin 2011, S. 179-212 (zit.: Folgerichtigkeitsgebot, S.).

Tiedtke, *Klaus*: Zinszahlungen an den Unterhaltsberechtigten als Betriebsausgaben bei Schenkung einer Darlehensforderung gegen sich selbst, DStR 1981, 464-471.

– Darlehenszinsen als Betriebsausgaben, DStZ 1985, 287-291.

Ders./Möllmann, *Peter*: Zivilrechtliche Wirksamkeit als Voraussetzung der steuerlichen Anerkennung von Verträgen zwischen nahen Angehörigen - Zugleich eine Besprechung der BFH-Urteile vom 13.7.1999, VIII R 29/97, vom 7.6,2006, IX R 4/04 und vom 22.2.2007, IX R 45/06, DStR 2007, 1940-1947.

Tipke, *Klaus*: Zur Methode der steuerrechtlichen Negation von Familienpersonengesellschaften - Zugleich Besprechung des BFH-Urteils IV R 178/68, StuW 1970, 55-62.

– Übertragung von Einkunftsquellen. Zum Thema der Münchener Tagung der deutschen steuerjuristischen Gesellschaft, StuW 1977, 293-301.

– Die Steuerrechtsordnung, 2 Aufl. (zit.: StRO, S.).

– Bd. I: Wissenschaftsorganisatorische, systematische und grundrechtlich-rechtsstaatliche Grundlagen, Köln 2000

– Bd. III: Steuerrechtswissenschaft, Steuergesetzgebung, Steuervollzug, Steuerrechtsschutz, Steuerreformbestrebungen, Köln 2012

Ders./Kruse, *Heinrich Wilhelm* (Hrsg.): Kommentar zur Abgabenordnung und Finanz-gerichtsordnung, Loseblatt-Ausgabe (zit.: *Bearbeiter*, in: Tipke/Kruse, AO/FGO, §, Rz.).

Ders./Lang, *Joachim* (Hrsg.): Steuerrecht, 22. Aufl., Köln 2015 (zit.: *Bearbeiter*, in: Tipke/Lang, Steuerrecht, §, Rn.).

Völlmeke, *Monika*: Überlegungen zur tatsächlichen Vermutung und zum Anscheinsbeweis im finanzgerichtlichen Verfahren, DStR 1996, 1070-1077.

Vogel, *Klaus*: Argumente im Steuerrechtsstreit. Kann eine rechtswissenschaftliche „Argumentationstheorie" der Praxis helfen - und wo und wie?, JbFStR 1978/79, S. 34-56.

– Rechtfertigung der Steuern: Eine Vergessene Vorfrage. Zugleich zur „heimlichen Steuerrevolte" und zum Dreieck Staat/Wirtschaft/Gesellschaft, Der Staat 25 (1986), S. 481-519.

– Verwaltungsvorschriften zur Vereinfachung der Sachverhaltsermittlung und „normkonkretisierende" Verwaltungsvorschriften, in: Becker/Seewald/Bull (Hrsg.), Festschrift für Werner Thieme zum 70. Geburtstag, Köln 1993, S. 605-617 (zit.: *Vogel*, in: FS Thieme, S.).

Wacke, *Gerhard*: Die Beweislast der Familienunternehmen in Steuersachen. Verdachtsvermutungen gegen Familienverträge?, Steuerrecht im Rechtsstaat - Wissenschaftliche Hefte zum Deutschen und Internationalen Steuerrecht Heft 1, München 1966, (zit.: Beweislast, S.).

Walter, *Robert*: Das Auslegungsproblem im Lichte der Reinen Rechtslehre, in: Kohlmann (Hrsg.), Festschrift für Ulrich Klug zum 70. Geburtstag, Bd. I: Rechtsphilosophie und Rechtstheorie, Köln 1983, S. 187-197 (zit.: *Walter*, in: FS Klug, S).

Walz, *W. Rainer*: Steuergerechtigkeit und Rechtsanwendung. Grundlinien einer relativ autonomen Steuerrechtsdogmatik, R. v. Deckers rechts- und sozialwissenschaftliche Abhandlungen Bd. 8, Heidelberg 1980 (zit.: Steuergerechtigkeit, S.).

Wassermeyer, *Franz*: Veranlassung und Fremdvergleich, in: Kirchhof u. a. (Hrsg.), Steuerrechtsprechung, Steuergesetz, Steuerreform - Festschrift für Klaus Offerhaus, Köln 1999, S. 405-418 (zit.: *Wassermeyer*, in: FS Offerhaus, S.).

Weber-Grellet, *Heinrich*: Auf den Schultern von Larenz: Demokratisch-rechtsstaatliche Rechtsanwendung und Rechtsfortbildung im Steuerrecht, DStR 1991, 438-445.

– Steuern im modernen Verfassungsstaat. Funktionen, Prinzipien und Strukturen des Steuerstaates und des Steuerrechts, Köln 2001; zugl.: Münster, Univ., Habil.-Schr., 2001 (zit.: Steuern im modernen Verfassungsstaat, S.).

– Feststellung subjektiver Tatbestandsmerkmale im Besteuerungsverfahren. Absichtsmerkmale als Aufforderung zum normativen Fremdvergleich, DStR-Beih 2007 (Heft 39), 40-48.

Wendt, *Rudolf*: Empfiehlt es sich, das Einkommensteuerrecht zur Beseitigung von Ungleichbehandlungen und zur Vereinfachung neu zu ordnen?, DÖV 1988, 710-723.

Wernsmann, *Rainer*/***Desens,*** *Marc*: Gleichheitswidrige Gewerbesteuernachbelastung durch ein Nichtanwendungsgesetz - Zur Verfassungswidrigkeit des § 18 Absatz 3 UmwStG i. d. F. JStG 2008, DStR 2008, 221-228.

Westerfelhaus, *Herwarth*: Betriebswirtschaftliche Einflüsse auf das Steuerrecht der Familienpersonengesellschaften, DB 1997, 2033-2038.

Westermann, *Harm Peter*/***Wertenbruch,*** *Johannes* (Hrsg.): Handbuch Personengesellschaften: Gesellschaftsrecht - Steuerrecht - Sozialversicherungsrecht - Verträge und Formulare, Loseblatt-Ausgabe, Köln (zit.: *Bearbeiter*, in: Handbuch der Personengesellschaften, §, Rn.).

Wittmann, *Rolf*: Mitwirkungspflicht und Aufklärungspflicht in der AO, StuW 1987, 35-50.

Woerner, *Lothar*: Anmerkung zum Beschluss des Bundesverfassungsgerichts vom 07.11.1995, BB 1995, 2625-2626.

– Spielraum der Rechtsanwendung im steuerlichen Eingriffsrecht. Theorie und Praxis, in: Schön (Hrsg.), Gedächtnisschrift für Brigitte Knobbe-Keuk, Köln 1997, S. 967-986 (zit.: *Woerner*, in: GS Knobbe-Keuk, S.).

Wolff-Diepenbrock, *Johannes*: Überlegungen zum sogenannten Fremdvergleich bei Verträgen unter Angehörigen, in: Budde u. a. (Hrsg.), Handelsbilanzen und Steuerbilanzen - Festschrift für Heinrich Beisse, Düsseldorf 1997, S. 581-597 (zit.: *Wolf-Diepenbrock*, in: FS Beisse, S.).

Abkürzungsverzeichnis

Die im Text verwendeten Abkürzungen sind die üblichen. Sie sind, bis auf die folgenden Ausnahmen, entnommen dem Abkürzungsverzeichnis der Rechtssprache von Hildebert Kirchner, 8. Auflage, Berlin, Boston 2015.

BB-Beil	Betriebsberater-Beilage
ders./dies.	derselbe/dieselbe
DStJG	Deutsche Steuerjuristische Gesellschaft
Einf.	Einführung
Habil.-Schr.	Habilitations-Schrift
PrOVG	Königlich Preußisches Oberverwaltungsgericht
PrOVGE	Entscheidungen des königlich preußischen Oberverwaltungsgerichtes
RAO	Reichsabgabenordnung
Rn./Rdn./Rdnr./RdNr.	Randnummer
RT	Rechtstheorie
StAnpG	Steueranpassungsgesetz
st. Rspr.	ständige Rechtsprechung
Techn. Univ.	Technische Universität
u.a.	und andere
Univ.	Universität
v.	Vom
vGA	verdeckte Gewinnausschüttung
v.H.	vom Hundert
Vierteljschr. f. St. u. FinR.	Vierteljahresschrift für Steuer- und Finanzrecht
VuV	Vermietung und Verpachtung
zit.	Zitiert
ZRph	Zeitschrift für Rechtsphilosophie
ZÖR	Zeitschrift für öffentliches Recht
zugl.	Zugleich

Rechtsprechungsverzeichnis

A. Entscheidungen des Bundesverfassungsgerichts

v. 17.01.1957	1 BvL 4/54	BVerfGE 6, 55
v. 14.04.1959	1 BvL 23/57, 1 BvL 34/57	BVerfGE 9, 237
v. 21.02.1961	1 BvL 29/57, 1 BvL 20/60	BVerfGE 12, 151
v. 10.10.1961	2 BvL 1/59	BVerfGE 13, 153
v. 24.01.1962	1 BvL 32/57	BVerfGE 13, 290
v. 24.01.1962	1 BvR 232/60	BVerfGE 13, 318
v. 24.01.1962	1 BvR 845/58	BVerfGE 13, 331
v. 10.06.1963	1 BvR 345/61	BVerfGE 16, 203
v. 08.07.1963	1 BvR 319/60	BVerfGE 16, 241
v. 26.11.1964	1 BvL 14/62	BVerfGE 18, 257
v. 15.12.1965	1 BvR 513/65	BVerfGE 19, 342
v. 11.04.1967	2 BvL 3/62	BVerfGE 21, 329
v. 11.07.1967	1 BvR 495/63, 1 BvR 325/66	BVerfGE 22, 156
v. 29.07.1968	1 BvL 20/63, 1 BvL 31/66, 1 BvL 5/67	BVerfGE 24, 119
v. 15.07.1969	1 BvL 22/65	BVerfGE 26, 321
v. 18.03.1970	1 BvR 498/66	BVerfGE 28, 104
v. 26.05.1970	1 BvR 83/69, 1 BvR 244/69, 1 BvR 345/69	BVerfGE 28, 243
v. 27.05.1970	1 BvL 22/63, 1 BvL 27/64	BVerfGE 28, 324
v. 22.07.1970	1 BvR 285/66, 1 BvR 445/67, 1 BvR 192/69	BVerfGE 29, 104
v. 24.02.1971	1 BvR 435/68	BVerfGE 30, 173
v. 16.03.1971	1 BvR 52/66, 1 BvR 665/66 u.a.	BVerfGE 30, 292
v. 04.05.1971	1 BvR 636/68	BVerfGE 31, 58
v. 19.10.1971	1 BvR 387/65	BVerfGE 32, 98
v. 25.04.1972	1 BvL 13/67	BVerfGE 33, 52
v. 13.06.1972	1 BvR 421/69	BVerfGE 33, 236

v. 31.01.1973	2 BvR 454/71	BVerfGE 34, 238
v. 03.07.1973	1 BvR 368/65, 1 BvR 369/65	BVerfGE 35, 324
v. 17.12.1975	1 BvR 63/68	BVerfGE 41, 29
v. 17.12.1975	1 BvR 548/68	BVerfGE 41, 88
v. 23.11.1976	1 BvR 150/75	BVerfGE 43, 108
v. 08.02.1977	1 BvR 329/71, 1 BvR 217/73 u.a.	BVerfGE 44, 37
v. 01.03.1978	1 BvR 333/75, 1 BvR 174/71 u.a.	BVerfGE 47, 327
v. 16.10.1979	1 BvR 647/70, 1 BvR 7/74	BVerfGE 52, 223
v. 16.01.1980	1 BvR 249/79	BVerfGE 53, 135
v. 28.02.1980	1 BvL 17/77, 1 BvL 7/78 u.a.	BVerfGE 53, 257
v. 28.02.1980	1 BvL 136/78, 1 BvR 890/77 u.a.	BVerfGE 53, 224
v. 21.10.1980	1 BvR 179/78, 1 BvR 464/78	BVerfGE 55, 114
v. 03.11.1982	1 BvR 620/78, 1 BvR 1335/78 u.a.	BVerfGE 61, 319
v. 10.01.1984	1 BvL 5/83	BVerfGE 66, 84
v. 04.04.1984	1 BvR 276/83	BVerfGE 66, 331
v. 20.06.1984	1 BvR 1494/78	BVerfGE 67, 157
v. 17.07.1984	2 BvE 11/83, 2 BvE 15/83	BVerfGE 67, 100
v. 16.10.1984	1 BvR 268/84	HFR 1985, 284
v. 20.11.1984	1 BvR 1406/84	HFR 1985, 283
v. 12.03.1985	1 BvR 571/81, 1 BvR 494/82, 1 BvR 47/83	BVerfGE 69, 188
v. 04.06.1985	1 BvR 1220/84	HFR 1986, 646
v. 25.07.1985	1 BvR 523/85	HFR 1987, 92
v. 07.08.1985	1 BvR 707/85	DStZ/E 1985, 277
v. 14.01.1986	1 BvR 209/79, 1 BvR 221/79	BVerfGE 71, 354
v. 12.05.1987	2 BvR 1226/83, 2 BvR 101/84, 2 BvR 313/84	BVerfGE 76, 1
v. 18.08.1987	1 BvR 488/87	HFR 1988, 242
v. 03.11.1987	1 BvR 1257/84, 1 BvR 861/85	BVerfGE 77, 240
v. 18.04.1989	2 BvR 1169/84	BVerfGE 80, 81
v. 07.03.1990	1 BvR 266/86, 1 BvR 913/87	BVerfGE 81, 287
v. 29.05.1990	1 BvL 20/84, 1 BvL 26/84, 1 BvL 4/86	BVerfGE 82, 60
v. 17.10.1990	1 BvR 283/85	BVerfGE 83, 1
v. 27.11.1990	1 BvR 402/87	BVerfGE 83, 130
v. 27.06.1991	2 BvR 1493/89	BVerfGE 84, 239
v. 16.07.1991	2 BvR 769/90	HFR 1992, 23
v. 16.07.1991	2 BvR 47/90	HFR 1992, 426
v. 09.10.1991	1 BvR 1406/89	HFR 1992, 500
v. 27.12.1991	2 BvR 72/90	BStBl II 1992, 212
v. 07.04.1992	1 BvR 1772/91	BVerfGE 86, 59

v. 07.07.1992	1 BvL 51/86, 1 BvL 50/87 u.a.	BVerfGE 87, 1
v. 17.11.1992	1 BvL 8/87	BVerfGE 87, 234
v. 08.06.1993	1 BvL 20/85	BVerfGE 89, 15
v. 28.06.1993	BvR 1346/89	HFR 1993, 544
v. 09.03.1994	2 BvL 43/92, 2 BvL 51/92 u.a.	BVerfGE 90, 145
v. 07.03.1995	1 BvR 1564/92	BVerfGE 92, 191
v. 16.06.1995	1 BvR 1087/91	BVerfGE 93, 1
v. 22.06.1995	2 BvL 37/91	BVerfGE 93, 121
v. 07.11.1995	2 BvR 802/90	BStBl II 1996, 34
v. 19.12.1995	2 BvR 1791/92	NJW 1996, 834
v. 10.10.1998	2 BvR 1057/91, 2 BvR 1226/91, 2 BvR 980/91	BVerfGE 99, 216
v. 29.10.1999	2 BvR 1264/90	BVerfGE 101, 132
v. 15.12.1999	1 BvR 1904/95, 1 BvR 602/96 u.a.	BVerfGE 101, 331
v. 19.07.2000	1 BvR 539/96	BVerfGE 102, 197
v. 06.02.2001	1 BvR 12/92	BVerfGE 103, 89
v. 03.04.2001	1 BvR 1629/94	BVerfGE 103, 242
v. 17.07.2002	1 BvF 1/01, 1 BvF 2/01	BVerfGE 105, 313
v. 04.12.2002	2 BvR 400/98, 2 BvR 1735/00	BVerfGE 107, 27
v. 16.01.2003	2 BvR 716/01	BVerfGE 107, 104
v. 24.09.2003	2 BvR 1436/02	BVerfGE 108, 282
v. 07.10.2003	1 BvR 246/93, 1 BvR 2298/94	BVerfGE 108, 351
v. 09.03.2004	2 BvL 17/02	BVerfGE 110, 94
v. 18.07.2005	2 BvF 2/01	BVerfGE 113, 167
v. 11.10.2005	1 BvR 1232/00, 1 BvR 2627/03	BVerfGE 114, 316
v. 13.06.2007	1 BvR 1550/03, 1 BvR 2357/04, 1 BvR 603/05	BVerfGE 118, 168
v. 15.01.2008	1 BvL 2/04	BVerfGE 120, 1
v. 26.02.2008	2 BvR 392/07	BVerfGE 120, 224
v. 27.02.2008	1 BvR 370/07, 1 BvR 595/07	BVerfGE 120, 274
v. 15.01.2009	2 BvR 2044/07	BVerfGE 122, 248
v. 22.05.2009	2 BvR 310/07	HFR 2009, 1027
v. 07.07.2009	1 BvR 1164/07	BVerfGE 124, 199
v. 04.11.2009	1 BvR 2150/08	BVerfGE 124, 300
v. 08.06.2010	1 BvR 2011/07, 1 BvR 2959/07	BVerfGE 126, 112
v. 25.01.2011	1 BvR 918/10	BVerfGE 128, 193
v. 26.09.2011	2 BvR 2216/06, 2 BvR 469/07	NJW 2012, 669
v. 19.06.2012	2 BvR 1397/09	BVerfGE 131, 239
v. 11.07.2012	1 BvR 3142/07, 1 BvR 1569/08	BVerfGE 132, 99
v. 18.12.2012	1 BvL 16/11	BVerfGE 132, 179

v. 24.04.2013	1 BvR 1215/07	BVerfGE 133, 277
v. 07.05.2013	2 BvR 909/06, 2 BvR 1981/06, 2 BvR 288/07	BVerfGE 133, 377
v. 17.12.2013	1 BvR 3139/08, 1 BvR 3386/08	BVerfGE 134, 242
v. 17.12.2013	1 BvL 5/08	BVerfGE 135, 1
v. 14.01.2014	1 BvR 2998/11, 1 BvR 236/12	BVerfGE 135, 90
v. 27.01.2015	1 BvR 471/10, 1 BvR 1181/10	BVerfGE 38, 296
v. 23.05.2016	1 BvR 2230/15, 1 BvR 2231/15	WM 2016, 1431

B. Entscheidungen des Bundesfinanzhofs

v. 22.08.1951	IV 246/50 S	BStBl III 1951, 181
v. 17.02.1955	IV 520/53 U	BStBl III 1955, 102
v. 06.12.1955	I 193/55 U	BStBl III 1956, 17
v. 14.02.1956	I 216/55 U	BStBl III 1956, 233
v. 25.09.1956	I 256/55 U	BStBl III 1957, 2
v. 03.12.1957	I 231/56 S	BStBl III 1958, 27
v. 26.08.1958	I 116/58 U	BStBl III 1958, 445
v. 26.05.1959	I 32/58 S	BStBl III 1959, 322
v. 22.11.1963	VI 178/62 U	BStBl III 1964, 74
v. 29.02.1972	VIII R 45/66	BStBl II 1972, 533
v. 19.09.1974	IV R 95/73	BStBl II 1975, 141
v. 23.04.1975	I R 208/72	BStBl II 1975, 579
v. 27.08.1975	II R 40/73	BStBl II 1976, 32
v. 14.12.1976	VIII R 146/73	BStBl II 1977, 115
v. 16.03.1977	I R 213/74	BStBl II 1977, 414
v. 25.01.1979	IV R 34/76	BStBl II 1979, 434
v. 19.12.1979	I R 176/77	BStBl II 1980, 242
v. 30.01.1980	I R 194/77	BStBl II 1980, 449
v. 29.11.1982	GrS 1/81	BStBl II 1983, 272
v. 10.11.1982	I R 135/80	BStBl II 1983, 173
v. 14.04.1983	IV R 198/80	BStBl II 1983, 555
v. 28.07.1983	IV R 103/82	BStBl II 1984, 60
v. 10.04.1984	VIII R 134/81	BStBl II 1984, 705
v. 25.06.1984	GrS 4/82	BStBl II 1984, 751
v. 17.07.1984	VIII R 69/84	BStBl II 1986, 48
v. 20.03.1987	III R 197/83	BStBl II 1988, 603
v. 07.05.1987	IV R 73/85	BFH/NV 1987, 765
v. 05.02.1988	III R 234/84	BFH/NV 1988, 628
v. 10.08.1988	IX R 220/84	BStBl II 1989, 137

v. 12.01.1989	IV R 47/87	BFH/NV 1990, 163
v. 31.10.1989	VIII R 293/84	BFH/NV 1990, 759
v. 27.11.1989	GrS 1/88	BStBl II 1990, 160
v. 24.04.1990	VIII R 170/83	BStBl II 1990, 539
v. 04.07.1990	GrS 2-3/88, GrS 2/88, GrS 3/88	BStBl II 1990, 817
v. 07.11.1990	X R 126/87	BStBl II 1991, 291
v. 18.12.1990	VIII R 290/82	BStBl II 1991, 391
v. 18.12.1990	VIII R 52/84	BFH/NV 1991, 732
v. 18.12.1990	VIII R 137/85	BFH/NV 1991, 518
v. 18.12.1990	VIII R 138/85	BStBl II 1991, 581
v. 18.12.1990	VIII R 134/86	BStBl II 1991, 882
v. 18.12.1990	VIII R 1/88	BStBl II 1991, 911
v. 04.06.1991	IX R 150/85	BStBl II 1991, 838
v. 22.01.1991	VIII R 321/83	BFH/NV 1991, 667
v. 12.02.1992	X R 121/88	BStBl II 1992, 468
v. 21.10.1992	X R 99/88	BStBl II 1993, 289
v. 28.01.1993	IV R 109/91	BFH/NV 1993, 590
v. 04.03.1993	X R 70/91	BFH/NV 1994, 156
v. 17.06.1994	III R 30/92	BFH/NV 1995, 197
v. 19.12.1995	IX R 85/93	BStBl II 1997, 52
v. 16.01.1996	IX R 13/92	BStBl II 1996, 214
v. 26.03.1996	IX R 51/92	BStBl II 1996, 443
v. 07.05.1996	IX R 69/94	BStBl II 1997, 196
v. 26.11.1996	IX R 51/94	BFH/NV 1997, 404
v. 28.01.1997	IX R 23/94	BStBl II 1997, 655
v. 20.10.1997	IX R 38/97	BStBl II 1998, 106
v. 29.10.1997	X R 129/94	BStBl II 1998, 149
v. 03.02.1998	IX R 38/96	BStBl II 1998, 539
v. 17.02.1998	IX R 30/96	BStBl II 1998, 349
v. 22.04.1998	X R 163/94	BFH/NV 1999, 24
v. 10.11.1998	VIII R 28/97	BFH/NV 1999, 616
v. 16.12.1998	X R 139/95	BFH/NV 1999, 780
v. 15.04.1999	IV R 60/98	BStBl II 1999, 524
v. 13.07.1999	VIII R 29/97	BStBl II 2000, 386
v. 19.10.1999	IX R 30/98	BStBl II 2000, 223
v. 25.11.1999	IV R 44/99	BFH/NV 2000, 699
v. 19.01.2000	I R 24/99	BStBl II 2002, 545
v. 25.01.2000	VIII R 50/97	BStBl II 2000, 393
v. 18.04.2000	VIII R 74/96	BFH/NV 2001, 152
v. 10.08.2000	IX B 67/00	BFH/NV 2001, 160

v. 23.08.2000	I R 4/97	BStBl II 2001, 260
v. 06.09.2000	IV R 18/99	BStBl II 2001, 229
v. 21.09.2000	IV R 50/99	BStBl II 2001, 299
v. 07.11.2000	VIII R 16/97	BStBl II 2001, 186
v. 09.11.2000	IV R 60/99	BStBl II 2001, 101
v. 18.01.2001	IV R 58/99	BStBl II 2001, 393
v. 26.06.2001	IX R 68/97	BFH/NV 2001, 1551
v. 09.10.2001	VIII R 5/01	BFH/NV 2002, 334
v. 22.01.2002	VIII R 46/00	BStBl II 2002, 685
v. 19.02.2002	IX R 32/98	BStBl II 2002, 674
v. 25.06.2002	X B 30/01	BFH/NV 2002, 1303
v. 28.06.2002	IX R 68/99	BStBl II 2002, 699
v. 31.07.2002	X R 103/96	BFH/NV 2003, 26
v. 15.10.2002	IX R 46/01	BStBl II 2003, 243
v. 20.11.2002	X B 6/02	BFH/NV 2003, 318
v. 04.12.2002	VI R 120/01	BStBl II 2003, 403
v. 17.12.2002	IX R 23/00	BFH/NV 2003, 612
v. 14.01.2003	IX R 5/00	BStBl II 2003, 627
v. 28.01.2003	IX R 53/00	BFH/NV 2003, 768
v. 11.03.2003	IX R 55/01	BStBl II 2003, 627
v. 14.05.2003	X R 14/99	BFH/NV 2003, 1547
v. 10.12.2003	IX R 22/03	BFH/NV 2004, 1268
v. 17.12.2003	IX R 7/98	BFH/NV 2004, 1270
v. 17.12.2003	IX R 105/00	BFH/NV 2004, 1273
v. 17.12.2003	IX R 9/01	BFH/NV 2004, 1274
v. 17.12.2003	IX R 56/03	BStBl II 2004, 648
v. 03.03.2004	X R 14/01	BStBl II 2004, 826
v. 27.07.2004	IX R 73/01	BFH/NV 2005, 192
v. 26.08.2004	IV R 68/02	BFH/NV 2005, 553
v. 21.09.2004	IX R 5/03	BFH/NV 2005, 498
v. 25.10.2004	III B 131/03	BFH/NV 2005, 339
v. 20.01.2005	IV R 14/03	BStBl II 2005, 395
v. 07.09.2005	VIII R 80/99	BFH/NV 2006, 57
v. 27.10.2005	IX R 76/03	BStBl II 2006, 359
v. 07.06.2006	IX R 4/04	BStBl II 2007, 294
v. 07.11.2006	IX R 4/06	BStBl II 2007, 372
v. 22.02.2007	IX R 45/06	BStBl II 2011, 20
v. 31.07.2007	IX R 8/07	BFH/NV 2008, 350
v. 29.08.2007	IX R 17/07	BStBl II 2008, 502
v. 19.12.2007	VIII R 13/05	BStBl II 2008, 568

v. 19.08.2008	IX R 23/07	BFH/NV 2009, 12
v. 16.12.2008	VIII R 83/05	BFH/NV 2009, 1118
v. 19.02.2009	IV R 83/06	BStBl II 2009, 798
v. 23.04.2009	IV R 24/08	BFH/NV 2009, 1427
v. 12.05.2009	IX R 46/08	BStBl II 2011, 24
v. 29.06.2009	I B 57/09	BFH/NV 2009, 1804
v. 21.09.2009	GrS 1/06	BStBl II 2010, 672
v. 25.11.2009	I R 72/08	BStBl II 2010, 471
v. 10.02.2010	IX B 163/09	BFH/NV 2010, 887
v. 11.05.2010	IX R 19/09	BStBl II 2010, 823
v. 21.10.2010	IV R 23/08	BStBl II 2011, 277
v. 26.01.2011	VII R 14/10	BFH/NV 2011, 1512
v. 19.02.2011	X B 43/10	NFH/NV 2011, 636
v. 02.03.2011	IX B 144/10	BFH/NV 2011, 1367
v. 09.11.2011	X R 60/09	BStBl II 2012, 638
v. 24.04.2012	IX B 154/10	BStBl II 2012, 454
v. 25.05.2012	IX B 20/12	BFH/NV 2012, 1308
v. 21.08.2012	VIII R 32/09	BStBl II 2013, 16
v. 22.01.2013	IX R 18/12	BFH/NV 2013, 1094
v. 17.07.2013	X R 31/12	BStBl II 2013, 1015
v. 25.09.2013	XI R 41/12	BStBl II 204, 135
v. 09.10.2013	IX R 2/13	BStBl II 2014, 527
v. 22.10.2013	X R 14/11	BStBl II 2014, 158
v. 22.10.2013	X R 26/11	BStBl II 2014, 374
v. 21.11.2013	IX R 26/12	BFH/NV 2014, 529
v. 23.12.2013	III B 84/12	BFH/NV 2014, 533
v. 05.02.2014	X R 22/12	BStBl II 2014, 388
v. 11.02.2014	IX R 46/12	BFH/NV 2014, 1025
v. 29.04.2014	VIII R 35/13	BStBl II 2014, 990
v. 29.04.2014	VIII R 44/13	BStBl II 2014, 992
v. 14.05.2014	VIII R 31/11	BStBl II 2014, 995
v. 17.07.2014	IV R 52/11	BFH/NV 2014, 1949
v. 21.10.2014	VIII R 21/12	BStBl II 2015, 638
v. 17.12.2014	IV R 57/11	BStBl II 2015, 536
v. 28.01.2015	VIII R 13/13	BStBl II 2015, 393
v. 28.01.2015	VIII R 8/14	BStBl II 2015, 397
v. 29.07.2015	IV R 16/12	BFH/NV 2015, 1572
v. 11.11.2015	I R 5/14	BStBl II 2016, 491
v. 02.03.2016	I R 73/14	BFH/NV 2016, 1341
v. 12.05.2016	IV R 27 13	BFH/NV 2016, 1559

v. 04.10.2016	IX R 8/16	BStBl II 2017, 273
v. 28.11.2016	GrS 1/15	BFH/NV 2017, 498
v. 08.12.2016	IV R 5/13	BFH/NV 2017, 451
v. 12.07.2017	VI R 59/15	DStR 2017, 2164
v. 13.07.2017	VI R 62/15	DStR 2017, 2475

C. Entscheidungen anderer Gerichte

I. PrOVG

v. 18.10.1895	Rep. V. A. 1347/94	PrOVGE 4, 161
v. 29.02.1895	Rep. VI. A. 739/95	PrOVGE 4, 162
v. 12.06.1928	VIII G St. 237/27	RVerwBl 1928, 1028
v. 10.01.1936	VII G St. 11/34	RVerwBl 1936, 296

II. RFH

v. 15.01.1930	VI A 69/29	RStBl 1930, 265
v. 07.05.1930	VI A 67/30	RFHE 27, 22
v. 17.07.1930	VI A 967/30	RStBl 1930, 706
v. 31.10.1934	VI A 91/34	RStBl 1935, 91
v. 15.06.1938	VI 292/38	RStBl 1938, 779
v. 21.12.1938	VI 803 u. 804/38	RStBl 1939, 261

III. Finanzgerichte

FG Saarland	v. 15.07.2003	1 K 347/00	EFG 2003, 1430
FG Baden-Württemberg	v. 24.11.2004	13 K 75/04	DStRE 2005, 248
FG Niedersachsen	v. 07.01.2014	9 K 135/12	EFG 2014, 822
FG München	v. 26.06.2014	11 K 877/11	EFG 2015, 1084
FG Rheinland-Pfalz	v. 24.06.2015	2 K 1036/13	EFG 2015, 1711
FG Bremen	v. 11.02.2016	1 K 47/15 (5)	DStRE 2016, 964
FG Münster	v. 07.11.2016	7 K 3044/14 E	EFG 2016, 2056
FG Niedersachsen	v. 16.11.2016	9 K 316/15	EFG 2017, 482

IV. Zivilgerichte

BGH	v. 29.11.2011	II ZR 306/09	BGHZ 191, 354
BayObLG	v. 12.02.1974	BReg. 1 Z 104/73	NJW 1974, 1142

Erstes Kapitel: Einleitung

§ 1 Bedeutung des Themas

Der Abschluss von Verträgen unter nahen Angehörigen ist ein gängiger, von der Privatautonomie gedeckter wirtschaftlicher Vorgang. Angehörige schließen untereinander Eheverträge, erbrechtliche Verträge, Gesellschaftsverträge wie auch schuldrechtliche Austauschverträge. Aus wirtschaftlicher Sicht sind diese ein Mittel zur Regelung der Vermögensverhältnisse der Vertragsbeteiligten. Dass Vereinbarungen zwischen nahen Angehörigen, insbesondere zwischen Eltern und Kindern, auch auf steuerrechtliche Überlegungen zurückzuführen sind oder diese der einzige Zweck einer solchen Vereinbarung sein können, ist nicht von der Hand zu weisen. Gleichwohl gilt: Auch Angehörige können ihre Rechtsverhältnisse untereinander steuerlich so günstig wie möglich gestalten.[1]

Steuerrechtlich werden diese Vertragsgestaltungen unter dem breit zu verstehenden Schlagwort der Übertragung von Einkunftsquellen[2] oder Verlagerung von Einkünften behandelt. Die miteinander vertragsschließenden Angehörigen verfolgen mit ihren Gestaltungen oftmals das Ziel, den progressiven Einkommensteuertarif zu mindern oder Vermögenswerte zu bilden. Daneben können ebenso erbschaftsteuerliche wie aber auch außersteuerliche Erwägungen ein entscheidender Grund sein, sich derartiger Vertragsgestaltungen zu bedienen.[3]

Allerdings wird den gewählten Gestaltungsformen oftmals seitens der Finanzverwaltung und -rechtsprechung die steuerliche Anerkennung versagt. Versagungsgründe sind die von der Rechtsprechung aufgestellten Grundsätze

[1] St. Rspr. BVerfGE 9, 237 (249 f.); BFH BStBl III 1951, 181 (183); BStBl II 1998, 539 (540); BStBl II 2004, 648 (649); BStBl II 2008, 502 (503).

[2] So auch das Oberthema der Jahrestagung der Deutschen Steuerjuristischen Gesellschaft 1977 in München.

[3] Zu den Motiven *Beinert*, DStJG 1, S. 141 (141 ff.); *Juchem*, Angehörigengeschäfte, S. 12. Auf diese ist im Rahmen dieser Untersuchung nicht weiter einzugehen.

zur Anerkennung von Verträgen unter nahen Angehörigen, die diese seit jeher zur Vermeidung von Steuerumgehungen in ständiger Rechtsprechung heranzieht. Vereinbarungen zwischen nahen Angehörigen werden nur dann anerkannt, wenn sie zivilrechtlich wirksam, klar und eindeutig sind, ihrem Inhalt nach dem zwischen fremden Dritten Üblichen entsprechen und auch tatsächlich durchgeführt werden.[4]

Da die Verträge nur anerkannt werden, wenn diese Anforderungen erfüllt sind, müssen bei ihrer Anwendung zwei Seiten betrachtet werden. Auf der einen Seite steht das Gebot, missbräuchliche Gestaltungsmöglichkeiten aus Gründen der steuerlichen Lastengleichheit zu bekämpfen. Andererseits darf nicht vergessen werden, dass es sich bei diesen Grundsätzen um eine Sonderbehandlung von in einem familiären Verband verbundenen Personen gegenüber Vertragsgestaltungen zwischen Fremden handelt, die einer Rechtfertigung bedarf.

Die Anerkennungsfrage beschäftigt die Rechtsprechung von Anfang an.[5] Auch das Bundesverfassungsgericht hat sich in mehreren Entscheidungen mit den Angehörigenverträgen auseinandersetzen müssen.[6] Aus jüngerer Zeit sind insbesondere zwei Urteile des Bundesfinanzhofs aus dem Jahr 2013 zu nennen, die zu Arbeits- und Darlehensverträgen ergangen sind.[7] In diesen wurden die Anforderungen an die Anerkennung im Hinblick auf den Fremdvergleich neu justiert. Hiermit hat das oberste Finanzgericht in diesen Konstellationen für Klarheit gesorgt. Die Finanzverwaltung hat durch die Veröffentlichung dieser Entscheidungen im Bundessteuerblatt II zudem zu verstehen gegeben, dass diese Rechtsprechung auch auf gleichgelagerte Fälle anzuwenden ist.[8]

Zugleich aber hat der Bundesfinanzhof wieder neue Fragen aufgeworfen, über deren Lösung Unklarheit herrscht. Überhaupt sind diese Fälle dadurch gekennzeichnet, dass sich aus neuen Fällen auch neue Anforderungen ergeben oder aber entwickelt werden. Das Verlangen der Steuerpflichtigen nach Steuerplanungssicherheit[9] kann so nicht befriedigt werden. Es ist daher gerechtfertigt, sich mit den umfassenden Fragen im Zusammenhang mit Verträgen zwischen nahen Angehörigen auseinanderzusetzen und die Maßstäbe herauszuarbeiten, die hinter der Anwendung und Bewertung dieser von der Rechtsprechung aufgestellten Maßstäbe stehen.

---

[4] Statt vieler nur BFH BStBl II 1997, 196 (196).

[5] PrOVGE Bd. 4 (1895), 161 ff.; PrOVG RVerwBl 1928, 1028 f.; RFHE 27, 22 ff.; BFH BStBl III 1956, 233 ff.; BStBl II 1990, 160 ff.; BStBl II 2014, 374 ff.

[6] Zuletzt BVerfG BStBl II 1996, 34 ff. und BVerfG, NJW 1996, 834 ff.

[7] Für Arbeitsverträge BFH BStBl II 2013, 1015 ff., für Darlehensverträge BStBl II 2014, 374 ff.

[8] *Koenig*, in: Koenig, AO, § 4, Rn. 65.

[9] Hierzu *Hey*, Steuerplanungssicherheit, passim.

§ 2 Ziel der Untersuchung und Erläuterung ihres Gegenstandes

A. Ausgangsbeispiele für die Maßstabssuche

Ziel der Untersuchung ist die Identifizierung der „Maßstäbe hinter den Maßstäben".[10] Sie sollen der Anwendung der Rechtsprechungsgrundsätze auf den zu entscheidenden Lebenssachverhalt etwas Regelhaftes verleihen. Das Bedürfnis nach Regelhaftigkeit für das sich bis heute im Fluss befindliche Rechtsproblem der Vereinbarungen im Familienverbund ergibt sich daraus, dass die Vertragsfreiheit den Steuerpflichtigen eine nahezu unbegrenzte Vielfalt an Gestaltungsmöglichkeiten eröffnet. Wird eine Gestaltungsform nun der Verwaltung als Subsumtionsvorschlag unterbreitet, so hat diese die Steuer gemäß § 85 AO nach Maßgabe der Gesetze gleichmäßig festzusetzen und nach § 88 AO den Sachverhalt von Amts wegen zu ermitteln. Sie entscheidet im Folgenden über die steuerliche Anerkennung der Gestaltung. Da das Verwaltungsverfahren der Öffentlichkeit als solches aber nicht zugänglich ist, sondern der Entscheidungsgehalt eines Verwaltungsaktes erst dann Publizität erlangt, wenn seine Entscheidungsmaxime in einem Urteil bestätigt oder verworfen wird,[11] sind die Urteile der Finanzgerichte vorrangige Rechtserkenntnisquelle für die Steuerpflichtigen und ihre Berater. Sie bestimmen die Grenzen, innerhalb der die zivilrechtliche Gestaltung zur berücksichtigen ist.[12]

Um daher die praktische Dimension der vorliegenden Untersuchung und ihre Vielschichtigkeit für die Rechtsanwendung zu verdeutlichen, soll als Referenz für die Problematik der Vereinbarungen unter nahen Angehörigen die Behandlung von verschiedenen Gestaltungen zwischen nahen Angehörigen durch die Rechtsprechung dienen. Inhaltlich haben diese alle einen Darlehensvertrag zum Gegenstand.

Beispiel 1: Umwandlungsfälle

A ist alleiniger Gesellschafter der X-GmbH. Mit notariellem Vertrag vom 15.5 schenkte er seiner volljährigen Tochter T einen Geldbetrag von 990.000 €. Von diesem soll T der GmbH 900.000 € als Darlehen zur Verfügung stellen. Das Darlehen soll jährlich mit 6 v.H. verzinst werden. Eine Besicherung des Darlehens wird nicht vereinbart. In einem weiteren notariellen Vertrag vom 15.5 schloss T mit der GmbH einen Darlehensvertrag entsprechend den im Schenkungsvertrag eingegangenen Verpflichtungen.

---

[10] Hierzu *Braun*, Einführung in die Rechtsphilosophie, S. 4.

[11] *Isensee*, Verwaltung, S. 24 f.

[12] Die Rechtsanwendung wird zudem auch dadurch erschwert, dass die Verwaltung die allgemeine Anwendung einer BFH-Entscheidung auch durch ihre verzögerte oder ganz unterbliebene Veröffentlichung im BStBl II behindert, *Koenig*, in: Koenig, AO, § 4, Rn. 65; *Spindler*, DStR 2007, 1061 (1062).

In den Fällen, in denen das Darlehen aus Mitteln gewährt wird, die dem Darlehensgeber zuvor vom Darlehensnehmer geschenkt worden sind, sei der Fremdvergleich nach nunmehr vertretener Auffassung des Bundesfinanzhofs strikt durchzuführen.[13] Die Vereinbarung sei jedoch nicht schon deshalb als unüblich zu qualifizieren, weil der Darlehensnehmer die Darlehensmittel dem Darlehensgeber zuvor geschenkt habe. Maßgeblich sei die Besicherung des Darlehens. Sollten die Darlehensmodalitäten einem Fremdvergleich standhalten, werde der Darlehensvertrag gleichwohl nicht anerkannt, wenn eine endgültige Vermögensverschiebung zwischen den Beteiligten noch nicht vorliege.

Beispiel 2: Novation

Herr S ist als Vollzeitarbeitskraft bei der A-GbR angestellt, deren Geschäftsführerin Frau S ist. Die GbR und Herr S schlossen eine Vereinbarung, der zufolge dieser der GbR "aus seinen monatlichen Gehaltsansprüchen eine darlehensähnliche Überlassung anbietet und zu jeder Zeit frei über die angesammelten Beträge verfügen kann". Eine Verzinsung sollte grundsätzlich nicht erfolgen und Sicherheiten für das Darlehen sollten nicht gestellt werden.

Die zweite Fallgruppe betrifft die Gestaltung, dass in einem Arbeitsvertrag die Auszahlung des Lohns durch eine Darlehensvereinbarung ersetzt wird. Auch hier muss die Gestaltung den Anerkennungsvoraussetzungen entsprechen; der Fremdvergleich sei ebenfalls strikt durchzuführen. Für die Frage der steuerlichen Anerkennung der Vereinbarung soll es maßgeblich darauf ankommen, ob die Vergütung lediglich „stehengelassen“ oder tatsächlich zur Auszahlung angeboten wird, danach aber in ein Darlehen umgewandelt wird.[14]

Beispiel 3: Investitionsdarlehen

Der Gewerbetreibende V nimmt bei seinem Sohn S ein Darlehen i.H.v. 20.000 € zur Anschaffung eines benötigten Firmenwagens auf. Zur Tilgung des Darlehens vereinbarten V und S eine Verzinsung von 6 v.H. Für die Rückzahlung des Darlehens richtete V in seiner Buchführung für S unter den sonstigen Verbindlichkeiten ein Konto ein. Eine Auszahlung der Zinsen erfolgt nicht.

Die letzte Fallgruppe betrifft Darlehen, die der Finanzierung der Anschaffungs- und Herstellungskosten von Wirtschaftsgütern dienen sollen. Hier sei der Fremdvergleich „großzügig“ vorzunehmen, da die betriebliche Veranlassung offensichtlich sei.[15] Das Darlehen könne auch unter anderen Bedingungen als den fremdüblichen überlassen werden. Maßgeblich sei vielmehr die tatsächliche

---

[13] BFH BStBl II 2014, 374 (377), auch zum Folgenden.
[14] BFH BStBl II 2014, 374 (378); FG Münster, EFG 2016, 2056 (2057).
[15] BFH BStBl II 2014, 374 (378), auch zum Folgenden.

Durchführung der Zinsvereinbarung. Darüber hinaus bestünden weitere Grenzen für diese Fallgruppe; es dürfe sich nicht um eine verschleierte Schenkung, einen Missbrauch rechtlicher Gestaltungsmöglichkeiten oder ein Scheingeschäft handeln.

B. Rechtfertigung eines Sonderregimes

Die Anwendung der besonderen Anforderungen an Vereinbarungen zwischen nahen Angehörigen bedarf der Rechtfertigung. Betrachtet man die Voraussetzungen, an denen die Vereinbarungen gemessen werden, so ist festzustellen, dass die Verwaltung und die Rechtsprechung ein Sonderregime geschaffen haben, das Verträge zwischen nahen Angehörigen und Verträge zwischen fremden Dritten steuerrechtlich unterschiedlich behandelt und über die generellen Maßstäbe des Steuerrechts hinauszugehen scheint.[16]

Im Hinblick auf die verfassungsrechtlichen Wertentscheidungen des Art. 6 Abs. 1 GG stellt sich daher die Frage, ob die unterschiedliche steuerrechtliche Behandlung von Familienverträgen gerechtfertigt werden kann. Verwaltung und Rechtsprechung stellen hierzu auf den fehlenden Interessengegensatz ab, der bei Vereinbarungen zwischen fremden Dritten regelmäßig bestehen soll.[17] Doch wiegt dieser Umstand derart schwer, dass er eine Sonderbehandlung rechtfertigt?[18]

Darüber hinaus ist besonderes Augenmerk darauf zu legen, wie die Anerkennungsgrundsätze von Verwaltung und Rechtsprechung angewendet werden. So bedarf es einer Rechtfertigung dafür, warum die Fremdvergleichsprüfung in einer Fallkonstellation „strikt“, in einer anderen dagegen „großzügig“ durchzuführen sein soll. Lassen sich hierfür sachgerechte Erwägungen anführen? Eine andere Frage, die sich hinsichtlich der Anwendung der Rechtsprechungsgrundsätze stellt, ist, ob die Fremdüblichkeit einer Gestaltung schon allein aufgrund der fehlenden Besicherung des Darlehens verneint werden kann[19] oder ob dies nicht über das gebotene Maß hinausgeht.

Dies führt unmittelbar zu einer weiteren Frage, die mit der unterschiedlichen Anwendung der besonderen Anforderungen in verschiedene Fallgruppen und der ständigen Weiterentwicklung der Kriterien verbunden ist: Lässt sich der Anwendung der Anforderungen zwischen nahen Angehörigen eine Regelhaftigkeit entnehmen, die auf noch zu entscheidende Fälle übertragen werden kann?

---

[16] *Schön*, in: FS Klein, S. 467 (475).

[17] Vgl. nur BVerfG BStBl II 1996, 34 (36).

[18] *Görlich*, Vertragsgestaltungen, S. 24.

[19] BFH BStBl II 2014, 374 (377).

Gerade die letzte Frage ist für die vorliegende Untersuchung von entscheidender Bedeutung. Hinter ihr steht zum einen das theoretische Bedürfnis nach Systematisierung, die eine dynamische Stabilität des Rechts gewährleisten kann.[20] Rechtspraktisch ist dem Bedürfnis nach Steuerplanungssicherheit Rechnung zu tragen.

Einen solchen Systematisierungsansatz will die vorliegende Untersuchung leisten, indem sie nach den Maßstäben fragt, die hinter den von der Verwaltung und der Rechtsprechung aufgestellten Maßstäben stehen. Besonders die Maßstäbe des Verfassungsrechts, welches sich das Einkommensteuerrecht anverwandelt und geprägt hat,[21] sind hier in den Blick zu nehmen. So unterwirft das Steuerrecht als „staatlich gesetztes Eingriffsrecht"[22] die Verwaltung und die Gerichte bei der Bildung eines Sonderregimes zur Behandlung von Angehörigenverträgen der verfassungsrechtlichen Bindung aus Art. 1 Abs. 3, Art. 3 Abs. 1, Art. 20 Abs. 3 GG. Dies berührt Fragen der Gesetzmäßigkeit und der Gleichmäßigkeit der Besteuerung sowie, da es sich um eine abweichende steuerrechtliche Würdigung von Familienverträgen im Gegensatz zu Verträgen unter fremden Dritten handelt, die Wertungen des Art. 6 Abs. 1 GG, der den Schutz der Ehe und Familie garantiert. Damit die Rechtfertigung gelingen kann, also der ungerecht erscheinende Eingriff als gerecht anerkannt werden kann,[23] muss sich eine verfassungsgemäße Beschränkung der von Art. 6 Abs. 1 GG geschützten Güter durch kollidierendes Verfassungsrecht nachweisen lassen.

§ 3 Gang der Untersuchung

Um diese Fragen im Zusammenhang mit Verträgen zwischen nahen Angehörigen zu beantworten und die Maßstäbe hinter den Maßstäben zu identifizieren, wird im zweiten Kapitel der Arbeit zunächst ein kurzer Überblick über die Entwicklung der Rechtsprechung gegeben; in den Fokus genommen werden sowohl die allgemeinen als auch die speziellen Maßstäbe, welche an die beiden hier behandelten Fallgestaltungen angelegt werden. Dazu wird zwischen den Phasen vor (Zweites Kapitel § 4 A.) und nach (Zweites Kapitel § 4 B.) dem Inkrafttreten des Grundgesetzes unterschieden, wobei der zweiten Phase die größere Aufmerksamkeit zukommen soll. Hier geht es im Wesentlichen um den Weg von der Anerkennung der Vereinbarungen durch das Bundesverfassungsgericht bis zum heutigen Stand der Rechtsprechung. Um den ersten Teil

---

[20] *Röhl/Röhl*, Allgemeine Rechtslehre, S. 441; *Vogel*, in: FS Thieme, S. 605 (606 f.).

[21] *Isensee*, Referat, Bd. II, Sitzungsbericht N, S. 32 (36).

[22] *Hensel*, Steuerrecht, S. 1; *Kruse*, Lehrbuch des Steuerrechts I, S. 18; *Englisch*, in: FS Lang, S. 167 (169); a.A. *Walz*, Steuergerechtigkeit, S. 145.

[23] *Vogel*, Der Staat 25 (1986), 481 (484); *Müller-Franken*, in: GS Trzaskalik, S. 195 (201).

abzurunden, wird zusätzlich die Behandlung von nahestehenden Personen in ausgewählten Normen dargestellt (Zweites Kapitel § 5).

Im dritten Kapitel werden sodann die Maßstäbe hinter den Maßstäben erarbeitet. Hier sind der Maßstabssuche einige Überlegungen vorwegzustellen. Dabei geht es neben der Bewertung durch das Schrifttum (Drittes Kapitel § 7 A.) insbesondere um den Sinn und Zweck der Rechtsprechung (Drittes Kapitel § 7 B. und C.). Daran anknüpfend wird die Frage erörtert, ob die Rechtsprechung besondere Nachweisanforderungen an die Anerkennung von Vereinbarungen zwischen nahen Angehörigen stellen kann. Dabei steht insbesondere Art. 6 Abs. 1 GG (Drittes Kapitel § 8 A.) im Vordergrund, der eine Benachteiligung von Ehe und Familie verbietet. Auf der anderen Seite gilt es, den Grundsatz der *Gesetzmäßigkeit* (Drittes Kapitel § 8 B. I.) und den Grundsatz der *Gleichmäßigkeit der Besteuerung* (Drittes Kapitel § 8 B. II.) näher zu betrachten und zu erörtern, inwieweit diese Grundsätze eine Einschränkung des Art. 6 Abs. 1 GG rechtfertigen können.

Im vierten Kapitel der Arbeit wird dann zunächst der Maßstab herausgearbeitet, der hinter dem *Wie* der Rechtsprechungsgrundsätze steht und dieses auch in zukünftigen Fällen maßgeblich beeinflusst (Viertes Kapitel § 10). Schließlich gilt es diesen abstrakten Maßstab für die Anwendung auf Gestaltungen zwischen nahen Angehörigen mit Inhalt zu füllen. Als Referenz soll die anlassbezogene Fremdvergleichsprüfung bei Darlehensverträgen zwischen nahen Angehörigen dienen (Viertes Kapitel § 11). Die Arbeit schließt mit einer Schlussbetrachtung und den wesentlichen Ergebnissen (Fünftes Kapitel).

Zweites Kapitel: Grundlagen

§ 4 Die Entwicklung der Rechtsprechung zu den Verträgen unter nahen Angehörigen

Die Grundsätze zur steuerlichen Behandlung von Verträgen zwischen Familienangehörigen sind im Laufe der Zeit immer wieder fortentwickelt und korrigiert worden. Um ihrer Anwendung etwas Regelhaftes entnehmen zu können, ist der Suche nach den Maßstäben eine (rechts)historische Betrachtung der unterschiedlichen Phasen der Beurteilung von Angehörigenverträgen vorwegzustellen. Dies ermöglicht Entwicklungen, aber auch Kontinuitäten bei der Anwendung der Rechtsprechungsgrundsätze festzustellen und so die Grundlage für die Maßstabssuche zu schaffen. Trennlinie innerhalb dieser historischen Darstellung ist das Inkrafttreten des Grundgesetzes am 23. Mai 1949, dessen Geltung die Anerkennung von Verträgen zwischen Familienangehörigen nachhaltig beeinflusst hat. Abschluss dieser Betrachtung sind die Vorgaben, nach denen heute Vereinbarungen zwischen Angehörigen behandelt werden.

A. Die Zeit vom Beginn einer Einkommensbesteuerung in Preußen bis zum Inkrafttreten des Grundgesetzes am 23.5.1949

I. Die Rechtsprechung des PrOVG unter dem PrEStG 1891

Bereits unmittelbar nach Erlass des preußischen Einkommensteuergesetzes von 1891[24] beschäftigte sich das Preußische Oberverwaltungsgericht mit der steuerrechtlichen Behandlung von Arbeitsverhältnissen zwischen Eltern und Kindern. Konkret ging es um die Frage, ob dem Haushaltsvorstand nach § 11 PrEStG 1891, der das Prinzip der Besteuerung nach Haushalten in abgeschwächter Form

[24] Gesetz vom 24. Juni 1891 - Gesetz-Sammlung für die Königlich Preußischen Staaten 1891, S. 175 ff. Die vorliegende Arbeit knüpft erst am EStG von 1891 an, da dieses als erstes „modernes" Einkommensteuergesetz gilt und sich in direkter Linie zu unserem heutigen Einkommensteuergesetz befindet.

umsetzte,[25] Einkünfte zuzurechnen waren, die seine Kinder im Rahmen eines Beschäftigungsverhältnisses in seinem Betrieb erzielt hatten. Dem nachgelagert ging es um die Abzugsfähigkeit des an die Kinder gezahlten Lohnes als Betriebskosten nach § 9 PrEStG 1891.

Arbeitete ein Kind im Betrieb des Vaters mit, so ergab sich die Schwierigkeit, ernsthafte Arbeitsverhältnisse von der bloßen Erfüllung von Unterhaltspflichten abzugrenzen.[26] Hierzu entschied das Preußische Oberverwaltungsgericht, dass der Vertrag nicht an die schriftliche Form gebunden sei, wenn sich der Vater gegenüber dem Kind zur Zahlung eines Lohnes verpflichtet hatte.[27] Vielmehr konnte er auch mündlich geschlossen und aus den Umständen gefolgert werden. Zu diesen „Umständen" gehörte auch, dass der Umfang des Geschäfts die Anstellung eines Arbeiters notwendig machte und dem mitarbeitenden Kind eine jährliche Summe gezahlt wurde, die den Umfang eines Taschengeldes weit überstieg.

Die Kinder mussten „gleich fremden Hilfskräften tätig" sein und „von ihrem Vater bestimmte Bezüge an Geld oder Geldeswert" erhalten.[28] Nur in diesem Fall sollte ihnen ein Rechtsanspruch gegen den Vater zustehen und sie diesem gegenüber die „wirtschaftlich selbständige Stellung eines Gewerbe- oder Wirtschaftsgehilfen" haben. Für diese Qualifikation sollte es auf die Ermittlung des einzelnen Sachverhaltes ankommen, da das Gericht von der Vermutung ausging, dass ein im Haushalt seines Vaters lebendes Kind, welches zugleich auch in dessen Gewerbe tätig ist, den Lohn als Unterhalt erhalte.[29]

II. Die Rechtsprechung des PrOVG unter dem REStG 1925

Auch das REStG von 192530 hielt in seinen §§ 22 ff. grundsätzlich an der Haushaltsbesteuerung fest. Es sah in § 22 Abs. 4 jedoch vor, dass dem Ehemann nicht mehr das Einkommen hinzuzurechnen war, welches die Frau aufgrund nichtselbständiger Arbeit in einem dem Ehemann fremden Betrieb bezogen hatte.[31]

---

[25] Tatsächlich wurde nur das Einkommen der Ehefrau zu dem des Ehemannes hinzugerechnet, hierzu *Fuisting*, Einkommensbesteuerung der Zukunft, S. 74 ff.

[26] Die Unterhaltspflicht des Vaters ergab sich aus § 1360 BGB a.F., die Pflicht der Kinder zur Mitarbeit aus § 1617 BGB a.F.

[27] PrOVGE Bd. 4 (1895), 161 (161), auch zum Folgenden.

[28] PrOVGE Bd. 4 (1895), 162 (163), auch zum Folgenden.

[29] PrOVGE Bd. 4 (1895), 162 (163 f.).

[30] Gesetz vom 10. August 1925 - RGBl. I 1925, S. 189 ff.

[31] Zu Entwicklung auch BVerfGE 6, 55 (69).

Mit seiner Entscheidung vom 12. Juni 1928[32] erkannte das Preußische Oberverwaltungsgericht erstmalig einen Arbeitsvertrag zwischen Ehegatten (gewerbe-)steuerlich an. Voraussetzung hierfür war, dass die Zahlung vertragsmäßig für die geleistete Tätigkeit und nicht nur auf Grund der Unterhaltsverpflichtung des Ehemannes erfolgte, tatsächlich in dem Geschäft gewerbliche Hilfe geleistet wurde, die Entschädigung den üblichen Lohn- und Gehaltssätzen entsprach und die Tätigkeit nach den Verhältnissen, in denen die Ehegatten lebten, nicht üblich, d.h. die Ehefrau nicht nach § 1356 BGB a.F. zur Mitarbeit verpflichtet gewesen ist.

Die Üblichkeit der Mitarbeit sollte von den Umständen des Einzelfalles und der örtlichen Verkehrsauffassung abhängen und tatsächlicher Natur sein, weshalb auf die Lebensverhältnisse der Ehegatten abzustellen war.[33] Konnte die Üblichkeit bejaht werden, bestand bereits eine Pflicht zur unentgeltlichen Mitarbeit, und der Abschluss eines entgeltlichen Dienstvertrages war steuerrechtlich nicht zu beachten. Es musste sich um ein echtes Angestelltenverhältnis handeln, welches ernstlich vereinbart und durch entsprechende Leistung und Gegenleistung betätigt wurde.[34] Die Ernstlichkeit war dann zu verneinen, wenn die Tätigkeit nicht wirtschaftlich gerechtfertigt war, die Ehefrau also nicht die gleiche berufliche Qualifikation besaß, wie sie von einem im gleichen Tätigkeitsbereich fremden Dritten verlangt worden wäre.

III. Die Rechtsprechung des Reichsfinanzhofs

Das REStG von 1934[35] sah in § 26 wieder die Zusammenrechnung der Einkünfte von Ehegatten vor.[36] Losgelöst hiervon war die Rechtsprechung des Reichsfinanzhofes methodisch durchdrungen von der typisierenden Betrachtungsweise[37] und der in § 4 RAO 1919, später in § 1 Abs. 2, Abs. 3 StAnpG[38] festgeschriebenen wirtschaftlichen Betrachtungsweise.[39]

---

[32] PrOVG RVerwBl 1928, 1028 (1028), auch zum Folgenden.

[33] PrOVG RVerwBl 1936, 296 (296), auch zum Folgenden.

[34] PrOVG RVerwBl 1936, 296 (298), auch zum Folgenden.

[35] Gesetz vom 16. Oktober 1934, RGBl. I 1934, S. 1005.

[36] Ziel war die Frau vom Arbeitsmarkt zu drängen, um so das nationalsozialistische Bild von Ehe und Familie, in dem Frauen einzig die Stellung als Mutter und Haushälterin zugedacht war, zu verwirklichen, so *Fritz Reinhardt*, RStBl 1933, 1025 (1028).

[37] Durch die Erfassung von Sachverhalten in ihrer typischen Gestaltung, würden die obersten Gebote der Leichtigkeit und Sicherheit sowie Gleichmäßigkeit der Besteuerung zu „Richtlinien der Auslegung", so *Becker*, RAO, § 1, Anm. 9 d).

[38] RAO = Gesetz v. 13. Dezember 1919, RGBl. II 1919, S. 1993; StAnpG = Gesetz v. 16. Oktober 1934, RGBl. I 1934, S. 925.

In seinem für die hier interessierende Frage grundlegenden Urteil vom 7. Mai 1930 entschied der Reichsfinanzhof, dass Arbeitsverträgen zwischen Ehegatten die einkommensteuerrechtliche Anerkennung zu versagen war.[40] Ein nach bürgerlichem Recht denkbares Angestelltenverhältnis zwischen Ehegatten sei steuerrechtlich nicht maßgeblich, da das Steuerrecht die Beziehung der Ehegatten zum Staat als Träger der Steuergewalt erfasse. Bei Entscheidungen der Gerichte seien nicht nur die beteiligten Parteien, sondern eine Vielzahl von Fällen betroffen, weshalb derartige Wirkungen für die Allgemeinheit auch bei der Rechtsfindung nicht unberücksichtigt bleiben könnten. Entscheidungen dürften nicht davon abhängig gemacht werden, was den betreffenden Fall besonders ausmache. Maßgeblich sei, was nach der Verkehrsanschauung als typische Gestaltung anzusehen sei. Dies diene der Wahrung der Gleichmäßigkeit der Besteuerung.

Zudem ergebe sich die Notwendigkeit, solche Gestaltungen nicht anzuerkennen, schon aus dem Sinn und Zweck der §§ 22, 23 EStG 1925.[41] Es sei nicht mit einer Besteuerung nach der Leistungsfähigkeit und dem in diesen Normen festgehaltenen Gedanken der Haushaltsbesteuerung vereinbar, wenn die im Betrieb des Mannes tätige Frau den Arbeitslohn vom Einkommen des Mannes zunächst abgezogen bekommen würde, dieser am Ende aber wieder hinzugerechnet werden müsste. Dies erscheine künstlich, denn „die zusammen wirtschaftenden Ehegatten leben aus einem Topfe und arbeiten auch in einen Topf".

Bei Arbeitsverträgen zwischen Eltern und Kindern differenzierte der Reichsfinanzhof danach, ob die Kinder im landwirtschaftlichen oder im gewerblichen Betrieb der Eltern mitarbeiten.[42] Der Abschluss eines ernstlich gemeinten Dienstvertrages in landwirtschaftlichen Betrieben sei nicht üblich, da die Kinder in der Regel neben der freien Unterkunft auch Geldzuwendungen in Form eines Taschengeldes erhielten. Dies sei typisch für derartige Verhältnisse, weshalb die Besonderheiten des Einzelfalles nicht berücksichtigt werden könnten.[43] Hingegen wurde bei Mitarbeit im Gewerbebetrieb des Vaters angenommen, dass

---

[39] Durch diese wurde die gewählte zivilrechtliche Form der Gestaltung für unerheblich erklärt. Erfasst werden soll nur der gewollte, wirkliche wirtschaftliche Sachverhalt, *Becker*, RAO, § 4, Anm. 2 b).

[40] RFHE 27, 22 (24), auch zum Folgenden.

[41] RFHE 27, 22 (25), auch zum Folgenden.

[42] Zur Mitarbeit in landwirtschaftlichen Betrieben RFH RStBl 1930, 265 (265); RStBl 1930, 706 (706 f.); zur Mitarbeit in gewerblichen Betrieben RFH RStBl 1939, 261 (261 ff.).

[43] RFH RStBl 1930, 265 (265); RStBl 1930, 706 (706 f.); in einigen Fällen wurden Arbeitsverhältnisse in größeren Betrieben der Landwirtschaft jedoch anerkannt, wenn „die Umstände des Falles für ein solches Verhältnis" sprachen, vgl. RStBl 1935, 91 (91); RStBl 1938, (779) (779).

die Vergütungen keine Unterhaltsgewährungen, sondern Arbeitslohn oder Gewinnbeteiligungen aus einer Mitunternehmerschaft seien.[44] Die Pflicht zur Mitarbeit für dem elterlichen Hausstand zugehörige Kinder aus § 1617 BGB a.F. gelte in diesen Fällen nicht, da das ausgebildete mitarbeitende Kind seine Arbeitskraft auch anderweitig einsetzen könne. Diese Bestimmung sei zumindest im „neuzeitlichen gewerblichen Wirtschaftsleben“ durch die Entwicklung der Verhältnisse überholt, weshalb ein Arbeitsvertrag zu unterstellen sei. Auch die Gewährung von Wohnung und Verpflegung im angemessenen Maße sei als Betriebsausgabe anzusehen. Dies werde auch bei fremden Arbeitskräften berücksichtigt.

B. Die Zeit nach dem Inkrafttreten des Grundgesetzes am 23.5.1949

I. Die Rechtsprechung bis zu den „Oder-Konto“-Beschlüssen

Die Rechtsprechung des Bundesfinanzhofs zu Verträgen zwischen Familienangehörigen war in ihren Anfängen uneinheitlich. Während Verträgen zwischen Ehegatten zunächst die Anerkennung vollständig versagt wurde, erkannte der Bundesfinanzhof Arbeitsverträge zwischen Eltern und Kindern[45] und solche zur Gründung von Familienpersonengesellschaften[46] an. Voraussetzung war jedoch stets, dass sie wirksam vereinbart und ernsthaft gewollt waren und somit den bis dahin von der Rechtsprechung des Preußischen Oberverwaltungsgerichts und des Reichsfinanzhofs entwickelten Grundsätzen entsprachen. Erst durch zwei Entscheidungen des Bundesverfassungsgerichts wurden auch Ehegattenarbeitsverträge steuerlich anerkannt.[47]

In der Folgezeit entwickelte die Rechtsprechung die Kriterien weiter und ließ die Anerkennung bereits oftmals an einem Kriterium scheitern. Ihr Ende fand diese Rechtsprechung erst mit den „Oder-Konto“-Beschlüssen des Bundesverfassungsgerichts.

1. Nichtanerkennung von Ehegattenarbeitsverträgen

Die Nichtanerkennung von Arbeitsverträgen zwischen Ehegatten stützte der Bundesfinanzhof auf mehrere Argumentationslinien. So führte er als ein

[44] RFH RStBl 1939, 261 (261 f.), auch zum Folgenden.

[45] BFH BStBl III 1955, 102 (103 f.); BStBl III 1956, 17 (18); BStBl III 1959, 322 (323). Begründet wurde dies damit, dass die Anerkennung aufgrund „der inzwischen eingetretenen Entwicklung der Verhältnisse“ geboten sei, da die bisherige Typisierung zu einer Einschränkung in der Berücksichtigung der Verhältnisse des Einzelfalles und vor allem auch der rechtlichen Gestaltungsfreiheit der Steuerpflichtigen führe.

[46] Grundlegend BFH BStBl III 1951, 181 ff.

[47] Vgl. unten Zweites Kapitel § 4 B. 2.

Argument gegen die Anerkennung von Ehegattenarbeitsverträgen an, dass Ehegatten, die zusammenleben und „in einen Topf wirtschaften", als Einheit zu behandeln seien. Die Einkünfte aus einer einheitlichen Einkunftsquelle könnten nicht aufgespalten und getrennt betrachtet werden, da dies dem Wesen der Ehe nicht entsprechen würde.[48] Dieser im Einkommensteuergesetz nicht ausdrücklich festgelegte Grundsatz sei Ausfluss der das Steuerrecht beherrschenden wirtschaftlichen Betrachtungsweise und deshalb zu beachten.

Als weiteres Argument diente die Erwägung, dass durch eine Anerkennung der Vereinbarung Missbräuchen Tür und Tor geöffnet würde.[49] Die enge Interessenverflechtung zwischen zusammenlebenden Ehegatten böte einen steten Anreiz zu wirtschaftlich nicht gerechtfertigten Gestaltungen aus steuerlichen Erwägungen. Die Finanzbehörden wären vor die Schwierigkeit gestellt, die mangelnde Ernsthaftigkeit nachzuweisen, was aufgrund des Interessengleichlaufs zwischen den Ehegatten nur selten gelingen würde.[50] Die einzelfallbezogene Missbrauchsprüfung erfordere es in einem Umfang in die persönlichen Verhältnisse der Ehegatten einzudringen, der mit den Anschauungen der gegenwärtigen Zeit über das Verhältnis von Steuerfiskus und Privatleben der Bürger nicht zu vereinbaren wäre.

Zudem würde die Gleichmäßigkeit der Besteuerung gefährdet. Es könnte nicht verhindert werden, dass wirtschaftlich gleichgelagerte Fälle je nach dem Geschick der Beteiligten in der äußeren Gestaltung ihrer Rechtsbeziehungen verschieden behandelt würden. Es sei daher gerechtfertigt, bei der Würdigung von Beziehungen zwischen nahen Angehörigen auf die typisierende Betrachtungsweise zurückzugreifen. Hierdurch könne einer Gefährdung der leichten Durchführbarkeit der Besteuerung und des Grundsatzes der Gleichmäßigkeit der Besteuerung als „eines Hauptgrundsatzes der modernen Besteuerungspraxis" entgegengewirkt werden.

Später lehnte der Bundesfinanzhof eine Anwendung der typisierenden Betrachtung in ihrer bisherigen Form ab, da diese nicht dazu führen dürfe, über die Besonderheiten des Einzelfalles hinwegzugehen.[51] Dies gelte auch bei der Beurteilung von Verträgen zwischen Ehegatten. Ein ernsthaft vereinbartes und durchgeführtes Arbeitsverhältnis sei im Einzelfall auch steuerlich zu beachten. Der mitarbeitende Ehegatte dürfe im Betrieb aber keine wesentlich andere Stellung als ein fremder Arbeitnehmer haben.

---

[48] BFH BStBl III 1956, 233 (234), BStBl III 1957, 2 (3); dieses Argument war jedoch mit der Entscheidung des Bundesverfassungsgerichts zur Ehegattenbesteuerung, BVerfGE 6, 55 ff., in Frage gestellt worden, so *Felix*, FR 1957, 149 (152).

[49] BFH BStBl III 1956, 233 (234), auch zum Folgenden.

[50] BFH BStBl III 1957, 2 (3), auch zum Folgenden.

[51] BFH BStBl III 1958, 27 (33), auch zum Folgenden.

Schließlich argumentierte der Bundesfinanzhof, dass Verträgen zwischen Eheleuten aufgrund der überlagernden Wirkung der eherechtlichen Normen nicht die gleiche Bedeutung wie solchen unter Fremden zukommen könne.[52] Es wäre ehewidrig, wenn sich Ehegatten während des Bestehens der Ehe untereinander auf ihre Stellung als Arbeitgeber oder Arbeitnehmer berufen und die entsprechenden Rechte gegeneinander wie Fremde geltend machen würden. Das zwischen Arbeitgeber und Arbeitnehmer bestehende Über- und Unterordnungsverhältnis fehle bei mitarbeitenden Ehegatten wegen ihrer sozialen Stellung im Betrieb des anderen Ehegatten gegenüber einem fremden Arbeitnehmer. Der mitarbeitende Ehegatte sei in den Augen der Angestellten vielmehr immer „Chef" oder „Chefin".

2. Verfassungsrechtliche Anerkennung und Vorgaben

Mit zwei Urteilen vom 24. Januar 1962[53] entschied das Bundesverfassungsgericht, dass auch Ehegatten-Arbeitsverhältnisse grundsätzlich steuerlich anzuerkennen sind. Während es im ersten Verfahren um die Versagung von Arbeitnehmervergütungen aus einem Ehegattenarbeitsverhältnis nach § 8 Ziff. 5 GewStG ging und damit das Handeln des Gesetzgebers im Vordergrund stand, unterzog das Bundesverfassungsgericht im zweiten Verfahren die von der Rechtsprechung aufgestellten Grundsätze zur Bewertung von Vereinbarungen im Familienverbund einer verfassungsrechtlichen Prüfung.

a) Versagung der Anerkennung aufgrund des § 8 Ziff. 5 GewStG

Die Versagung des Abzuges von Arbeitnehmervergütungen aus einem Ehegattenarbeitsvertrages auf Grundlage des § 8 Ziff. 5 GewStG[54] erklärte das Bundesverfassungsgericht in erster Linie für mit Art. 3 Abs. 1 GG unvereinbar.[55] Es bezog in seine Überlegungen jedoch auch die Wertentscheidungen des Art. 6 Abs. 1 GG mit ein. Hierzu führte es aus, dass bei staatlichen Eingriffen wie der Besteuerung eine an Ehe oder Familie anknüpfende benachteiligende Sonderbehandlung verboten sei, soweit nicht ein besonderer Rechtfertigungsgrund anzuerkennen sei.[56]

Vorliegend lasse sich aus der Natur des geordneten Lebensverhältnisses jedoch kein sachlich einleuchtender Grund herleiten, der eine Versagung des Betriebsausgabenabzuges rechtfertigen würde.[57] Insbesondere ergebe sich ein

[52] BFH BStBl III 1958, 27 (32), auch zum Folgenden.

[53] BVerfGE 13, 290 ff.; 13, 318 ff.

[54] Gesetz vom 1.12.1936 - RGBl. I, S. 979, in der Fassung vom 21.12.1954 - BGBl. I, S. 473.

[55] BVerfGE 13, 290 (295).

[56] BVerfGE 13, 290 (295); hierzu bereits BVerfGE 6, 55 (76 ff.); 9, 237 (247 f.).

[57] BVerfGE 13, 290 (302 f.).

solcher nicht aus dem durch die Ehe geprägten Charakter dieser Verträge. Diese würden keine Eigenschaften aufweisen, die sie von ernsthaften Arbeitsverhältnissen mit anderen Personen so unterschieden, dass die Vergütungen in diesem Fall steuerlich nicht als Betriebsausgabe, sondern wie Unternehmergewinn zu behandeln wären.[58]

Eine steuerliche Gleichsetzung mit dem Unternehmergewinn wäre nur dann möglich, wenn der mitarbeitende Ehegatte auf Grund der Verknüpfung von Eherecht und Gewerbesteuerrecht entweder steuerrechtlich selbst als Mitunternehmer angesehen oder mit dem Unternehmer-Ehegatten identifiziert werden könnte.[59] Eine solche Betrachtung sei jedoch nicht geboten. Auch die „Chef/Chefin-Theorie" sei verfehlt, weil diese eine andere Sphäre als den wirtschaftlichen Sachverhalt betreffe.

Nichts anderes folge aus § 4 Abs. 4 Satz 2 und § 12 Ziff. 1 EStG 1955 in Verbindung mit der Unterhaltspflicht der Ehegatten. Die Abgrenzung zwischen nichtabzugsfähigen Aufwendungen für die private Lebensführung und absetzbaren Betriebsausgaben bedürfe einer objektiven Beurteilung am Maßstab des § 4 Abs. 4 Satz 1 EStG.[60] Bei einer solchen Betrachtung seien Arbeitsleistung und Arbeitsvergütung des mitarbeitenden Ehegatten, die dem Arbeitsvertrag mit einem Betriebsfremden entsprechen, jedoch offensichtlich Aufwendungen, die durch den Betrieb veranlasst sind.[61] Für die Beurteilung der steuerlichen Berücksichtigung derartiger Aufwendungen seien lediglich „klare Rechtsverhältnisse" und eine „Übereinstimmung der tatsächlichen Gestaltung mit dem Vertragsinhalt" gefordert.[62]

Eine generelle Nichtanerkennung sei auch nicht unter dem Gesichtspunkt der Verhinderung von Steuerumgehungen durch Missbrauch zivilrechtlicher Gestaltungsmöglichkeiten zwischen Ehegatten nach §§ 5, 6 StAnpG zu rechtfertigen. Im Übrigen könnten aber auch an den Beweis des Abschlusses und der ernstlichen Durchführung von Verträgen zwischen Ehegatten besondere Anforderungen gestellt werden, um Missbräuchen entgegenzuwirken.[63] § 8 Ziff. 5 GewStG aber gehe über dieses Ziel weit hinaus, indem er auch ernsthaften und angemessenen Arbeitsverträgen die Anerkennung versage.[64] Diese Steuerverschärfung und Diskriminierung von Ehegatten sei in der Sache nicht begründet, da eine ähnliche Gefahr zivilrechtlicher

---

[58] BVerfGE 13, 290 (303).

[59] BVerfGE 13, 290 (304), auch zum Folgenden.

[60] BVerfGE 13, 290 (313), auch zum Folgenden.

[61] BVerfGE 13, 290 (314), auch zum Folgenden.

[62] BVerfGE 13, 290 (315).

[63] BVerfGE 13, 290 (315 f.); vgl. auch BVerfGE 6, 55 (83 f.); 9, 237 (245).

[64] BVerfGE 13, 290 (316), auch zum Folgenden.

Manipulationen auch zwischen Eltern und Kindern sowie unter sonstigen nahen Verwandten oder Freunden bestehe.

Die generelle Nichtanerkennung als das einfachste Mittel zur Verhinderung missbräuchlicher Verträge und der damit verbundene Gedanke der Praktikabilität müsse gegenüber der besonderen Wertentscheidung des Art. 6 Abs. 1 GG zurücktreten, die hier den gesetzgeberischen Gestaltungsraum des Art. 3 Abs. 1 GG einschränke. Der Vorrang verfassungsrechtlicher Wertentscheidungen verbiete es, Zweckmäßigkeitserwägungen unter Verletzung solcher Wertungen voranzustellen.[65]

b) Versagung der Anerkennung aufgrund der Rechtsprechungsgrundsätze

Nichts anderes gelte, wenn sich die steuerliche Sonderbehandlung aus einem ständiger Rechtsprechung folgenden Urteil ergebe.[66] Die vom Bundesfinanzhof angeführten Bestimmungen des Einkommensteuerrechts zwängen weder nach ihrem Wortlaut noch nach ihrem Sinn zur steuerlichen Nichtanerkennung der Verträge. Es sei jedoch nicht zu beanstanden, wenn an den Nachweis der Ernsthaftigkeit der Arbeitsverträge besondere Anforderungen gestellt werden und hierbei auf die *Klarheit und Eindeutigkeit* der Vereinbarungen, ihre *tatsächliche Durchführung* sowie die *Angemessenheit* abgestellt werde.[67]

Beruht die Nichtanerkennung der Ehegattenarbeitsverträge auf den vom Bundesfinanzhof für diese Gestaltungen entwickelten Rechtsgrundsätzen, so darf hierdurch nicht schon die Möglichkeit der steuerlichen Berücksichtigung solcher Verträge faktisch verhindert werden. In diesem Fall gehe die Bedeutung derartiger im Wege schöpferischer Interpretation entwickelter Rechtsgrundsätze, unter die der Einzelfall wie unter eine Norm subsumiert werde, weit über den einzelnen Rechtsstreit hinaus.[68] Die Entwicklung von Rechtsgrundsätzen gehöre grundsätzlich auch im Steuerrecht zu den Aufgaben des Richters. Unter dem Verfassungsprinzip des Rechtsstaats könne es jedoch bedenklich sein, wenn der Steuertatbestand vom Richter neu geschaffen oder ausgeweitet werde. Das Steuerrecht werde von der Idee der „primären Entscheidung des Gesetzgebers über die Steuerwürdigkeit bestimmter generell bezeichneter Sachverhalte" getragen und lebe dementsprechend „aus dem Diktum des Gesetzgebers".

Ein Hinweis auf die legitime wirtschaftliche Betrachtungsweise könnte diese Bedenken ebenfalls nicht ausräumen.[69] Zudem dürfe die rechtliche Methode nicht durch außerrechtliche Gesichtspunkte und Begriffe aufgelöst werden, wie

---

[65] BVerfGE 13, 290 (316 f.); sowie BVerfGE 6, 55 (83 f.); 26, 321 (326 f.); 29, 104 (118).

[66] BVerfGE 13, 318 (326), auch zum Folgenden.

[67] BVerfGE 13, 318 (327 f.)

[68] BVerfGE 13, 318 (328), auch zum Folgenden

[69] BVerfGE 13, 318 (328 f.), auch zum Folgenden.

es durch die psychisch-sozialen Momente der „Chef/Chefin-Theorie" geschehen sei. Auch der Gedanke der Verhinderung von Steuerumgehungen reiche nicht aus, um eine steuerliche Benachteiligung von Ehegatten zu rechtfertigen. Was für gesetzliche Bestimmungen gelte, gelte ebenso für von der Rechtsprechung entwickelte Rechtsgrundsätze. Der Richter sei seiner Funktion nach enger gebunden als der Gesetzgeber.[70]

3. Beispiele aus dem Bereich der Darlehensverträge

Insbesondere die verfassungsrechtliche Wertentscheidung des Art. 6 Abs. 1 GG verlangt demnach, Verträge zwischen nahen Angehörigen grundsätzlich anzuerkennen. An den Nachweis der Ernsthaftigkeit können jedoch besondere Anforderungen gestellt werden. Als solche nennt das Bundesverfassungsgericht die Ernsthaftigkeit, die tatsächliche Durchführung und die Angemessenheit der Vereinbarung.[71]

Hierbei blieb es aber nicht. Der Bundesfinanzhof stützte die Prüfung des Nachweises der Ernsthaftigkeit auch auf weitere Kriterien, was Kruse dazu veranlasste, die Voraussetzungen als „uneinnehmbares Schanzenwerk" zu bezeichnen.[72] Die Ablehnung eines einzigen Merkmals führte oftmals zur Versagung der steuerlichen Anerkennung des Vertragsverhältnisses,[73] so dass jedem Merkmal die Rolle einer conditio sine qua non in dieser Frage zugewachsen war. Als Anwendungsbeispiel für diese Praxis soll die Rechtsprechung zu den Fallgruppen zu Darlehensverträgen zwischen Angehörigen dienen.

a) Allgemeine Grundsätze

Das Erfordernis einer besonderen Prüfung von Darlehensvereinbarungen zwischen Familienangehörigen sah der Bundesfinanzhof zunächst in dem Gebot des § 1 Abs. 3 StAnpG begründet, wonach Sachverhalte nach der wirtschaftlichen Betrachtungsweise zu würdigen seien; auf § 6 StAnpG, der normierte, dass durch Missbrauch von Formen und Gestaltungsmöglichkeiten des bürgerlichen Rechts die Steuerpflicht nicht umgangen oder gemindert werden kann, sollte es demnach nicht ankommen.[74]

---

[70] BVerfGE 13, 318 (330 f.).

[71] Hierzu auch Steirer, Rechtsgeschäfte zwischen Ehegatten, S. 17; *Bilsdorfer*, Fremdvergleich, S. 133 f.

[72] *Kruse*, JbFStR 1977/78, 82 (83), der vier Kriterien benennt; fünf Kriterien bei *Jüptner/Riegel*, FR 1983, 417 (418); *Seer*, DB 1987, 713 (713); *Sterner*, KÖSDI 1995, 10380 (10381).

[73] *Wolff-Diepenbrock*, in: Littmann, EStG, §§ 4, 5, RdNr. 1860; *Broudré*, DB 1993, 8 (9); *Bilsdorfer*, Fremdvergleich, S. 41.

[74] BFH BStBl III 1964, 74 (75).

Vielmehr sei festzustellen, ob die bürgerlich-rechtliche Form das von den Parteien Gewollte und wirtschaftlich Erstrebte auch zutreffend wiedergebe.[75] Da dies bei Angehörigenverträgen oftmals nicht der Fall sei, seien sie nur dann anzuerkennen, wenn sie ernsthaft begründet und durchgeführt werden, d.h. sie vor allem so vereinbart und vollzogen werden, wie es auch zwischen Fremden geschehen könnte.[76]

Später formulierte der Bundesfinanzhof dann, dass die Vereinbarung in der gesetzlich vorgeschriebenen Form zustande gekommen sein und sowohl die Gestaltung als auch die Durchführung des Vereinbarten – abgesehen von ihrem möglicherweise zwischen Fremden nicht üblichen Entstehungsgrund – dem zwischen Fremden Üblichen entsprechen müsse. Nur auf diese Weise könne sichergestellt werden, dass die Vertragsbeziehungen tatsächlich im betrieblichen und nicht im privaten Bereich wurzelten.[77] Die klare und eindeutige Trennung von Einkommens- und Vermögenssphäre sei ein wesentliches Beweisanzeichen für eine betriebliche Veranlassung der hier fraglichen Rechtsvorgänge;[78] ihr Fehlen stehe der Anerkennung gar entgegen.[79]

b) Fremdvergleich

Besondere Bedeutung kam in dieser Rechtsprechungsphase dem Fremdvergleichskriterium zu. Da es Eltern freistehe, von ihren Kindern Darlehen aufzunehmen, könne ein solcher Darlehensvertrag auch dann anzuerkennen sein, wenn die Valutabeträge aus Mitteln stammten, die die Eltern den Kindern zuvor geschenkt haben. Dies gelte insbesondere für den Fall, dass Schenkung und Darlehen „unabhängig voneinander" vereinbart werden.[80] Die Vermögensbereiche der Beteiligten stünden sich von vornherein selbständig gegenüber, wenn der Gläubiger das Darlehen allein aus seinen Mitteln gewährt.[81]

Bestehe jedoch zwischen Schenkung und Darlehensgewährung „ein offensichtlicher Zusammenhang", weil der Steuerpflichtige die Schenkung mit der Auflage einer Darlehensgewährung verbindet, sogenannte Umwandlungsfälle, sei die Rechtslage insgesamt nach den für Rechtsverhältnisse zwischen

---

[75] BFH BStBl III 1964, 74 (75); BStBl II 1977, 414 (415).

[76] BFH BStBl III 1964, 74 (75); BStBl II 1979, 434 (435); BStBl II 1986, 48 (49).

[77] BFH BStBl II 1983, 555 (557); BStBl II 1991, 291 (292); BStBl II 1991, 391 (394); BStBl II 1991, 581 (583); BStBl II 1991, 882 (885); BStBl II 1991, 911 (912); BFH/NV 1991, 518 (519); BFH/NV 1991, 667 (668); BFH/NV 1991, 732 (733 f.); BStBl II 1992, 468 (469); BStBl II 1993, 289 (289); BFH/NV 1993, 590 (590); BFH/NV 1995, 197 (198).

[78] BFH BStBl II 1991, 291 (292); BStBl II 1992, 468 (469); BStBl II 1993, 289 (290); BFH/NV 1993, 590 (590); hierzu bereits BStBl II 1989, 137 (139).

[79] BFH BStBl II 1991, 838 (839).

[80] BFH BStBl II 1992, 468 (469); BFH/NV 1994, 156 (156).

[81] BFH BStBl II 1991, 838 (840); BStBl II 1992, 468 (469); BFH/NV 1994, 156 (156).

nahen Angehörigen geltenden Grundsätzen unter Beachtung des Fremdvergleichs zu beurteilen. Diese Fallgestaltung stehe für die einkommensteuerrechtliche Wertung der schenkweisen Zuwendung einer Darlehensforderung nahe.[82]

Der Darlehensvertrag hielt nur dann dem Fremdvergleich stand, wenn eine Vereinbarung über die Laufzeit und über Art und Zeit der Rückzahlung des Darlehens getroffen,[83] die Zinsen zu den Fälligkeitszeitpunkten entrichtet[84] sowie der Rückzahlungsanspruch bei langfristiger Laufzeit ausreichend gesichert worden seien.[85]

Gerade bei längerfristiger Überlassung des Kapitals entspreche nur die Gewährung verkehrsüblicher Sicherheiten den zwischen Fremden regelmäßig üblichen Bedingungen und zwar selbst dann, wenn der Darlehensnehmer nachweist, dass Kreditinstitute bereit gewesen wären, auf Sicherheiten zu verzichten.[86] Selbst günstige Vermögensverhältnisse des Darlehensnehmers im Zeitpunkt der Darlehenshingabe würden nicht gewährleisten, dass der Schuldner bei Fälligkeit des Rückzahlungsanspruchs seiner Zahlungsverpflichtung nachkommen könne. Die Darlehensgewährung ohne Sicherheiten sei unüblich.[87]

Dies gelte umso mehr, wenn Eltern und minderjährige Kinder an der Vereinbarung beteiligt sind. In diesen Fällen spreche eine tatsächliche Vermutung dafür, dass die für die Kreditvergabe und Überwachung wesentlichen Informations- und Kündigungsrechte eines Darlehensgebers von minderjährigen Kindern gegenüber ihren Eltern nur schwer durchgesetzt werden könnten. Bei kurzfristigen Darlehen erfordere der Fremdvergleich aber nicht immer die Stellung von Sicherheiten.[88]

Auf die fehlende Sicherung, wie sie unter Fremden üblich sei, solle es aber schon dann nicht mehr ankommen, wenn die Vertragsparteien nicht das durchgeführt haben, was auch tatsächlich vereinbart worden sei.[89]

---

[82] BFH BStBl II 1991, 391 (394 f.); BStBl II 1992, 468 (469); BFH/NV 1994, 156 (156).

[83] BFH BStBl II 1972, 533 (533 f.); BFH/NV 1988, 628 (629); BStBl II 1991, 291 (292); BStBl II 1992, 468 (469); BFH/NV 1993, 590 (590).

[84] BFH BStBl II 1989, 137 (139 f.); BStBl II 1991, 291 (292); BStBl II 1992, 468 (469); BFH/NV 1993, 590 (590).

[85] BFH BStBl III 1964, 74 (75); BStBl II 1977, 414 (415); BStBl II 1979, 434 (435); BStBl II 1983, 555 (558); BFH/NV 1987, 765 (766); BStBl II 1991, 291 (292); BStBl II 1991, 391 (394); BStBl II 1991, 882 (885); BStBl II 1992, 468 (469); BFH/NV 1993, 590 (590); BFH/NV 1994, 156 (157).

[86] BFH BStBl II 1983, 555 (558 f.); BFH/NV 1991, 732 (734).

[87] BFH BStBl II 1977, 414 (415); BStBl II 1979, 434 (435); BStBl II 1980, 242 (244); BFH/NV 1990, 163 (163 f.); BStBl II 1991, 291 (292); BFH/NV 1991, 732 (734).

[88] BFH BStBl II 1991, 291 (293).

[89] BFH/NV 1991, 667 (668).

c) Wirtschaftlich voneinander unabhängige Personen

Die vorgenannten Voraussetzungen des Fremdvergleichs[90] galten insbesondere in den Fällen, in denen die Vertragsbeteiligten wirtschaftlich voneinander abhängig sind. Sind der Darlehensgeber und der Darlehensnehmer dagegen wirtschaftlich voneinander unabhängig, so seien die Grundsätze zum Fremdvergleich nicht uneingeschränkt übertragbar. Den Modalitäten der Darlehenstilgung und der Besicherung komme in diesen Fällen erheblich geringere Bedeutung zu.[91] Maßgeblich sei vielmehr die vertragsgemäß fortlaufende Zahlung der Zinsen.[92] Voraussetzung dafür sei aber zudem, dass es sich nicht um eine verschleierte Schenkung oder einen Missbrauch rechtlicher Gestaltungsmöglichkeiten handelt.[93] Bei der erforderlichen Würdigung aller Umstände komme im Wesentlichen dem Anlass der Darlehensgewährung, seiner Verwendung sowie der Frage Bedeutung zu, ob es sich um ein Rechtsgeschäft unter volljährigen, insbesondere wirtschaftlich voneinander unabhängigen Personen handelt.[94]

d) Stehenlassen der Vergütung

Haben Ehegatten einen Arbeitsvertrag ordnungsgemäß vereinbart und diesen auch durchgeführt, so könne ihm die Anerkennung nicht versagt werden, wenn die ausgezahlten Vergütungen als Darlehen zurückgewährt werden. Hinsichtlich des Darlehens müsse aber eine klare, eindeutige und leicht nachprüfbare Vereinbarung vorliegen, die ordnungsgemäß vollzogen werde. Hierdurch sollen steuerliche Manipulationsmöglichkeiten ausgeschaltet und es soll verhindert werden, dass solche Vorgänge berücksichtigt werden, die sich in Wahrheit im Bereich der ehelichen Hilfeleistung abgespielt haben.[95] Erforderlich seien zumindest Vereinbarungen über Verzinsung und Rückzahlung, denn an die Vereinbarung eines Darlehens und dessen Vollzug seien die gleichen Anforderungen zu stellen, wie sie unter Fremden üblich sind.[96] Fehlt es an einer dieser Voraussetzungen, so wirke sich dieser Mangel nicht auf das Arbeitsverhältnis mit der Folge aus, dass dieses schon nicht anzuerkennen sei.[97]

---

[90] Vgl. oben Zweites Kapitel § 4 B. I 3. b).

[91] BFH BStBl II 1991, 838 (840).

[92] BFH BStBl II 1989, 137 (140); BStBl II 1991, 838 (840).

[93] BFH BStBl II 1991, 838 (839).

[94] BFH BStBl II 1991, 838 (839 f.).

[95] BFH BStBl. II 1972, 533 (534).

[96] BFH BStBl. II 1972, 533 (533); BStBl. II 1975, 579 (579); BFH/NV 1988, 628 (629); die Nichterfüllung dieser Voraussetzungen wurde jedoch im Einzelfall als nicht gravierend angesehen, vgl. BFH/NV 1990, 759 (760 f.).

[97] BFH BStBl. II 1986, 48 (50); BFH/NV 1990, 759 (760).

Der Auszahlung des Gehaltes und der anschließenden Gewährung des Darlehens stehe der Fall gleich, dass dem Arbeitnehmer das Gehalt im Fälligkeitszeitpunkt angeboten wird und dieser die Umwandlung seines Gehaltsanspruchs in eine Darlehensforderung an Erfüllungs statt annimmt.[98]

e) Schenkweise begründete Darlehensforderungen

aa) Vereinbarung von Schenkung und Darlehen in einer Urkunde

Haben die Eltern ihren Kindern einen Geldbetrag geschenkt und lassen sie sich diesen von den Beschenkten wieder als Darlehen zurückgewähren und wurde dies in einer Urkunde vereinbart, seien die gezahlten Zinsen keine Betriebsausgaben im Sinne des § 4 Abs. 4 EStG sondern Zuwendungen, die gemäß § 12 Nr. 2 EStG bei der Ermittlung der Einkünfte nicht abzuziehen seien. Durch den notariellen Vertrag liege keine Schenkung mit einem daran anschließenden Darlehensverhältnis vor, sondern ein Schenkungsversprechen.[99]

Der als "Schenkung" bezeichnete Teil des Vertrages sei keine Schenkung im Sinne von § 516 Abs.1 BGB. Voraussetzung einer solchen sei, dass jemand einen anderen durch eine Zuwendung aus seinem Vermögen bereichert.[100] Dies setze aber eine "Vermögensverschiebung" in der Weise voraus, dass sich ein Rechtssubjekt zum Vorteil eines anderen eines Vermögensbestandteils tatsächlich und rechtlich entäußert. Der vermögensrechtliche Charakter der Schenkung erfordere auf Seiten des Empfängers eine endgültige und materielle, nicht nur vorübergehende oder formale Vermögensmehrung. Davon könne nicht die Rede sein, wenn der Schenker dem Beschenkten mit der einen Hand gibt, was er mit der anderen sogleich wieder nimmt.[101] Die Geldbeträge würden nur hin- und hergeschoben, ohne dass die erforderliche materielle Vermögensverschiebung eintrete. Die Beschenkten seien zu keiner Zeit frei in der Verfügung über die "geschenkten" Geldbeträge gewesen, da der Schenkungsvertrag und der Darlehensvertrag am selben Tag und in derselben Urkunde geschlossen wurden.

Erst die Verpflichtung des Schenkers aus dem Darlehensvertrag könne seinem zivilrechtlichen und wirtschaftlichen Gehalt nach als Schenkungsversprechen im Sinne des § 518 Abs. 1 BGB angesehen werden. Dieses Schenkungsversprechen sei gemäß § 158 Abs. 1 BGB aufschiebend bedingt

[98] BFH BStBl. II 1986, 48 (51); BFH/NV 1990, 759 (760).

[99] BFH BStBl II 1984, 705 (705 f.); BStBl II 1991, 581 (584); BFH/NV 1991, 518 (520); BStBl II 1992, 468 (470); BFH/NV 1995, 197 (198).

[100] BFH BStBl II 1984, 705 (705); BStBl II 1991, 581 (584); BFH/NV 1991, 518 (520), auch zum Folgenden.

[101] BFH BStBl II 1984, 705 (705); BStBl II 1992, 468 (470), auch zum Folgenden.

durch die Kündigung des "Darlehens".[102] Die zu zahlenden "Zinsen" seien daher nicht Entgelt für ein zur Nutzung überlassenes Darlehen, sondern zusätzliche Schenkungen. Es handle sich um ein befristetes Schenkungsversprechen, bei denen es an einer betrieblichen Veranlassung fehle.[103] Die Schenkung sei auf eine künftige Kapitalübertragung hin angelegt. Der Abzug von Darlehenszinsen setze jedoch voraus, dass der Schenker bereits in der Gegenwart Kapital übertragen habe, das ihm der Zuwendungsempfänger wiederum aufgrund eigener Verfügungsmacht zur Nutzung überlasse.[104]

Etwas anderes ergebe sich auch dann nicht, wenn man bürgerlich-rechtlich ein schenkweise zugewendetes Vereinbarungsdarlehen (§ 607 Abs. 2 BGB a.F.) annehme. Auch wenn man die pro forma vollzogenen rechtsgeschäftlichen Zwischenschritte, deren Rechtsfolgen sich jedenfalls im wirtschaftlichen Ergebnis zum Teil gegenseitig aufheben, außer Betracht lasse, verbleibe es jedenfalls "per Saldo" dabei, dass der Kläger seinen Kindern eine Forderung schenkweise zugewendet habe.[105]

bb) Vereinbarung von Schenkung und Darlehen in mehreren Urkunden

Etwas anderes hat der III. Senat mit Urteil vom 20. März 1987 für den Fall entschieden, dass Schenkung und Darlehen in mehreren Urkunden vereinbart worden sind. In diesem Falle liege ein Schenkungsversprechen unter Auflage vor.[106] Die Auflage bestehe in der Zurverfügungstellung der geschenkten Geldbeträge als Darlehen.

Unerheblich sei, ob der als Schenker bezeichnete Vertragspartner die Geldbeträge ausgezahlt hat und diese kurze Zeit später wieder zurückgewährt wurden oder ob ein derartiger Vorgang unterblieben ist.[107] Denn während im ersten Fall die Verträge nach §§ 929, 607 Abs. 1 BGB erfüllt worden seien, sei der zweite Fall ein solcher eines Vereinbarungsdarlehens nach § 607 Abs. 2 BGB a.F., da das Schenkungsversprechen in einen Darlehensanspruch umgewandelt worden sei.

Wurden Schenkung und Darlehen in mehreren Urkunden vereinbart, könne der Auffassung des VIII. Senats, nach der eine Schenkung mangels Entreicherung des Schenkers und Bereicherung des Beschenkten nicht vorliege, nicht gefolgt werden. Die Bereicherung des Beschenkten liege darin, dass nach

---

[102] BFH BStBl II 1984, 705 (706).

[103] BFH BStBl II 1984, 705 (706); BStBl II 1992, 468 (470).

[104] BFH BStBl II 1992, 468 (470); BStBl II 1993, 289 (293); BFH/NV 1995, 197 (198).

[105] BFH BStBl II 1992, 468 (471 f.)

[106] BFH BStBl II 1988, 603 (604), auch zum Folgenden. Der III. Senat folgt insoweit dem BayObLG, NJW 1974, 1142 (1142).

[107] BFH BStBl II 1988, 603 (604), auch zum Folgenden.

Vollzug des Schenkungsvertrags bei Hingabe der Geldbeträge Gegenstände erworben wurden, über die in der Zwischenzeit auch anderweitig wirksam verfügt oder in die ein Gläubiger vollstrecken konnte. Im Falle des Vereinbarungsdarlehens sei der Beschenkte zumindest Gläubiger eines Darlehensanspruchs geworden. Erforderlich sei nur, dass die Verträge zivilrechtlich wirksam vereinbart wurden und dem entsprächen, was unter Fremden üblich sei.

4. Die Rechtsprechung des Bundesverfassungsgerichts

Das Bundesverfassungsgericht hat die Rechtsprechung des Bundesfinanzhofs in dieser Phase nicht beanstandet. Zwar betonte es stets, dass die Gefahr des Missbrauchs zivilrechtlicher Gestaltungsmöglichkeiten nicht überbewertet werden dürfe, es aber verfassungsrechtlich nicht zu beanstanden sei, wenn an den Nachweis der Ernstlichkeit des Vertragsabschlusses strengere Anforderungen gestellt würden.[108]

Werde zum Nachweis der Ernstlichkeit die Einhaltung der Formvorschriften des BGB gefordert, liege kein Verstoß gegen das Diskriminierungsverbot vor. Die Folgerung, dass die Nichtbeachtung der Formvorschriften der Ernstlichkeit entgegenstehe, sei eine typisierende und generalisierende Sachverhaltswürdigung im Rahmen einer Anwendung des einfachen Steuerrechts. Diese verstoße nicht gegen das Verfassungsrecht und lasse keine grundsätzlich unrichtige Anschauung von der Bedeutung der Grundrechte erkennen.[109] Ob nach § 41 Abs. 1 AO auch eine andere Auslegung möglich sei, habe das Bundesverfassungsgericht nicht zu prüfen.[110]

Es sei verfassungsrechtlich auch nicht zu beanstanden, wenn nach der Rechtsprechung des Bundesfinanzhofs Verträge unter nahen Angehörigen wegen der grundsätzlich gleichgerichteten Interessen steuerlich nur unter bestimmten Voraussetzungen anerkannt würden und daher verlangt werde, dass zu Beginn der Vertragsbeziehung eine bürgerlich-rechtlich wirksame, klare und eindeutige Vereinbarung abgeschlossen worden sei, die inhaltlich dem unter Fremden Üblichen entspreche und auch tatsächlich so vollzogen werde.[111] Fehle es an der tatsächlichen Durchführung, so könnten hieraus Schlüsse auf die mangelnde Ernstlichkeit gezogen werden.[112]

---

108 BVerfG, HFR 1985, 283 (283); HFR 1992, 23 (23); HFR 1992, 426 (426); HFR 1992, 500 (501); HFR 1993, 544 (544).

109 BVerfG, DStZ/E 1985, 277 (277); BVerfG, HFR 1985, 283 (284); HFR 1986, 646 (646).

110 BVerfG, HFR 1985, 283 (284).

111 BVerfG, DStZ/E 1985, 277 (277); BVerfG, HFR 1987, 92 (92); HFR 1988, 242 (242); HFR 1992, 23 (23); HFR 1992, 426 (426); HFR 1993, 544 (544).

112 BVerfG, HFR 1987, 92 (93).

II. Die „Oder-Konto"-Entscheidung als Wendepunkt

Als Wendepunkt kann erst die „Oder-Konto"-Rechtsprechung gesehen werden. Ausgehend von der Entscheidung des Großen Senats des Bundesfinanzhofs vom 27. November 1989,[113] hat diese die Anwendung der Anerkennungsvoraussetzungen von Verträgen zwischen nahen Angehörigen nachhaltig beeinflusst. Die Beschlüsse des Bundesverfassungsgerichts blieben allerdings nicht ohne Kritik.[114] Bevor jedoch auf die richtungsweisenden Beschlüsse des Bundesverfassungsgerichts eingegangen wird, soll im Vorfeld die Entscheidung des Großen Senats dargestellt werden, die den vorläufigen Abschluss der Rechtsprechung des Bundesfinanzhofs zur Anerkennung von Arbeitsverträgen zwischen Ehegatten bildete.[115]

1. Der Beschluss des Großen Senats des Bundesfinanzhofs als Anlassfall

Der Große Senat sah bei der steuerlichen Bewertung von Verträgen zwischen Ehegatten eine Einschränkung der Möglichkeit des Betriebsausgabenabzuges als notwendig an. Anders als bei Vereinbarungen zwischen Fremden, liege ihre Ursache nicht selten auch in der familiären Beziehung.[116] Die Zuordnung der Vermögensverschiebung hänge von den getroffenen Vereinbarungen sowie ihrer tatsächlichen Durchführung ab und sei somit zunächst eine Frage der maßgebenden rechtlichen Vereinbarungen wie auch der Sachverhaltsermittlung.

Der jeweilige Sachverhalt sei aber oft nicht zweifelsfrei feststellbar, wenn er von einer inneren Tatsache abhänge. Erforderlich sei daher ein Rückgriff auf die Gesamtheit der objektiven Gegebenheiten, um ihn zuverlässig ermitteln zu können.[117] Die Veranlassungsfrage müsse, wie alle sich in der Vorstellung des Menschen abspielenden Vorgänge, anhand äußerlich erkennbarer Merkmale beurteilt werden. Es sei demnach gerechtfertigt, diese als Beweisanzeichen (Indizien) für die im Einzelfall maßgebliche Willensrichtung der Ehegatten als wesentlich zu erachten. Grundsätzlich anzuerkennende Arbeitsverträge zwischen

---

[113] BFH BStBl II 1990, 160 ff.

[114] *Woerner*, BB 1995, 2625 (2625 f.) sieht in der Entscheidung vom 27. November 1989 nur eine Bestätigung bereits früherer Entscheidungen des Bundesfinanzhofs, auf die sich die Steuerpflichtigen hätten einstellen können. Durch die Entscheidung des Bundesverfassungsgerichts sei die Bemühung um klare und handhabbare Grundsätze aber zunichtegemacht worden. Nach Auffassung von *Sangmeister*, NJW 1996, 827 (829), sei nicht klar, worin die vom Bundesverfassungsgericht festgestellte Willkür zu sehen sei, weiche die Rechtsprechung doch in keiner Weise von der bisherigen ab. Vielmehr habe das Bundesverfassungsgericht in „willkürlicher Weise" seine Rechtsauffassung an die Stelle des Bundesfinanzhofs gesetzt. Vgl. auch *Offerhaus*, Stbg 1997, 241 (247).

[115] So BVerfG BStBl II 1996, 34 (35).

[116] BFH BStBl II 1990, 160 (163), auch zum Folgenden.

[117] BFH BStBl II 1990, 160 (164), auch zum Folgenden.

Ehegatten müssten ernstlich, d.h. ein Leistungsaustausch auf arbeitsrechtlicher Basis muss gewollt und eindeutig vereinbart sein und damit möglichst schriftlich sowie vor Beginn des Austauschverhältnisses geschlossen werden. Zudem müssten sie inhaltlich dem entsprechen, was unter Fremden üblich sei. Hierdurch könne anhand eines äußeren Merkmals beurteilt werden, ob die Ehegatten nur formal einen Arbeitsvertrag geschlossen haben.

Für die tatsächliche Durchführung der Vereinbarung sei auch eine vom Arbeitgeber-Ehegatten freie und uneingeschränkte Verfügbarkeit über die Entlohnung erforderlich. Deshalb müsse der Geldbetrag von einem betrieblichen Konto des Arbeitgeber-Ehegatten auf ein Konto des anderen Ehegatten übergehen.[118] Nach der Lebenserfahrung sei davon auszugehen, dass ein fremder Arbeitnehmer auf einen solchen Übergang des Entgelts in seinen vom Arbeitgeber unabhängigen Einkommens- und Vermögensbereich nicht verzichten werde. Bei der Überweisung auf ein Oder-Konto der Ehegatten fehle es aber hinsichtlich der tatsächlichen Durchführung des Ehegatten-Dienstverhältnisses an der ausschließlich betrieblichen Veranlassung der Zahlung des Arbeitslohns.

Die Anwendung dieser Grundsätze sei auch mit Rücksicht auf die Kontinuität der höchstrichterlichen Rechtsprechung geboten, denn die Stetigkeit der Rechtsprechung sei ein wesentliches Element der Rechtssicherheit.[119] Eine Rechtsprechungsänderung sei nur dann gerechtfertigt, wenn schwerwiegende sachliche Gründe dafür sprächen, woran es hier fehle. Zudem entspreche dies der Rechtsprechung des Bundesverfassungsgerichts. Dieses habewiederholt entschieden, dass keine Diskriminierung von Ehe und Familie vorliege, wenn gefordert werde, dass die Vereinbarung klar und eindeutig – wie zwischen Fremden üblich – vereinbart und auch tatsächlich durchgeführt worden sei.

2. Die „Oder-Konto"-Beschlüsse des BVerfG

Diese Handhabung der Rechtsprechungsgrundsätze hielt der Überprüfung durch das Bundesverfassungsgericht nicht in vollem Umfang stand. So sei verfassungsrechtlich nicht zu beanstanden, dass Angehörigenverträge steuerrechtlich nur anzuerkennen seien, wenn sie eindeutig und ernstlich vereinbart seien und entsprechend dieser Vereinbarung auch tatsächlich durchgeführt würden. Dies trage den innerhalb eines Familienverbundes typischerweise fehlenden Interessengegensätzen und der daraus resultierenden Gefahr des steuerlichen Missbrauchs zivilrechtlicher Gestaltungsmöglichkeiten Rechnung.[120]

---

[118] BFH BStBl II 1990, 160 (164), auch zum Folgenden.

[119] BFH BStBl II 1990, 160 (165), auch zum Folgenden.

[120] BVerfG BStBl II 1996, 34 (36), auch zum Folgenden.

An den Beweis des Abschlusses und der Ernstlichkeit der Verträge seien strenge Anforderungen zu stellen. Dies gelte nicht nur für vom Gesetzgeber zu normierende Tatbestände, sondern auch für die Auslegung und Anwendung von durch die Rechtsprechung geschaffenen Regeln.

Auch sei es gerechtfertigt, „äußerlich erkennbare Merkmale als Beweisanzeichen (Indizien)“ für deren Nachweis heranzuziehen, weil die betriebliche Veranlassung als innere Tatsache nicht zweifelsfrei feststellbar sei.[121] Verfassungsrechtlich unbedenklich sei ebenfalls, wenn, gestützt auf § 4 Abs. 4 i.V.m. § 12 EStG, an die tatsächliche Durchführung eines Ehegattenarbeitsverhältnisses die Anforderung gestellt werde, der Arbeitnehmerehegatte müsse die unter Fremden übliche Entlohnung erhalten und hierüber frei und vom Arbeitgeberehegatten uneingeschränkt verfügen können; ferner gelte als Indiz hierfür auch, wenn auf die Form des Entgeltzugangs anhand des formalen Kriteriums der Kontoführung abgestellt werde. Auch insoweit werde ein äußerlich erkennbares Merkmal herangezogen, um den betrieblichen oder privaten Anlass einer Vermögensverschiebung zu beurteilen.

Ein solches Indizmerkmal dürfe indessen dann nicht mehr mit ausschlaggebender Bedeutung herangezogen werden, wenn ein Sachverhalt nicht beweisbedürftig sei, sondern schon aus anderen Quellen mit hinreichender Sicherheit festgestellt werden könne.[122] Eine Anwendung der § 4 Abs. 4, § 12 EStG, nach der es nur auf die Art der Kontoführung ankomme, sei objektiv willkürlich und nicht mehr nachvollziehbar und verletze Art. 3 Abs. 1 GG. Ist ein Arbeitsverhältnis ernstlich vereinbart, tatsächlich erfüllt und angemessen entgolten worden, bedürfe es keiner weiteren Feststellungen und Beweise. Das nachteilige Indiz eines „Oder-Kontos“ dürfe nicht zu einem Tatbestandsmerkmal „Art der Kontoführung“ verselbständigt werden, welches allein das Bestehen eines Arbeitsverhältnisses ausschließen würde.

III. Die Handhabung der Grundsätze nach den „Oder-Konto“-Beschlüssen

1. Allgemeine Vorgaben

Im Anschluss an die „Oder-Konto“-Rechtsprechung des Bundesverfassungsgerichts hält der Bundesfinanzhof es nunmehr für die Anerkennung von Vereinbarungen zwischen nahen Angehörigen für erforderlich, dass die Vereinbarungen bürgerlich-rechtlich wirksam geschlossen seien und sowohl die Gestaltung als auch die Durchführung des Vereinbarten dem zwischen Fremden

[121] BVerfG BStBl II 1996, 34 (36), auch zum Folgenden.
[122] BVerfG BStBl II 1996, 34 (36), auch zum Folgenden.

Üblichen entsprechen.[123] Zudem wird teilweise gefordert, dass klare und eindeutige Vereinbarungen vorliegen,[124] die ernsthaft gewollt beziehungsweise ernsthaft getroffen wurden.[125] Die Anforderungen sollen den innerhalb eines Familienverbundes typischerweise fehlenden Interessengegensätzen und der daraus resultierenden Gefahr des Missbrauchs zivilrechtlicher Gestaltungsmöglichkeiten durch Angehörige Rechnung tragen. Es sei geboten und zulässig, an den Beweis des Abschlusses des Vertrages und den Nachweis seiner Ernstlichkeit strenge Anforderungen zu stellen.[126]

Im Hinblick auf die Verwirklichung der Vorgaben des Bundesverfassungsgerichts sei nunmehr aber die Gesamtheit der objektiven Gegebenheiten maßgebend für die Beurteilung.[127] Die maßgeblichen Beweisanzeichen für die im Rahmen der Gesamtbetrachtung des Einzelfalls zu treffende Entscheidung, ob eine ernstliche Vereinbarung angenommen werden kann, sprich ob der zu beurteilende Sachverhalt dem privaten oder dem Bereich der Einkünfteerzielung zuzuordnen ist, dürften nicht zu Tatbestandsmerkmalen verselbständigt werden.[128] Es schließe nicht mehr jede Abweichung vom Üblichen notwendigerweise die steuerliche Anerkennung des Vertrags-

---

[123] BFH BStBl II 1997, 196 (196); BStBl II 1997, 655 (656); BStBl II 1998, 106 (107); BStBl II 1998, 349 (350); BStBl II 1998, 539 (541 f.); BFH/NV 1999, 24 (25); BStBl II 2000, 386 (387); BFH/NV 2001, 152 (153); BFH/NV 2001, 160 (161); BStBl II 2001, 393 (394); BFH/NV 2001, 1551 (1552); BFH/NV 2002, 334 (334); BFH/NV 2003, 1547 (1548); BFH/NV 2004, 1273 (1273); BFH/NV 2005, 339 (340); BStBl II 2007, 294 (295); BFH/NV 2008, 350 (350); BFH/NV 2009, 12 (12); BFH/NV 2009, 1427 (1428); BStBl II 2011, 20 (21); BFH/NV 2011, 1367 (1367); BStBl II 2011, 24 (25); BFH/NV 2013, 1067 (1069); BFH/NV 2014, 529 (530); BFH/NV 2016, 1559 (1560).

[124] BFH BStBl II 1998, 149 (151); BStBl II 1998, 349 (350); BStBl II 2000, 393 (394); BStBl II 2004, 826 (827); BStBl II 2012, 638 (642); BStBl II 2014, 158 (164); BFH/NV 2014, 1949 (1951).

[125] BFH BStBl II 1998, 349 (350); BFH/NV 1999, 616 (617); BStBl II 1999, 524 (525); BStBl II 2001, 186 (188); BStBl II 2014, 158 (164).

[126] BFH BStBl II 2007, 294 (295); BFH/NV 2008, 350 (350); BFH/NV 2009, 12 (12); BFH/NV 2009, 1427 (1428); BStBl II 2011, 20 (21); BStBl II 2011, 24 (25); BFH/NV 2014, 529 (530).

[127] BFH BStBl II 1997, 196 (197); BStBl II 1997, 655 (656); BStBl II 1998, 106 (107); BFH/NV 1999, 24 (25); BFH/NV 1999, 616 (617); BFH/NV 1999, 780 (782); BStBl II 2000, 393 (394); BFH/NV 2001, 152 (153); BFH/NV 2001, 160 (161); BFH/NV 2002, 334 (334); BFH/NV 2003, 1547 (1549); BStBl II 2004, 826 (828); BFH/NV 2009, 1427 (1429); BStBl II 2012, 638 (642); BStBl II 2013, 1015 (1018); BStBl II 2014, 158 (164); BStBl II 2014, 374 (377); BStBl II 2014, 527 (529); BFH/NV 2014, 533 (534); BFH/NV 2014, 1949 (1951); BFH/NV 2016, 1559 (1561).

[128] BFH/NV 2003, 1547 (1548); BStBl II 2004, 826 (827 f.); BFH/NV 2005, 339 (340); BStBl II 2007, 294 (295); BFH/NV 2009, 1427 (1428); BStBl II 2011, 20 (21); BFH/NV 2011, 1367 (1368); BStBl II 2012, 638 (642); BFH/NV 2014, 533 (534).

verhältnisses aus.[129] An den Nachweis eines ernsthaften Vertragsverhältnisses seien umso strengere Anforderungen zu stellen, je mehr die Umstände auf eine private Veranlassung hindeuten.[130] Mindestvoraussetzung sei jedoch, dass die Hauptpflichten stets klar und eindeutig vereinbart sowie entsprechend dem Vereinbarten durchgeführt werden.[131]

2. Bedeutung des Kriteriums der zivilrechtlichen Wirksamkeit

Ein maßgebliches Beweisanzeichen dafür, ob die Vereinbarung zwischen nahen Angehörigen dem privaten Bereich oder der Einkünfteerzielung zuzuordnen ist, sei der Abschluss der Vereinbarung in einer Form, die keine Zweifel an ihrer zivilrechtlichen Wirksamkeit aufkommen lasse.[132] Auch dieses Kriterium dürfe aber nicht mehr zu einem Tatbestandsmerkmal derart verselbständigt werden, dass die Nichtbeachtung der Formerfordernisse schon die Nichtanerkennung zur Folge habe.[133]

Demnach seien tatsächlich durchgeführte Verträge auch bei Nichtbeachtung von Formvorschriften dann anzuerkennen, wenn sich aus den übrigen Umständen ergebe, dass die Vertragspartner einen ernsthaften Bindungswillen hatten.[134] Voraussetzung dafür sei, dass den Vertragspartnern die Nichtbeachtung nicht angelastet werden könne.[135] Dies sei dann der Fall, wenn sich die Anwendbarkeit der Formvorschriften nicht aus dem Gesetzeswortlaut, sondern nur im Wege erweiternder Auslegung oder eines Analogieschlusses ergebe.[136] Diese Auslegung oder Analogie dürfe sich nicht ohne weiteres

[129] BFH BStBl II 1997, 196 (197); BStBl II 1997, 655 (656); BFH/NV 1999, 24 (25 f.); BFH/NV 1999, 616 (617); BFH/NV 1999, 780 (782); BStBl II 2000, 386 (388); BFH/NV 2000, 699 (700); BFH/NV 2001, 152 (153); BFH/NV 2001, 160 (161); BFH/NV 2002, 334 (334 f.); BFH/NV 2003, 1547 (1549); BFH/NV 2004, 1273 (1273 f.); BStBl II 2004, 826 (828); BFH/NV 2005, 553 (555); BFH/NV 2009, 1427 (1429); BStBl II 2012, 638 (642); BStBl II 2013, 1015 (1018); BStBl II 2014, 158 (164); BStBl II 2014, 374 (377); BFH/NV 2014, 533 (534); BFH/NV 2014, 1949 (1951); BFH/NV 2016, 1559 (1561).

[130] BFH BStBl II 1997, 196 (197); BStBl II 1997, 655 (656); BFH/NV 1999, 24 (26); BFH/NV 1999, 780 (782); BFH/NV 2001, 160 (161); BStBl II 2014, 158 (164).

[131] BFH BStBl II 1998, 106 (107); BStBl II 1998, 349 (350); BStBl II 2000, 386 (388); BFH/NV 2001, 1551 (1552); BStBl II 2002, 699 (701); BFH/NV 2004, 1274 (1274); BFH/NV 2008, 350 (351); BStBl II 2013, 1015 (1018); BStBl II 2014, 374 (377); BFH/NV 2014, 529 (530); BFH/NV 2014, 1949 (1951); BFH/NV 2016, 1559 (1560 f.); BStBl II 2017, 273 (275).

[132] BFH/NV 2014, 1949 (1951); BFH/NV 2016, 1559 (1561); vgl. bereits BStBl II 1975, 141 (143).

[133] BFH BStBl II 2007, 294 (295); BFH/NV 2009, 1427 (1428); BStBl II 2011, 20 (21); BStBl II 2011, 24 (25).

[134] BFH BStBl II 2000, 386 (388).

[135] BFH BStBl II 2000, 386 (388); BFH/NV 2009 1427 (1429); BStBl II 2011, 20 (21); BStBl II 2011, 24 (25); BFH/NV 2016, 1559 (1562).

[136] BFH BStBl II 2000, 386 (388), auch zum Folgenden.

aufdrängen. Weiter dürfe keine veröffentlichte Rechtsprechung existieren, die eine derartige Auslegung oder Analogie bejahe. Schließlich dürfe die analoge Anwendung der Formvorschriften auch in der allgemein zugänglichen Literatur nicht erörtert werden. Angesichts der tatsächlichen Durchführung sei indiziell aber auch zu würdigen, dass die Parteien nach Erkennen der Unwirksamkeit zeitnah auf die Wirksamkeit hingewirkt haben.[137]

Für die Beurteilung, ob der Mangel der zivilrechtlichen Form den Vertragsparteien anzulasten ist, könne nur deren Eigenqualifikation des Rechtsverhältnisses bedeutsam sein.[138] Die steuerliche Anerkennung bei Nichtbeachtung der zivilrechtlichen Wirksamkeitserfordernisse scheint besonders gefährdet, wenn ausnahmsweise erforderliche zivilrechtliche Formvorschriften und die erforderliche Vertretung Minderjähriger nicht beachtet werden.[139]

a) Nichtbeachtung der Formvorschriften

Die Beachtung von Formvorschriften kann unter anderem eine wesentliche Rolle spielen, wenn eine Gesellschafterstellung schenkweise übertragen werden soll. So entschied der Bundesfinanzhof zum Beispiel, dass ein Vertrag über die Gründung einer stillen Gesellschaft zwar grundsätzlich nicht formbedürftig sei, sich eine Beurkundungspflicht jedoch aus der Koppelung mit einem formbedürftigen Schenkungsversprechen (§ 518 Abs. 1 S. 1 BGB) ergeben könne, wenn dessen Inhalt die Einlage in eine stille Gesellschaft ist.[140] Nichts anderes gelte, wenn eine Forderung zugewendet werde, mit der der Beschenkte seine Einlageverpflichtung aus einer bereits eingegangenen oder aber im Schenkungsvertrag angestrebten Beteiligung bewirken soll. Seien der Schenkungs- und Gesellschaftsvertrag jeweils nach § 518 Abs. 1 S. 1 BGB formbedürftig, werde die vorgeschriebene notarielle Beurkundung aber nicht eingehalten, so sei zu prüfen, ob der bestehende Formmangel nach § 518 Abs. 2 BGB durch die Bewirkung der versprochenen Leistung geheilt worden sei. Dies sei der Fall, wenn der schenkweise aufgenommene Gesellschafter eine mitgliedschaftliche Rechtsposition erhalte, durch die er Einfluss auf die Gesellschaft nehmen könne.[141]

---

[137] BFH BStBl II 2007, 294 (296).

[138] BFH BStBl II 2010, 823 (825).

[139] Hierzu *Gemeinhardt*, BB 2012, 739 (740); *Kulosa*, DB 2014, 972 (973).

[140] BFH/NV 2014, 1949 (1952), auch zum Folgenden.

[141] Der Bundefinanzhof folgt insoweit der Rechtsprechung des Bundesgerichtshofs, BGHZ 191, 354 (360 ff.).

b) Verträge mit Minderjährigen

Im Hinblick auf die Möglichkeit eines Vertragsabschlusses mit minderjährigen Kindern gilt, dass geschäftsunfähige Kinder im Sinne von § 104 BGB oder beschränkt geschäftsfähige Kinder, für die das Geschäft nicht lediglich rechtlich vorteilhaft im Sinne des § 107 BGB ist, der Vertretung durch die Eltern nach § 1629 Abs. 1 BGB bedürfen. Diese kann jedoch nach § 1629 Abs. 2 i.V.m. § 1795 BGB ausgeschlossen sein, wenn ein Elternteil Vertragspartner des Kindes werden soll. In diesem Fall muss das Kind aufgrund des Selbstkontrahierungsverbots in § 181 BGB durch einen Ergänzungspfleger nach § 1909 Abs. 1 BGB vertreten werden.[142] Zudem bedarf es für die in § 1643 BGB aufgezählten Rechtsgeschäfte der Genehmigung des Vormundschaftsgerichtes. Der Bestellung eines Dauerpflegers bedarf es jedoch nicht mehr.[143] Zudem bedürfen auch Fälle der reinen Vermögensverwaltung keiner Genehmigung.[144]

Haben die Vertragsparteien diese Voraussetzungen aber nicht beachtet, sei in die Gesamtwürdigung miteinzubeziehen, dass unverzüglich nach Vertragsschluss die Bestellung eines Ergänzungspflegers beantragt wird, die Bestellung sodann in angemessener Frist erfolgt und in ebendieser Frist auch die Genehmigung erteilt wird.[145] Als nicht mehr unverzüglich könne ein Zeitraum von neun Monaten zwischen dem Abschluss des Rechtsgeschäfts und dem Antrag auf Bestellung des Ergänzungspflegers angesehen werden. Haben sich die Beteiligten aber zuvor über die Notwendigkeit der Bestellung informiert und zunächst die Auskunft erhalten, eine Bestellung sei nicht erforderlich, so könne den Vertragsparteien die verspätete Bestellung nicht angelastet werden.

Eine verstärkte Indizwirkung gegen die Ernsthaftigkeit der Vereinbarung bestehe, wenn der Minderjährige durch das Geschäft nicht lediglich einen rechtlichen Vorteil im Sinne des § 107 BGB erlangt und es somit gemäß § 1909 Abs. 1 S. 1 BGB der Einwilligung durch einen vom Gereicht bestellten Ergänzungspfleger bedurft habe.[146] In diesem Fall ergebe sich das Erfordernis der Beachtung der zivilrechtlichen Voraussetzungen bei Abschluss der Vereinbarung klar aus der Zivilrechtslage. Seien die Beteiligten zudem selbst davon ausgegangen, dass es eines Ergänzungspflegers bedurft habe, so werde die Indizwirkung noch einmal verstärkt.

---

[142] BMF EStH 2015 4.8; BFH/NV 2016, 1559 (1561).

[143] BFH BStBl II 1976, 328 (330 f.).

[144] *Fischer*, in: Handbuch Personengesellschaften Bd. II, § 10, Rn. 1328.

[145] BFH/NV 2009, 1118 (1120), auch zum Folgenden.

[146] BFH/NV 2016, 1559 (1561 f.), auch zum Folgenden.

3. Neujustierung durch die anlassbezogene Fremdvergleichsprüfung

Weiteres Beweisanzeichen für die im Rahmen der Gesamtbetrachtung des Einzelfalls zu treffende Entscheidung, ob eine ernstliche Vereinbarung angenommen werden kann, sei das Kriterium des Fremdvergleichs.[147] Mit seinen Entscheidungen zu Arbeitsverträgen zwischen nahen Angehörigen vom 17. Juli 2013 und zu Darlehensverträgen zwischen nahen Angehörigen vom 22. Oktober 2013 hat der Bundesfinanzhof die Fremdvergleichsprüfung neu justiert. Maßgeblich sei nunmehr der Anlass des Vertragsschlusses. Dieser bestimme, ob eine strikte oder aber eine weniger strikte Fremdvergleichsprüfung durchzuführen ist.[148] Diese Prüfung ist inzwischen auch in weiteren Urteilen aufgegriffen worden.[149] Die anlassbezogene Fremdvergleichsprüfung soll nach dem Urteil zu Darlehensverträgen wie folgt ablaufen:

Wird das Darlehen aus Mitteln gewährt, die dem Darlehensgeber zuvor vom Darlehensnehmer geschenkt worden sind, sei der Fremdvergleich strikt durchzuführen. Zwar scheitere die Anerkennung nicht schon an der Schenkung, jedoch reiche eine fehlende Besicherung aus, um die Anerkennung zu versagen. Sollten die Darlehensmodalitäten einem Fremdvergleich standhalten, werde der Darlehensvertrag gleichwohl nicht anerkannt, wenn im Verhältnis zwischen Schenker und Beschenkten noch keine endgültige Vermögensverschiebung bewirkt worden sei. Hieran fehle es, wenn der Beschenkte nicht frei darüber entscheiden kann, wie er das Geld verwenden will.[150]

Die zweite Fallgruppe betrifft die Gestaltung, dass in einem Arbeitsvertrag die Auszahlung des Lohns durch eine Darlehensvereinbarung ersetzt wird. Hier soll es darauf ankommen, ob die Vergütung lediglich „stehengelassen" oder tatsächlich zur Auszahlung angeboten, danach aber in ein Darlehen umgewandelt wird. Bei einem bloßen Stehenlassen sei eine ausdrückliche Vereinbarung zur Rückzahlung und Kündigung erforderlich, der Verweis auf die dreimonatige Kündigungsfrist genüge nicht. Darlehensvereinbarungen, die erst nach dem tatsächlichen Angebot auf Auszahlung abgeschlossen werden, seien

---

[147] BFH BStBl II 1997, 196 (197); BStBl II 1997, 655 (656); BStBl II 1998, 106 (107); BFH BStBl II 1998, 349 (350); BFH/NV 1999, 780 (782); BStBl II 2000, 386 (387); BStBl II 2000, 393 (394); BFH/NV 2001, 152 (153); BFH/NV 2002, 334 (335); BFH/NV 2003, 1547 (1548); BFH/NV 2005, 339 (340); BStBl II 2007, 294 (295); BFH/NV 2008, 350 (350); BFH/NV 2009, 12 (12); BFH/NV 2009, 1427 (1428); BStBl II 2011, 20 (21); BStBl II 2011, 24 (25); BFH/NV 2011, 1367 (1368); BStBl II 2013, 1015 (1018); BStBl II 2014, 374 (377); BStBl II 2014, 527 (529); BFH/NV 2014, 529 (530); BFH/NV 2014, 533 (534); BFH/NV 2014, 1949 (1951); BStBl II 2017, 273 (275).

[148] BFH BStBl II 2013, 1015 (1018); BStBl II 2014, 374 (377).

[149] BFH/NV 2014, 533 (535); FG München, EFG 2015, 1084 (1085); FG Rh.-Pf., EFG 2015, 1711 (1712); FG Münster, EFG 2016, 2056 (2057); FG Nds., EFG 2017, 482 (484).

[150] BFH BStBl II 2014, 374 (377 f.).

dagegen der Besteuerung zugrunde zu legen, wenn weder über die Verzinsung noch über die Rückzahlung ausdrückliche Vereinbarungen bestehen.[151]

Die letzte Fallgruppe betrifft Darlehen, die der Finanzierung der Anschaffungs- und Herstellungskosten von Wirtschaftsgütern dienen sollen. Da die betriebliche Veranlassung in diesen Fällen offensichtlich sei, könne das Darlehen auch unter anderen Bedingungen als den fremdüblichen überlassen werden. Eine Gesamtwürdigung sei zwar weiterhin erforderlich, jedoch sei nicht der Fremdvergleich hinsichtlich der Klauseln, sondern die tatsächliche Durchführung der Zinsvereinbarung maßgeblich. Vereinbarte Zinsen müssten auch gezahlt werden. Ist der Darlehensgeber zudem minderjährig, sei erforderlich, dass die Zinszahlungen zum einen von sonstigen Leistungen der Eltern zu unterscheiden seien, zum anderen werde eine zivilrechtlich unter den Voraussetzungen des § 1649 BGB zulässige Verwendung der Zinseinnahmen für den laufenden Unterhalt des Kindes aufgrund des Vorrangs des einkommensteuerrechtlichen Abzugsverbotes in § 12 Nr. 1 und Nr. 2 EStG in der Regel zur Versagung des Aufwendungsabzuges führen. Darüber hinaus bestünden weitere Grenzen für diese Fallgruppe; es dürfe sich nicht um eine verschleierte Schenkung, einen Missbrauch rechtlicher Gestaltungsmöglichkeiten oder ein Scheingeschäft handeln.[152]

[151] BFH BStBl II 2014, 374 (378).
[152] BFH BStBl II 2014, 374 (378).

§ 5 Angehörigenverträge und allgemeine gesetzlich normierte sowie richterrechtlich formulierte Normen zur Vertragskontrolle

A. Problemstellung

Die Rechtsprechung konfrontiert Verträge zwischen nahen Angehörigen jedoch nicht nur mit den von ihr entwickelten und speziell auf diese Vereinbarungen zugeschnittenen Kriterien, sondern überprüft die Vereinbarungen daneben auch auf ihre Vereinbarkeit mit den gesetzlich normierten Regeln zum Scheingeschäft gemäß § 41 Abs. 2 AO und zum Missbrauch von Gestaltungsmöglichkeiten des Rechts nach § 42 AO.

Zudem wird in der Entscheidung des Bundesfinanzhofs vom 22. Oktober 2013 darüber nachgedacht,[153] die Figur des Gesamtplans im Rahmen der Prüfung der Fremdüblichkeit einer Gestaltung heranzuziehen. Mit dieser wird ein einheitliches Argumentationsmuster zur zusammenfassenden Betrachtung mehraktiger Gestaltungen beschrieben.[154] Bislang wurde die Figur des Gesamtplans jedenfalls völlig unabhängig von dem Thema „Verträge unter nahen Angehörigen" zur Identifizierung von Gestaltungsmissbräuchen verwendet.[155]

B. Scheingeschäft, § 41 Abs. 2 AO

In einigen Fällen prüft die Rechtsprechung Vereinbarungen zwischen nahen Angehörigen dahingehend, ob es sich hierbei um ein für die Besteuerung unerhebliches Scheingeschäft gemäß § 41 Abs. 2 AO handelt.[156] Ein Scheingeschäft im Sinne von § 41 Abs. 2 AO liegt vor, wenn die Vertragsparteien über den Scheincharakter des Rechtsgeschäfts einig sind. Wird durch ein Scheingeschäft ein anderes Rechtsgeschäft verdeckt, so ist das verdeckte Rechtsgeschäft für die Besteuerung maßgebend, vgl. § 41 Abs. 2 S. 2 AO.

Beispiel:

Mutter M schließt mit ihrer Tochter B einen Mietvertrag ab. Die monatliche Miete einschließlich Umlagen beträgt 500 €. Der Tochter stehen aus Einkünften aus nichtselbständiger Tätigkeit und Unterhaltszahlungen des Vaters monatlich insgesamt 450 € zur Verfügung.

---

[153] BFH BStBl II 2014, 374 (381).

[154] Vgl. bereits *Becker*, RAO, § 4, Anm. 2 b); *Spindler*, DStR 2005, 1 (1); *Damas/Ungemach*, DStZ 2007, 552 (555).

[155] Zum Beispiel zur Bewertung der Veräußerung und Aufgabe eines Mitunternehmeranteils gemäß §§ 16, 34 EStG, BStBl II 2005, 395 ff.; vgl. zu den Anwendungsfeldern der Gesamtplanrechtsprechung *Kempelmann*, Der Gesamtplan im Steuerrecht, passim.

[156] BFH BStBl II 1997, 52 (53); BStBl II 1997, 655 (656); BFH/NV 2003, 612 (613); BFH/NV 2003, 768 (768 f.); BFH/NV 2004, 1270 (1270); BStBl II 2007, 372 (373); BFH/NV 2009, 12 (13); BFH/NV 2009, 1804 (1804); BStBl II 2014, 527 (530).

Damit das Mietverhältnis steuerlich berücksichtigt werden kann, dürfen die Vertragsparteien es nicht zum Schein abgeschlossen haben. Ein Beweisanzeichen für das Vorliegen eines Scheingeschäfts könne insbesondere sein, dass der Mieter, wie im Beispielsfall, wirtschaftlich nicht oder nur schwer in der Lage ist, die Miete aufzubringen.[157]

Auch könne das Vorliegen eines Scheingeschäfts daraus offenkundig werden, dass die Parteien die notwendigen Folgerungen aus dem Vertrag bewusst nicht gezogen haben. Die sei etwa dann der Fall, wenn der Vermieter dem Mieter in Verwirklichung eines gemeinsam gefassten Gesamtplans die Miete im Vorhinein zur Verfügung stellt oder sie nach dem Eingang auf seinem Konto alsbald wieder an den Mieter zurückzahlt, ohne hierzu aus anderen Rechtsgründen verpflichtet zu sein.[158] Kein Scheingeschäft sei es dagegen, wenn die Vertragsparteien eine Nutzungsüberlassung der Wohnräume gegen Entgelt vereinbart und tatsächlich durchgeführt haben.[159]

C. Gestaltungsmissbrauch, § 42 AO

Zudem überprüft die Rechtsprechung Vereinbarungen zwischen nahen Angehörigen an der allgemeinen Missbrauchsregel des § 42 AO.[160] Durch Missbrauch von Gestaltungsmöglichkeiten des Rechts kann das Steuergesetz nicht umgangen werden. Liegt ein solcher Missbrauch vor, dann entsteht der Steueranspruch nach § 42 Abs. 1 S. 3 AO so, wie er bei einer den wirtschaftlichen Vorgängen angemessenen rechtlichen Gestaltung entsteht. Ein Gestaltungsmissbrauch im Sinne dieser Vorschrift ist gegeben, wenn eine rechtliche Gestaltung gewählt wird, die, gemessen an dem erstrebten Ziel, unangemessen ist, der Steuerminderung dienen soll und durch wirtschaftliche oder sonst beachtliche nichtsteuerliche Gründe nicht zu rechtfertigen ist.[161] Das Motiv, Steuern zu sparen, macht eine steuerliche Gestaltung noch nicht

[157] BFH BStBl II 1997, 655 (656); BFH/NV 2003, 612 (613); BFH/NV 2003, 768 (768); BFH/NV 2005, 192 (193); BFH/NV 2005, 498 (499); BStBl II 2014, 527 (530).

[158] BFH BStBl II 1997, 52 (53); BStBl II 1997, 655 (656); BFH/NV 2003, 612 (613); BFH/NV 2003, 768 (768); BFH/NV 2004, 1270 (1270); BStBl II 2014, 527 (530).

[159] BFH/NV 2004, 1270 (1270).

[160] BFH BStBl II 1996, 443 (444); BStBl II 1997, 52 (53); BStBl II 1996, 214 (215); BStBl II 1998, 539 (540); BStBl II 2002, 674 (675); BStBl II 2003, 509 (509); BStBl II 2003, 627 (628); BFH/NV 2004, 1268 (1269); BFH/NV 2004, 1270 (1270 f.); BStBl II 2004, 648 (648 f.); BStBl II 2006, 359 (360); BStBl II 2008, 502 (503); BStBl II 2014, 527 (530).

[161] St. Rspr. BFH BStBl II 1996, 443 (444); BStBl II 1997, 52 (53); BStBl II 1996, 214 (215); BStBl II 1998, 539 (540); BStBl II 2002, 674 (675); BStBl II 2003, 509 (509); BStBl II 2003, 627 (628); BFH/NV 2004, 1268 (1269); BFH/NV 2004, 1270 (1270 f.); BStBl II 2004, 648 (648 f.); BStBl II 2006, 359 (360); BStBl II 2008, 502 (503); BStBl II 2012, 638 (642 f.); BFH/NV 2013, 1094 (1095); BStBl II 2013, 16 (18); BStBl II 2014, 527 (530).

unangemessen.[162] Auch Angehörigen steht es frei, ihre Rechtsverhältnisse untereinander steuerlich möglichst günstig zu gestalten.[163] Eine rechtliche Gestaltung ist erst dann unangemessen, wenn der Steuerpflichtige die vom Gesetzgeber vorausgesetzte Gestaltung zum Erreichen eines bestimmten wirtschaftlichen Ziels nicht gebraucht, sondern dafür einen ungewöhnlichen Weg wählt, auf dem nach den Wertungen des Gesetzgebers das Ziel nicht erreichbar sein soll.[164] Maßgebend sind die gesamten Umstände des Einzelfalls.[165]

Beispiel:

A erhielt von seiner Mutter M im Wege vorweggenommener Erbfolge ein bebautes Grundstück, an dem zugleich zu Gunsten der M ein Wohnungsrecht eingetragen wurde. Mit notariellem Vertrag vom 7.6.2015 verzichtete die Mutter rückwirkend auf den 1.1.2014 auf das Wohnungsrecht; der Kläger verpflichtete sich stattdessen zur monatlichen Zahlung eines Betrages. Des Weiteren kann M sich gegen Aufgabe der eingeräumten Rechte einen Sicherungsnießbrauch bestellen lassen. Gleichzeitig schlossen der A und M mit Wirkung ab dem 1.1.2014 einen Mietvertrag ab.

Nach Auffassung des Bundesfinanzhofs ist dieser Sachverhalt als Gestaltungsmissbrauch anzusehen. Die Parteien würden durch gegenläufige Rechtsgeschäfte auf der Nutzungsebene erreichen, dass es nach der wirtschaftlichen Substanz der Vereinbarungen nicht zu einer entgeltlichen Nutzung kommt. Es sei rechtsmissbräuchlich, wenn die Beteiligten durch zivilrechtlich mögliche Gestaltungen zwar wechselseitige Zahlungspflichten begründen, damit aber die Position des unentgeltlich Nutzenden tatsächlich und wirtschaftlich nicht veränderten. Dies sei der Fall, wenn der Abschluss eines Mietvertrages mit der entgeltlichen Aufgabe des unentgeltlichen Wohnungsrechts verbunden werde und dieses Vertragsgeflecht den Verzichtenden im Ergebnis so stelle, wie er stünde, wenn die vertraglichen Vereinbarungen auf der Nutzungsebene nicht abgeschlossen worden wären und er unverändert sein unentgeltliches Nutzungsrecht ausüben

---

[162] BFH BStBl II 1983, 272 (277); BStBl II 1996, 214 (215); BStBl II 1998, 539 (540); BStBl II 2003, 627 (628); BFH/NV 2004, 1268 (1269); BFH/NV 2004, 1270 (1271); BStBl II 2004, 648 (649).

[163] BFH BStBl II 1996, 214 (215); BStBl II 1996, 443 (444); BStBl II 1998, 539 (540); BStBl II 2003, 627 (628); BFH/NV 2004, 1268 (1269); BFH/NV 2004, 1270 (1271); BStBl II 2004, 648 (649); BStBl II 2008, 502 (503).

[164] BFH BStBl II 1996, 214 (215); BStBl II 1996, 443 (444); BStBl II 1998, 539 (540); BStBl II 2003, 509 (510); BStBl II 2003, 627 (628); BFH/NV 2004, 1268 (1269); BFH/NV 2004, 1270 (1271); BStBl II 2004, 648 (649); BStBl II 2006, 359 (360); BStBl II 2012, 638 (642 f.); BStBl II 2014, 527 (530).

[165] BFH/NV 2013, 1094 (1095); BStBl II 2014, 527 (530).

würde. Deshalb entstehe der Steueranspruch des A so, wie er bei unentgeltlicher Nutzung der Wohnung durch M entstünde.[166]

Der Bundesfinanzhof sah § 42 AO zudem dann verwirklicht, wenn derjenige, der einen Gebäudeteil für eigene Zwecke benötigt, einem anderen daran die wirtschaftliche Verfügungsmacht einräumt, um ihn anschließend wieder zurück zu mieten. Verständige Parteien, welche Räume zur eigenen Nutzung benötigen, würden ihr Miteigentum nicht dadurch beschränken, dass sie dem anderen Miteigentümer ein alleiniges Nutzungsrecht an den von ihnen benötigten Räumlichkeiten einräumen, um diese im Anschluss gegen Entgelt anzumieten, sondern würden sich die benötigten Räume zur alleinigen Nutzung zuweisen lassen.[167]

Dagegen liege bei Abschluss eines Mietvertrags ein Missbrauch nicht schon deshalb vor, weil das Objekt vor der Vermietung vom jetzigen Mieter gegen wiederkehrende Leistungen auf den Vermieter übertragen wurde.[168] Unschädlich sei auch, wenn die Miete ganz oder teilweise aus vom Vermieter geschuldeten Barunterhalt gezahlt werde.[169] Auch die gleichzeitige Vereinbarung eines dinglichen Nutzungsrechts und eines Mietvertrages soll dann kein Missbrauch sein, wenn das dingliche Nutzungsrecht zur Sicherung des Mietverhältnisses vereinbart wird, zumal es auch außersteuerlichen Zwecken dienen könne.[170]

D. Figur des Gesamtplans

In seiner Entscheidung zur anlassbezogenen Fremdvergleichsprüfung bei Darlehensverträgen zwischen nahen Angehörigen vom 22. Oktober 2013 denkt der Bundesfinanzhof schließlich darüber nach, ob das Vertragsverhältnis aufgrund eines Gesamtplans als nicht fremdüblich zu würdigen ist.[171] Die Rechtsfigur des Gesamtplans dient dazu, dass eine auf einheitlicher Planung beruhende und in engem zeitlichem und sachlichem Zusammenhang stehende Mehrzahl von Rechtsgeschäften für die steuerliche Beurteilung zu einem einheitlichen wirtschaftlichen Vorgang zusammenzufassen und sodann unter den Steuertatbestand zu subsumieren ist.[172] Die Zusammenfassung zu einem einheitlichen Vorgang soll dann erfolgen, wenn die Rechtsgeschäfte als bloße

166 BFH BStBl II 2004, 648 (649).
167 BFH BStBl II 2014, 527 (530).
168 BFH/NV 2004, 1268 (1269); BFH/NV 2004, 1270 (1271).
169 BFH BStBl II 2000, 223 (224).
170 BFH BStBl II 1998, 539 (540 f.).
171 BFH BStBl II 2014, 374 (381).
172 BFH BStBl II 2006, 359 (360); BFH/NV 2013, 1094 (1095).

Teilschritte keine eigenständige Bedeutung haben und vom Steuerpflichtigen sämtlich beherrscht werden.[173]

Beispiel:

Der Großvater gewährte seinem Sohn ein Darlehen und gab noch am selben Tag gegenüber seinen Enkelkindern ein Schenkungsversprechen hinsichtlich der Forderungen aus dem Darlehensvertrag ab.

In der eingangs erwähnten Entscheidung vom 22. Oktober 2013 trifft der Bundesfinanzhof keine Aussage darüber, welche Folgen sich aus der Annahme eines Gesamtplans ergeben würden.[174] Er führt lediglich aus, dass selbst wenn es aufgrund eines Gesamtplans von vornherein beabsichtigt war, die minderjährigen Kinder zu Gläubigern des Darlehensnehmers zu machen, dieser Gesichtspunkt bislang in der Rechtsprechung zu Investitionsdarlehen nicht herangezogen worden ist, um das Vertragsverhältnis als fremdüblich zu würdigen.[175]

Dagegen ist diese Argumentationsfigur in anderem Zusammenhang mit Angehörigenvereinbarungen bereits mehrfach herangezogen worden. So entschied der Bundesfinanzhof, dass bei einem Mietvertrag zwischen nahen Angehörigen eine Scheinhandlung nach § 41 Abs. 2 AO vorliegen könne, wenn der Vermieter die ihm zugeflossenen Beträge in Verwirklichung eines gemeinsamen Gesamtplans alsbald dem Mieter wieder zuwendet.[176] Als missbräuchlich im Sinne des § 42 AO[177] wertete der Bundesfinanzhof einen Kaufvertrag zwischen nahen Angehörigen, wenn der Verkäufer dem Käufer den Kaufpreis später zurückschenke und diese Schenkung bereits bei Vereinbarung und Zahlung des Kaufpreises vereinbart und damit von vornherein Gegenstand

---

173 BFH BStBl II 2006, 359 (360); BStBl II 2012, 638 (643); BFH/NV 2013, 1093 (1095).

174 *Kanzler*, FR 2014, 187 (188).

175 BFH BStBl II 2014, 374 (381).

176 BFH BStBl II 1997, 655 (656); BFH/NV 2003, 612 (613).

177 Es wird zum einen vertreten, dass die Figur des Gesamtplans ein Anwendungsfall des § 42 AO sei, so BFH BStBl II 2010, 471 (474); BFH/NV 2011, 636 (636); *Crezelius*, FR 2003, 537 (538); *Rose*, FR 2003, 1274 (1276); *Damas/Ungemach*, DStZ 2007, 552 (557); *Rehn*, Verträge zwischen nahen Angehörigen, S. 102 ff. Andererseits wird die Auffassung geteilt, dass die Argumentation mittels Gesamtplan auch unabhängig von § 42 AO erfolgen könne BFH BStBl II 2001, 229 (230 f.); BStBl II 2005, 395 (397 f.); BStBl II 2014, 158 (162 ff.); BStBl II 2014, 388 (390); BStBl II 2015, 536 (538 f.); offen lassend BStBl II 2012, 638 (643). Neben dem gemeinsamen Anwendungsbereich von Gesamtplanrechtsprechung und Gestaltungsmissbrauch sollen auch Fälle existieren, die auf einem Gesamtplan beruhen, aber keinen Gestaltungsmissbrauch darstellen und umgekehrt, vgl. *Spindler*, DStR 2005, 1 (3); *Tanzer*, DStJG 33, S. 189 (205); *Offerhaus*, FR 2011, 878 (878); *Juchem*, Angehörigengeschäfte, S. 128; *Krüger*, DStZ 2014, 194 (202); *Schmidtmann*, FR 2015, 57 (60 f.).

eines Gesamtplans gewesen sei, dem Käufer das Wohnhaus unentgeltlich zu überlassen und durch die Vereinbarung der Kaufpreiszahlung lediglich die Festsetzung einer Eigenheimzulage zu ermöglichen.[178]

Schließlich wendete der Bundesfinanzhof die Figur der Gesamtplans bereits mehrfach unabhängig von § 41 Abs. 2 AO und § 42 AO an, um eine Schenkung unter gleichzeitiger Rückgewähr als Darlehen als befristetes Schenkungsversprechen zu beurteilen, dem es an einer betrieblichen Veranlassung fehlt.[179] Dies sei nicht nur auf die Fälle zu beschränken, in denen Schenkungs- und Darlehensvertrag in ein und derselben Vertragsurkunde niedergelegt sind.[180] Maßgeblich sei vielmehr, ob zwischen Schenkung und Darlehen eine auf einem Gesamtplan beruhende sachliche Verknüpfung bestehe. Es komme demnach auf die subjektiven Vorstellungen der Vertragschließenden an, die einer Objektivierung nur schwer zugänglich seien. Daher könne die Kürze der zwischen Schenkung und Darlehensgewährung liegenden Zeit ein Indiz für die Abhängigkeit zwischen beiden Geschäften darstellen.

---

178 BFH BStBl II 2006, 359 (360).

179 BFH BStBl II 2001, 393 (394 f.); BStBl II 2002, 685 (687); BFH/NV 2003, 26 (28); vgl. auch oben Zweites Kapitel § 4 B. I. 3. e) aa).

180 BFH BStBl II 2001, 393 (395), auch zum Folgenden.

§ 6 Behandlung von nahestehenden Personen in anderen Bereichen des Steuerrechts

Wie schon mehrfach erwähnt, handelt es sich bei den Regeln zur steuerlichen Anerkennung von Verträgen unter nahen Angehörigen um Rechtsprechungsgrundsätze. Eine spezielle gesetzliche Grundlage für die einkommensteuerrechtliche Behandlung von Angehörigenverträgen und eine Definition des „nahen Angehörigen" fehlen somit.

In anderen Steuergesetzen wie zum Beispiel § 1 Abs. 2 AStG, § 32d EStG und § 8a Abs. 2, Abs. 3, § 8b Abs. 1 S. 4, Abs. 3 S. 5 oder § 8c Abs. 1 KStG wird der Begriff der „nahestehenden Person" dagegen ausdrücklich erwähnt und die Behandlung derartiger Näheverhältnisse durch Korrekturmaßstäbe wie den *Fremdvergleichsgrundsatz* geregelt. Ein weiteres Institut, welches sich mit Vereinbarungen zwischen nahestehenden Personen befasst, stellt die Figur der *verdeckten Gewinnausschüttung* im Körperschaftsteuerrecht dar, die ebenfalls im Wesentlichen durch die Rechtsprechung entwickelt worden ist.

Die in diesen Bereichen des Steuerrechts zum Anknüpfungspunkt gemachten Näheverhältnisse dürfen jedoch keinesfalls mit den hier zu erörternden Verträgen zwischen Familienangehörigen gleichgesetzt werden.[181] Jedenfalls hat der Gesetzgeber in einer Reihe von Steuergesetzen auf die Problematik von Vermögensverschiebungen zwischen nahestehenden Personen ausdrücklich reagiert.

A. Ausschluss des Abgeltungsteuersatzes nach § 32d Abs. 2 S. 1 Nr. 1a) EStG

I. Sinn und Zweck des § 32d Abs. 2 S. 1 Nr. 1a) EStG

Das EStG schließt in seinem § 32d Abs. 2 S. 1 Nr. 1a) EStG für Kapitalerträge nach § 20 Abs. 1 Nr. 4 und 7, Abs. 2 S. 1 Nr. 4 und 7 EStG den Abgeltungsteuersatz aus, wenn nahestehende Personen beteiligt sind. Schließen Familienangehörige einen Darlehensvertrag miteinander, der steuerlich anzuerkennen ist, erzielt der Darlehensgeber Einkünfte aus Kapitalvermögen und kann grundsätzlich den Abgeltungsteuersatz des § 32d Abs. 1 S. 1 EStG geltend machen. § 32d Abs. 2 Nr. 1a) EStG soll nun aber eine missbräuchliche Ausnutzung des Abgeltungsteuersatzes verhindern.[182]

---

[181] *Stollenwerk*, Geschäfte zwischen nahestehenden Personen, S. 4, 75; zur Bestimmung des Begriffs der „nahestehenden Person" im Steuerrecht vgl. dort S. 75 ff.

[182] BT-Drucks. 16/4841, S. 60 f.

Der Tatbestand nimmt ein „Zusammenwirken mehrerer Personen in den Blick“,[183] die durch den Abschluss von Darlehensvereinbarungen Einkünfte zwischen sich verschieben wollen, so dass der Darlehensschuldner Zinsaufwendungen geltend machen kann, während der Darlehensgläubiger nur dem Abgeltungsteuersatz unterliegt. Von besonderer Bedeutung ist daher der Begriff der „nahestehenden Person“, der als Tatbestandsmerkmal die Verlagerung von Einkünften typisiert unterstellt. Ist dieses Tatbestandsmerkmal erfüllt, wird unwiderlegbar vermutet, dass die beteiligten Personen gerade die Ausnutzung der Steuerspreizung im Sinn haben.[184] Fraglich ist insofern, wann die Vertragspartner als nahestehende Personen im Sinne von § 32d Abs. 2 Nr. 1a) EStG anzusehen sind und für sie der Abgeltungsteuersatz keine Anwendung findet.

II. Das Merkmal „Näheverhältnis“

Der Bundesfinanzhof hat sich jüngst in mehreren Urteilen mit der Auslegung des Begriffs der nahestehenden Person in § 32d Abs. 2 S. 1 Nr. 1a) EStG auseinandergesetzt. Dieser sei ein unbestimmter auslegungsbedürftiger Rechtsbegriff, der nicht durch analoge Anwendung des § 1 Abs. 2 AStG oder § 138 InsO ausgefüllt werden könne, da diese unterschiedliche Zwecke verfolgten.[185]

Eine weite Auslegung des Begriffs der nahestehenden Person sei nicht möglich, weshalb nicht schon die Angehörigeneigenschaft des § 15 AO ausreichend sei. Nach der Gesetzesbegründung[186] liege ein Näheverhältnis nur dann vor, „wenn die Person auf den Steuerpflichtigen einen beherrschenden Einfluss ausüben kann oder eine dritte Person auf beide einen beherrschenden Einfluss ausüben kann oder die Person oder der Steuerpflichtige im Stande ist, bei der Vereinbarung der Bedingungen einer Geschäftsbeziehung auf den Steuerpflichtigen oder die nahestehende Person einen außerhalb dieser Geschäftsbeziehung begründeten Einfluss auszuüben oder wenn einer von ihnen ein eigenes wirtschaftliches Interesse an der Erzielung der Einkünfte des anderen hat.“ Ein bloß aus der Familienangehörigkeit abgeleitetes Interesse sei daher nicht ausreichend, um eine missbräuchliche Gestaltung zur Ausnutzung des gesonderten Steuertarifs anzunehmen.[187]

Ein solch einschränkendes Verständnis des „Nahestehens“ sei durch die Wertentscheidung des Art. 6 Abs. 1 GG bedingt. Dieser würde es wider-

---

[183] *Stollenwerk*, Geschäfte zwischen nahestehenden Personen, S. 174.

[184] *Stollenwerk*, Geschäfte zwischen nahestehenden Personen, S. 176.

[185] BFH BStBl II 2014, 986 (988); BStBl II 2014, 990 (991); BStBl II 2014, 992 (994); BStBl II 2014, 995 (997).

[186] BT-Drucks. 16/4841, S. 61.

[187] BFH BStBl II 2014, 986 (989); BStBl II 2014, 990 (991); BStBl II 2014, 992 (994); BStBl II 2014, 995 (997); BStBl II 2015, 397 (398).

sprechen, wenn der Ausschluss des gesonderten Steuertarifs ausschließlich an die enge familiäre Beziehung geknüpft und anders als bei fremden Dritten auch dann eintreten würde, wenn der Darlehensvertrag einem Fremdvergleich standhielte. Sei dies der Fall, sei es verfassungsrechtlich unzulässig, eine missbräuchliche Ausnutzung des Abgeltungsteuersatzes allein aufgrund der familiären Beziehung zu vermuten.[188] Eine Vorstellung von der Familie als einheitlichem Bilanzraum sei unzutreffend, denn Ehe und Familie begründeten bei der Einkünfteermittlung keine Vermögensgemeinschaft.[189]

Lägen jedoch unabhängig von der ehelichen Lebensgemeinschaft Beweisanzeichen vor, die für die Annahme gleichgerichteter wirtschaftlicher Interessen sprechen, sei der Einwand, dass Verheiratete gegenüber Ledigen schlechter gestellt würden, unbegründet. Die Benachteiligung der Verheirateten erfolge nicht aufgrund der unwiderlegbaren Vermutung eines Gestaltungsmissbrauchs, sondern aufgrund konkreter Anhaltspunkte.[190]

Aufgrund der Wertung des Art. 6 Abs. 1 GG könne ein „Nahestehen" im Sinne von § 32d Abs. 2 Nr. 1a) EStG nur angenommen werden, wenn die Absicht einer mittelbaren Vermögensverlagerung zwischen den Beteiligten einzig als ausschlaggebender Grund in Betracht komme und hieran ein eigenes Interesse der sich nahestehenden Personen bestehe. Der Finanzverwaltung obliege jedoch die objektive Beweislast, wobei sich ein Nachweis aber als umso schwieriger erweisen dürfte, wenn die Vereinbarung schon dem zwischen fremden Dritten Üblichen entspricht.[191]

B. Nahestehende Personen im AStG

Das AStG enthält in seinem § 1 für grenzüberschreitende Beziehungen zwischen nahestehenden Personen eine selbständige Rechtsgrundlage für Einkünfteberichtigungen. Dessen Abs. 1 S. 1 normiert den Fremdvergleichsgrundsatz als Korrekturmaßstab für die Fälle, in denen es zu einer Minderung der Einkünfte eines Steuerpflichtigen kam, die dieser aus einer Geschäftsbeziehung zum Ausland mit einer ihm nahestehenden Person erzielt hat. Hat der Steuerpflichtige seiner Einkünfteermittlung andere Bedingungen zugrunde gelegt hat, als sie voneinander unabhängige Dritte unter gleichen oder vergleichbaren Verhältnissen vereinbart hätten (Fremdvergleichsgrundsatz), so sind die Einkünfte unbeschadet anderer Vorschriften so anzusetzen sind, wie sie unter den zwischen voneinander unabhängigen Dritten vereinbarten Bedingungen

[188] BFH BStBl II 2014, 986 (989); BStBl II 2014, 992 (995); BStBl II 2015, 397 (398).

[189] BFH BStBl II 2014, 986 (989); BStBl II 2014, 992 (995).

[190] BFH BStBl II 2015, 397 (398).

[191] Hierzu eingehend *Stollenwerk*, Geschäfte zwischen nahestehenden Personen, S. 191 f.

angefallen wären. § 1 Abs. 2 AStG definiert, wer als nahestehende Person anzusehen ist.

Da es hier in den internen Beziehungen vielfach an Interessengegensätzen zwischen den Beteiligten fehlen wird und die Einkünftezuordnungen in der Unternehmensgesamtheit so gestaltet werden können, dass sich dies auf die Verteilung des Steuersubstrats auf die beteiligten Staaten auswirkt, soll mit Hilfe des „dealing-at-arm's-length"-principle (siehe auch Art. 9 OECD-MA) eine an den Verhältnissen des freien Marktes orientierte objektive Verteilung des Steuersubstrats erreicht werden.[192] Vorzunehmen ist ein Soll-Ist-Vergleich, wozu auf die Verhältnisse zum Zeitpunkt des Abschlusses der Geschäftsbeziehung abgestellt werden muss.[193] Diese Fiktion führt nicht zur Nichtanerkennung der Vertragsgestaltung, sondern zur Anpassung an die üblichen Bedingungen.[194] Anerkannter Maßstab für den Fremdvergleich ist dabei das „Verhalten des ordentlichen und gewissenhaften Geschäftsleiters", vgl. § 1 Abs. 1 S. 3 AStG.

C. Nahestehende Personen im KStG am Beispiel der vGA

Ein weiteres Beispiel für Rechtsbeziehungen zwischen nahestehenden Personen stellt die verdeckte Gewinnausschüttung (vGA) dar. Die Voraussetzungen einer vGA werden für die Ebene der Kapitalgesellschaft und die Ebene des Gesellschafters unterschiedlich definiert.[195] Auf Ebene der Kapitalgesellschaft wird eine vGA als eine Vermögensminderung oder verhinderte Vermögensmehrung verstanden, die durch das Gesellschaftsverhältnis veranlasst ist, sich auf die Höhe des Unterschiedsbetrags im Sinne von § 4 Abs. 1 EStG auswirkt, beim Gesellschafter zu einem sonstigen Bezug nach § 20 Abs. 1 Nr. 1 S. 2 EStG führen kann und in keinem Zusammenhang mit einer offenen Ausschüttung steht.[196] Auf der Ebene des Gesellschafters wird eine vGA als Zuwendung eines Vermögensvorteils durch die Gesellschaft an ihren Gesellschafter oder eine diesem nahestehende Person verstanden, die ihre Veranlassung im Gesellschaftsverhältnis hat und außerhalb der gesellschaftsrechtlichen Gewinnverteilung erfolgt.[197]

Für die Ebene der Kapitalgesellschaft ist § 8 Abs. 3 S. 2 KStG die Rechtsgrundlage. Nach diesem dürfen verdeckte Gewinnausschüttungen das Einkommen nicht mindern. Auf Seite der Gesellschafter ist § 20 Abs. 1 Nr. 1 S. 2 EStG die Grundlage. Auch verdeckte Gewinnausschüttungen gehören zu

---

[192] *Pohl*, in: Blümich, EStG/KStG/GewStG, § 1 AStG, Rn. 4.

[193] *Pohl*, in: Blümich, EStG/KStG/GewStG, § 1 AStG, Rn. 35.

[194] *Pohl*, in: Blümich, EStG/KStG/GewStG, § 1 AStG, Rn. 48 ff.

[195] So *Gerten*, Angemessenheit und Steuern, S. 31.

[196] BFH BStBl II 2016, 491 (492).

[197] BFH BStBl II 2000, 545 (546).

den sonstigen Bezügen aus Aktien, Genussrechten und Anteilen an Gesellschaften mit beschränkter Haftung.

Entscheidendes Tatbestandsmerkmal ist in beiden Definitionen die „Veranlassung durch das Gesellschaftsverhältnis". Deren Feststellung wirft Probleme auf, weshalb die Rechtsprechung auch hier eine Vielzahl von Kriterien aufgestellt hat, die gemeinhin als „Indizien" bezeichnet werden.[198] So soll eine Veranlassung durch das Gesellschaftsverhältnis dann vorliegen, wenn die Kapitalgesellschaft ihrem Gesellschafter einen Vermögensvorteil zuwendet, den sie bei der Sorgfalt eines ordentlichen und gewissenhaften Geschäftsleiters einem Nichtgesellschafter nicht gewährt hätte.[199] Dieser objektive Maßstab orientiert sich als typisierte Denkfigur zwar an den zivilrechtlichen Vorgaben; im Übrigen stellt er aber einen eigenständigen steuerrechtlichen Maßstab dar.[200] Das hypothetische Verhalten eines solchen Geschäftsleiters ist der Veranlassungsfrage zugrunde zu legen und kann durch einen konkreten Fremdvergleich zwischen dem Steuerpflichtigen und einem fremden Dritten unter vergleichbaren Umständen ergänzt werden.[201]

Bei Zuwendungen einer Kapitalgesellschaft an ihren beherrschenden Gesellschafter oder eine diesem nahestehende Person soll eine Veranlassung durch das Gesellschaftsverhältnis auch dann anzunehmen sein, wenn diese auf keiner klaren, eindeutigen und im Vorhinein abgeschlossenen Vereinbarung beruhen, die zivilrechtlich wirksam und tatsächlich durchgeführt worden ist. Diese Kriterien sind eine Variante des Fremdvergleichs, die vom Gedanken der Missbrauchsvermeidung getragen werden, welcher hierdurch typisierend handhabbar gemacht werden soll. Diese Kriterien seien gewisse Sollvorgaben, bei deren Nichtvorliegen eine Überlagerung durch das Gesellschaftsverhältnis vermutet werde.[202]

Daneben bedient sich die Rechtsprechung noch weiterer „Hilfskriterien" im Rahmen der Veranlassungsprüfung, namentlich jener der Ernsthaftigkeit und der Üblichkeit. Die Unüblichkeit der Vereinbarung sei allenfalls Indiz für die mangelnde Ausgewogenheit der gegenseitigen Leistungen, da auch ein unübliches Geschäft ausschließlich betrieblich veranlasst sein könne.[203]

---

198 Kritisch *Gosch*, KStG, § 8, Rn. 302 ff.; hierzu auch *Schmidt-Liebig*, FR 2003, 273 (278 f.), der hierin eine typologische Rechtsanwendung sieht.

199 *Gosch*, KStG, § 8, Rn. 166; *Gerten*, Angemessenheit und Steuern, S. 51.

200 *Gosch*, KStG, § 8, Rn. 300 f.; *Gerten*, Angemessenheit und Steuern, S. 52 f.

201 *Gosch*, KStG, § 8, Rn. 300 f.

202 *Gosch*, KStG, § 8, Rn. 318 ff.

203 *Gosch*, KStG, § 8, Rn. 345 ff.; *Gerten*, Angemessenheit und Steuern, S. 57.

§ 7 Ergebnisse des Zweiten Kapitels

(1) Das Preußische Oberverwaltungsgericht hat Vereinbarungen zwischen einem Vater und den in seinem Betrieb mitarbeitenden Kindern unter gewissen Voraussetzungen anerkannt und dies zumindest gewerbesteuerlich auch auf Verträge zwischen Ehegatten erstreckt. Die Rechtsprechung des Reichsfinanzhofs versagte derartigen Vereinbarungen unter Anwendung der *typisierenden Betrachtungsweise* oftmals die Anerkennung.

(2) Der Bundesfinanzhof lehnte die Anerkennung von Arbeitsverträgen zwischen Ehegatten anfangs ab, erkannte aber andere Vereinbarungen zwischen nahen Angehörigen an. Das Bundesverfassungsgericht entschied, dass auch ernsthafte Arbeitsverträge zwischen nahen Angehörigen grundsätzlich anzuerkennen sind. In der Folgezeit entwickelte der Bundesfinanzhof immer weitere Kriterien für die Anerkennung von Vereinbarungen im Familienverbund, wobei bereits das Nichtvorliegen eines dieser Merkmale ausreichte, der Gestaltung die Anerkennung zu versagen.

(3) Der bestehenden Praxis der Nichtanerkennung der Verträge schoben die „Oder-Konto"-Beschlüsse des Bundesverfassungsgerichts einen Riegel vor. Vereinbarungen zwischen nahen Angehörigen kann nicht schon aufgrund eines einzelnen Beweisanzeichens die Anerkennung versagt werden, wenn die überwiegenden Umstände für die betriebliche Veranlassung sprechen.

(4) Ihren vorläufigen Abschluss hat die Entwicklung in der anlassbezogenen Fremdvergleichsprüfung gefunden. Je nach Anlass des Vertragsschlusses ist eine strenge oder aber eine weniger strenge Fremdvergleichsprüfung durch zu führen.

(5) Vereinbarungen zwischen nahen Angehörigen werden darüber hinaus auch anhand des § 41 Abs. 2 AO und des § 42 AO überprüft. Zudem kommt auch der Figur des Gesamtplans eine besondere Funktion bei der Beurteilung zu, ob Vereinbarungen im Familienverbund steuerlich anerkannt werden können.

(6) Eine Reihe spezieller steuergesetzlicher Vorschriften regelt die Behandlung von Vereinbarungen zwischen nahestehenden Personen. § 32d Abs. 2 S. 1 Nr. 1a) EStG schließt die Anwendung des Abgeltungsteuersatzes für Einkünfte aus Kapitalvermögen aus, wenn Gläubiger und Schuldner einander nahestehende Personen sind. Aufgrund der Wertung des Art. 6 Abs. 1 GG kann ein „Nahestehen" aber nur unter engen Voraussetzungen angenommen werden. Die bloße Familienangehörigkeit reicht nicht aus.

§ 1 AStG enthält eine ausdrückliche Normierung des Fremdvergleichsgrundsatzes zur Berichtigung von Einkünften für Fälle, in denen bei Geschäftsbeziehungen zum Ausland andere Preise zugrunde gelegt werden, als sie voneinander unabhängige Dritte vereinbart hätten.

Ein ebenfalls von der Rechtsprechung entwickeltes Institut ist die vGA. Mit diesem wird bewertet, ob eine Leistung durch das Gesellschaftsverhältnis veranlasst und somit steuerlich unbeachtlich ist. Zu dieser Feststellung zieht die Rechtsprechung einzelne Kriterien, wie zum Beispiel die Figur des ordentlichen und gewissenhaften Geschäftsführers als Form des Fremdvergleichs, heran.

Drittes Kapitel: Maßstäbe der steuerlichen Bewertung von Einkünfteverlagerungen innerhalb des Familienverbundes

§ 8 Vorüberlegungen zur Maßstabssuche. Einordnung der Rechtsprechungsgrundsätze

Die Neujustierung der Rechtsprechung durch die anlassbezogene Fremdvergleichsprüfung macht deutlich,[204] dass die Entwicklung hinsichtlich Formulierung und Anwendung der Anerkennungsvoraussetzungen noch nicht an ihr Ende gelangt ist. Die mit dieser beständigen Fortentwicklung der Anerkennungsvoraussetzungen hervorgerufenen Unsicherheiten für die Steuerpflichtigen bei der Planung einerseits und den Anwendungsschwierigkeiten für die Verwaltung und die Rechtsprechung andererseits, machen die Identifizierung der Maßstäbe erforderlich, die hinter den Maßstäben zur Bewertung von Vereinbarungen im Familienverbund stehen.

Als Kontinuitätsfaktor erweist sich in diesem Zusammenhang aber die materiellrechtliche Warte, von der aus Einkünfteverlagerungen innerhalb des Familienverbundes zu bewerten sind. So gilt es im Rahmen von Darlehensverträgen zwischen nahen Angehörigen zum einen zu beurteilen, ob Geldzahlungen unter dem Gesichtspunkt Zinsen als erwerbsbezogener Aufwand gemäß § 4 Abs. 4, § 9 Abs. 1 EStG geltend gemacht werden können oder aber steuerlich unbeachtliche Unterhaltsleistungen und private Zuwendungen nach § 12 Nr. 1 und Nr. 2 EStG darstellen. Zum anderen ist fraglich, ob der Darlehensgeber tatsächlich Einkünfte aus Kapitalvermögen im Sinne von § 2 Abs. 1 S. 1 Nr. 5 i.V.m. § 20 Abs. 1 Nr. 7 EStG erzielt.

Die Problematiken im Zusammenhang mit Angehörigenverträgen treten besonderes deutlich zu Tage, wenn es um die Anwendung dieser Normen auf

[204] Vgl. oben Zweites Kapitel § 4 B. III. 3.

die eingangs dargestellten unterschiedlichen Fallkonstellationen[205] im Zusammenhang mit Darlehensverträgen zwischen nahen Angehörigen geht. So soll dem Fremdvergleichskriterium in der Fallgruppe der Umwandlungsdarlehen eine erheblich höhere Bedeutung zu kommen, als bei den Investitionsdarlehen, schaden hier doch geringfügige Abweichungen vom Üblichen einer steuerrechtlichen Anerkennung des Vertrages nicht.[206] Schließen Eltern mit ihren minderjährigen Kindern einen Darlehensvertrag ab und bedarf es der Bestellung eines Ergänzungspflegers, dann kommt der Nichtbeachtung der zivilrechtlichen Wirksamkeitserfordernisse nur noch die Bedeutung eines Beweisanzeichens zu, welches für sich genommen keine ausschlaggebende Wirkung mehr hat, um der Vereinbarung die Anerkennung versagen zu können.[207]

Diese unterschiedlichen Maßgeblichkeiten bei der Beurteilung von Angehörigenverträgen werfen die Frage auf, ob der Anwendung der Anerkennungsvoraussetzungen etwas Regelhaftes entnommen werden kann. Eine methodische Antwort hierauf kann dann gegeben werden, wenn eine Verortung der Grundsätze im Vorgang der Rechtsanwendung gelingt. Die Ausgangsfrage lautet demnach: Handelt es sich um die inhaltliche Konkretisierung materieller Steuertatbestände, also um im Wege richterrechtlicher Rechtsfortbildung aufgestellte Tatbestandsmerkmale oder lediglich um ergänzende beweisrechtliche Regeln?[208]

Allerdings bestehen auch hinsichtlich dieser Frage unterschiedliche Haltungen im steuerrechtlichen Schrifttum. Als Vorüberlegung zur Maßstabssuche soll daher zunächst eine Verortung der Grundsätze im Prozess der Rechtsanwendung in Auseinandersetzung mit den verschiedenen Auffassungen zur Natur der Anerkennungsvoraussetzungen erfolgen. Anschließend ist auf den eigentlichen Kern der Rechtsprechung einzugehen, der das Fundament für die weitergehende Suche nach den Maßstäben bildet, an denen sich auch eine zukünftige Rechtsprechungsentwicklung orientieren muss.

---

[205] Vgl. Einleitung § 2 A.

[206] Vgl. oben Zweites Kapitel § 4 B. III. 3.

[207] Vgl. oben Zweites Kapitel § 4 B. III. 2.

[208] Zu dieser Fragestellung schon *Ruppe*, in: Handbuch der Familienverträge, S. 101 (102); *Osterloh*, Gesetzesbindung, S. 355.

A. Bewertung der Grundsätze im Schrifttum

I. Beweisanzeichen

Ein Großteil des Schrifttums verortet die Rechtsprechungsgrundsätze inzwischen im Beweisrecht.[209] Einzelne Merkmale wie die Überweisung auf ein „Oder-Konto" können nicht allein die Nichtanerkennung der Verträge rechtfertigen. Auch die Voraussetzungen der Ernsthaftigkeit, Klarheit, zivilrechtlichen Wirksamkeit, tatsächlichen Durchführung und des Fremdvergleichs seien lediglich Beweisanzeichen, die nicht mehr ausnahmslos erfüllt sein müssten, sondern die nur bei einer Gesamtbetrachtung die betriebliche Veranlassung einer Zuwendung ausschließen könnten, wobei ihnen aber im Einzelfall erhöhte, geminderte oder überhaupt keine Bedeutung zukommen könne.[210] Hieraus wird teilweise gefolgert, dass Rechtsgrundlage des Fremdvergleichs §§ 85, 88 AO und § 76 FGO sind.[211]

II. Qualitative Ausgestaltung des Beweismaßes

Osterloh hält die Grundsätze für „qualitative Ausgestaltungen des Beweismaßes bei der Anwendung steuermindernder Normen auf Vermögensdispositionen zwischen nahen Angehörigen", die „das Maß des durch die materielle Beweislast zugewiesenen Beweisrisikos der betroffenen Steuerpflichtigen bestimmen".[212] Erfüllt der Steuerpflichtige die Anforderungen nicht, so soll die Beweislastentscheidung zu seinen Ungunsten ausfallen.[213] Eine solche, durch Typisierung begründete Einschränkung des Untersuchungsgrundsatzes durch

---

209 *Wolf-Diepenbrock*, in: FS Beisse, S. 581 (584 f.); *Felix*, FR 1996, 729 (732 ff.); *Pezzer*, DStZ 2002, 850 (853 f.); *Seeger*, DStR 1998, 1339 (1342); *Kupfer*, KÖSDI 2001, 12777 (12778); *Brockmeyer*, in: FS Offerhaus, S. 13 (25 f.); *Spindler*, StbJb. 2002/03, 60 (64 f.); *Anzinger*, Anscheinsbeweis, S. 154 ff.; *Schenke*, Rechtsfindung, S. 152 f.; Hintze, Indizien, S. 183 ff.; *Pahlke*, DStR-Beih 2011, 66 (71); *Stollenwerk*, Geschäfte zwischen nahestehenden Personen, S. 75; für die österreichische Sichtweise bereits *Ruppe*, in: Handbuch der Familienverträge, S. 101 (114 ff.).

210 *Wolf-Diepenbrock*, in: FS Beisse, S. 581 (584 f.); *Felix*, FR 1996, 729 (732) *Pezzer*, DStZ 2002, 850 (853 f.); *Seeger*, DStR 1998, 1339 (1342); *Kupfer*, KÖSDI 2001, 12777 (12778); *Brockmeyer*, in: FS Offerhaus, S. 13 (25 f.); *Heuermann*, StuW 2009, 356 (356); *Hintze*, Indizien, S. 184; *Pahlke*, DStR-Beih 2011, 66 (71).

211 *Wolff-Diepenbrock*, in: FS Beisse, S. 581 (584 f.); *Pezzer*, DStZ 2002, 850 (854); *Juchem*, Angehörigengeschäfte, S. 67; ähnlich wohl auch *Söhn*, in: K/S/M, EStG, § 4, Rdnr. E 853; *Schmieszek*, in: Bordewin/Brandt, EStG, § 12, Rz. 145; a.A. *Wassermeyer*, in: FS Offerhaus, S. 405 (407); *Bender*, Grundlagen und Kriterien, S. 19; *Kulosa*, DB 2014, 972 (972); *Drüen*, in: Tipke/Kruse, AO/FGO, § 41 AO, Rz. 30.

212 *Osterloh*, Gesetzesbindung, S 367; *Fischer*, DStZ 1997, 357 (360); *Sieker*, Umgehungsgeschäfte, S. 112.

213 *Osterloh*, Gesetzesbindung, S. 393; *Sieker*, Umgehungsgeschäfte, S. 112.

die Rechtsprechung sei möglich.[214] Trotz ihres beweisrechtlichen Charakters handle es sich aber um eine Rechtsfrage, die der Revision zugänglich sei.[215]

Dem folgend, unterscheidet *Sieker* zwischen den einzelnen Aspekten des Fremdvergleichs und deren Konkretisierungen. Den Anerkennungsvoraussetzungen soll die Funktion zusätzlicher beweisrechtlicher Tatbestandsmerkmale zukommen, deren Vorliegen über die Anwendung der dem Steuerpflichtigen günstigen Norm entscheide.[216] Die Konkretisierungen seien dagegen bloße Indizien, die daraufhin zu würdigen seien, ob sie einen Rückschluss auf das Anerkennungsmerkmal zuließen. Sie sollen nur dann von Bedeutung sein, wenn der Sachverhalt nicht bereits auf andere Weise feststeht.[217] Die Verwendung der anderen Merkmale bleibe hiervon unberührt, da die Würdigung der einzelnen Beweisanzeichen immer der Typisierungsfunktion der Anerkennungsvoraussetzungen Rechnung tragen müsse.[218]

III. Objektivierende Rechtsanwendung

Hingegen versteht *Weber-Grellet* die Rechtsprechungsgrundsätze als Teil einer objektivierenden Rechtsanwendung.[219] Die Einkünfte- und die Gewinnerzielungsabsicht seien keine Tatsachen, sondern Tatbestandsmerkmale, denen der Sachverhalt im Wege der Subsumtion zuzuordnen sei.[220] Dies ergebe sich auch aus § 38 AO, der nur die (objektive) Verwirklichung des Tatbestandes verlange. Der Steueranspruch entstehe unabhängig vom Verwirklichungswillen.[221]

Absichten in steuerrechtlichen Tatbeständen enthielten eine Aufforderung zum „normativen Fremdvergleich“.[222] Dieser sei das methodische Instrument zur Abgrenzung der betrieblichen von der auf dem Gesellschaftsverhältnis basierenden Veranlassung.[223] Die einzelnen Kriterien des Fremdvergleichs hätten dabei unterschiedliches Gewicht. Die Wirkung eines Indizes besäßen die Kriterien der inhaltlichen Angemessenheit, der eindeutigen und klaren

---

[214] Zustimmend auch *Fischer*, DStZ 1997, 357 (360 f.).

[215] *Osterloh*, Gesetzesbindung, S. 328; *Sieker*, Umgehungsgeschäfte, S. 112 Fn. 287.

[216] *Sieker*, Umgehungsgeschäfte, S. 112.

[217] *Sieker*, Umgehungsgeschäfte, S. 112 f.

[218] *Sieker*, Umgehungsgeschäfte, S. 113.

[219] *Weber-Grellet*, Steuern im modernen Verfassungsstaat, S. 218 ff. 220 f.; ähnlich *Falkner*, Einkunftserzielungsabsicht, S. 232.

[220] *Weber-Grellet*, Steuern im modernen Verfassungsstaat, S. 218; *ders.*, DStR-Beih 2007, 40 (46).

[221] *Weber-Grellet*, DStR-Beih 2007, 40 (47).

[222] *Weber-Grellet*, DStR-Beih 2007, 40 (46 f.).

[223] *Weber-Grellet*, Steuern im modernen Verfassungsstaat, S. 221.

Vereinbarung, der zivilrechtlichen Wirksamkeit sowie des tatsächlichen Vollzugs.[224]

IV. Konkretisierung des Veranlassungsprinzips

Wassermeyer hält den Fremdvergleich für eine Konkretisierung des Veranlassungsprinzips.[225] Bei einer anderweitigen Einordnung fiele die Durchführung des Fremdvergleiches ausschließlich in den Aufgabenbereich der Finanzgerichte. Der Bundesfinanzhof könnte den durchgeführten Fremdvergleich aufgrund des § 118 Abs. 2 FGO dann nur auf einen Verstoß gegen Denkgesetze und Erfahrungssätze hin überprüfen. Er führe den Fremdvergleich jedoch selbst durch, zumal es nicht um die Erforschung oder Feststellung des Sachverhaltes, sondern um „dessen Subsumtion unter Vorschriften gehe, die eine Veranlassung durch eine bestimmte Einkunftsquelle fordern".[226]

Der unklare Inhalt des Veranlassungsprinzips müsse unter Heranziehung von Hilfskriterien, wie eben des Fremdvergleichs, ausgelegt werden. Ein hiervon abweichendes Verhalten sei jedoch nur eine widerlegbare Vermutung für eine private Veranlassung, das mithin als Beweisanzeichen für den Willen der vertragsschließenden Parteien dient.[227] Zur Bewertung der Üblichkeit lägen dem Fremdvergleich allgemeine Erfahrungssätze zugrunde. Die Kriterien „ernstlich", „klar und eindeutig" und „zivilrechtlich wirksam" vereinbart seien nur Unterkriterien des Fremdvergleichs.[228]

B. Bewertung der Rechtsprechung

Um die *Maßstäbe hinter den Maßstäben* identifizieren zu können, gilt es zunächst über die hinter der Aufstellung der Anerkennungsvoraussetzungen für Vereinbarungen zwischen nahen Angehörigen liegende Ratio Klarheit zu gewinnen.

Durch die Wahl einer der vielfältigen steuerlichen Gestaltungsmöglichkeiten sollen Einkunftsquellen auf Angehörige verlagert, die steuerliche Erfassung bestimmter Vermögensmehrungen verhindert oder steuermindernde Auf-

[224] *Weber-Grellet*, Steuern im modernen Verfassungsstaat, S. 220.

[225] *Wassermeyer*, in: FS Offerhaus, S. 405 (407); dem folgend *Bender*, Grundlagen und Kriterien, S. 19; *Drüen*, in: Tipke/Kruse, AO/FGO, § 4 AO, Rz. 30; *Levedag*, in: Handbuch Stille Gesellschaft, Rn. 21.8.

[226] *Wassermeyer*, in: FS Offerhaus, S. 405 (407).

[227] *Wassermeyer*, in: FS Offerhaus, S. 405 (408 f.).

[228] *Wassermeyer*, in: FS Offerhaus, S. 405 (409 f.).

wendungen geschaffen werden. Ziel ist die Gesamtsteuerbelastung der Beteiligten zu senken.[229]

Beispiel 1:

V nimmt seine Tochter T mit notariell beurkundetem Schenkungs- und Gesellschaftsvertrag als Kommanditistin in sein Einzelunternehmen auf. Die von T zu erbringende Einlage i.H.v. 50.000 € wird T von V geschenkt.

Wird die Vereinbarung anerkannt, erzielen sowohl V als auch T Einkünfte aus Gewerbebetrieb gemäß § 2 Abs. 1 S. 1 Nr. 2 i.V.m. § 15 Abs. 1 S. 1 Nr. 2 EStG. V hat einen Teil seiner Gewinne auf T verlagert. Dies hat zur Folge, dass Einkommensteuer-Grundfreibeträge mehrfach in Anspruch genommen werden können und eine Progressionsmilderung erreicht wird, die die ertragsteuerliche Belastung erheblich abschwächt.[230]

Beispiel 2:

A ist selbständiger Anwalt und schließt mit seiner Ehefrau E einen Arbeitsvertrag ab, nach dem E für die Mitarbeit als Bürokraft 50 € brutto/Stunde erhält. Tatsächlich vereinbart und abgerechnet werden 40 Stunden/Woche. Monatlich werden, nach Abzug von Lohnsteuer und Sozialversicherung, 4.000 € auf das Konto der E überwiesen.

Die Zahlung des Arbeitslohns mindert den Gewinn des A, die dieser aus Einkünften aus selbständiger Tätigkeit gemäß § 2 Abs. 1 S. 1 Nr. 3 i.V.m. § 18 Abs. 1 Nr. 1 EStG erzielt. Der Lohn ist als Aufwendung nach § 4 Abs. 4 EStG von der Bemessungsgrundlage abzuziehen ist. Für E ergibt sich, dass diese Einkünfte aus nichtselbständiger Tätigkeit nach § 2 Abs. 1 S. 1 Nr. 4 i.V.m. § 19 Abs. 1 S. 1 Nr. 1 EStG erzielt. Durch Berücksichtigung des Werbungskostenpauschbetrags nach § 9a Abs. 1 S. 1 Nr. 1a) EStG und aufgrund des Grundfreibetrags nach § 32a Abs. 1 S. 2 EStG können sich auch hier erhebliche Vorteile ergeben.

Die soeben angeführten Beispiele, die eingangs dargestellten Fallgruppen zu Darlehensverträgen zwischen nahen Angehörigen und die unterschiedliche Sichtweise auf die Rechtsprechungsgrundsätze im Schrifttum zeigen, dass die Vielgestaltigkeit dieses Problems nicht einheitlich erfassbar ist und es zu Überschneidungen in den einzelnen Gedankengängen kommen kann.[231]

---

[229] Zu diesem Ziel *Grieger*, DStZ/A 1961, 81 (81); *Söffing*, StbJb. 1978/79, 301 (304); *Meyer-Arndt*, StbJb. 1987/88, 167 (168); *Koenig*, in: ders., AO, § 42, Rz. 44; *Ratschow*, in: Klein, AO, § 42, Rn. 121.

[230] *Wacker*, in: Schmidt, EStG, § 15, Rz. 740; *Levedag*, in: Handbuch Stille Gesellschaft, Rn. 21.3.

[231] So bereits *Grieger*, DStZ/A 1961, 81 (81); *Märkle*, BB-Beil 1993, 1 (2).

Als wesentlich für die Betrachtung muss daher zunächst festgehalten werden, dass zwischen der Gestaltung „einfacher Leistungsbeziehungen“ und solchen Sachverhalten zu unterscheiden ist, in denen Vermögen auf die Angehörigen übertragen und zugleich eine schuldrechtliche Leistungsbeziehung begründet werden soll.[232] Während sich der ersten Kategorie der zweite Beispielsfall zuordnen lässt, kann für die zweite Kategorie der erste Beispielsfall als Paradefall der Verlagerung von Einkünften angeführt werden.[233]

Eine weitere Gemeinsamkeit, auf der die gesamten Überlegungen zu Vereinbarungen zwischen Familienangehörigen beruhen, liegt darin, dass die Gestaltung nicht der Besteuerung zugrunde gelegt werden darf, wenn die an den Angehörigen gezahlten Beträge und Zuwendungen solche im Sinne von § 12 Nr. 1, Nr. 2 EStG sind.[234] Kurzum: Es geht um die Zuordnung der Vereinbarung zu der betrieblichen oder privaten Sphäre.[235]

Schenkt zum Beispiel ein Elternteil seinem Kind einen gewissen Geldbetrag und lässt sich diesen zugleich als Darlehen zurückgewähren, so dient diese Gestaltung zum einen dazu, dem Kind das Erzielen von Einkünften aus Kapitalvermögen zu ermöglichen. Zum anderen sollen die Zinsen bei dem darlehensnehmenden Elternteil als Erwerbsaufwendungen nach § 4 Abs. 4 EStG berücksichtigt werden können. Fraglich ist aber, ob der von dem Kind überlassene Kapitalbetrag tatsächlich aus dessen Sphäre stammt oder es sich um eigenes Kapital des Elternteils handelt und nur der Unterhaltszuwendung im Sinne des § 12 Nr. 2 EStG dient.[236]

Um nun aber den wahren Rechtsgrund für die Zuwendung festzustellen und um zu verhindern, dass die Rechtsfolge des § 12 Nr. 1 u. Nr. 2 EStG, sprich die Zuordnung zur steuerrechtlich unbeachtlichen Privatsphäre, umgangen wird, hält es die Rechtsprechung aufgrund des fehlenden Interessengegensatzes zwischen den Beteiligten für geboten und zulässig, an den Beweis des Abschlusses des der Vermögensverschiebung zugrundeliegenden Vertrages und den Nachweis der Ernstlichkeit strenge Anforderungen zu stellen. Dies soll der

---

232 *Söffing*, StbJb. 1978/79, 301 (308); *Meyer-Arndt*, StbJb. 1987/88, 167 (168); *Schmieszek*, in: Bordewin/Brandt, EStG, § 12, Rn. 137.

233 Zu diesem vielfach verwendeten Beispiel, *Schmidt*, StbJb. 1975/76, 147 (177).

234 *Osterloh*, Gesetzesbindung, S. 355; *Lang*, Bemessungsgrundlage, S. 245 ff.; *Grieger*, DStZ/A 1961, 81 (81); *Broudré*, DB 1993, 8 (8); *Kulosa*, DB 2014, 972 (972); *Loschelder*, in: Schmidt, EStG, § 12, Rz. 23; *Schmieszek*, in: Bordewin/Brandt, EStG, § 12, Rz. 137.

235 BFH BStBl II 1997, 196 (197); BStBl II 2000, 393 (394); BFH/NV 2003, 1547 (1548); BFH/NV 2009, 1427 (1428); BStBl II 2014, 527 (529); BStBl II 2017, 273 (275).

236 *Kruse*, StbJb. 1978/79, 443 (456); *Lang*, Bemessungsgrundlage, S. 246; *Danzer*, Steuerumgehung, S. 30.

Gefahr des Missbrauchs zivilrechtlicher Gestaltungsmöglichkeiten durch Angehörige Rechnung tragen.[237]

Kern der Rechtsprechungsgrundsätze ist somit die Verhinderung von Gestaltungsmissbräuchen, indem Leistungen, die nicht zum steuerlich relevanten betrieblichen/beruflichen Bereich gehören, dem steuerlich irrelevanten privaten Bereich zugeordnet werden.[238]

C. Folgerungen für die Einordnung des Kriteriums der Ernsthaftigkeit

Ist Sinn und Zweck der Grundsätze zur Behandlung von Verträgen zwischen nahen Angehörigen die Verhinderung von Gestaltungsmissbräuchen, indem an den Nachweis der Ernsthaftigkeit besondere Anforderungen gestellt werden, so stellen diese ein Korrektiv für die Anlehnung des Steuerrechts an zivilrechtliche Gestaltungen dar.[239] Gerade im Steuerrecht ist es aber – auch zwischen Angehörigen – ein verbreitetes und hinzunehmendes Bestreben, die eigenen Rechtsverhältnisse im Rahmen der Privatautonomie so auszugestalten, dass Steuerbelastungen vermieden werden.[240]

Ist es aber möglich und erforderlich, an den Nachweis der Ernsthaftigkeit besondere Anforderungen zu stellen, dann zielt jener „Topos der Ernsthaftigkeit“[241] auf die Vermeidung von Missbräuchen durch die Steuerpflichtigen[242] ab und kann als Anknüpfungspunkt für die Feststellung der eigentlichen Motivation hinter der Gestaltung, also ihren betrieblichen oder privaten Rechtsgrund, dienen.[243]

---

[237] BFH BStBl II 2007, 294 (295); BFH/NV 2008, 350 (350); BFH/NV 2009, 12 (12); BFH/NV 2009, 1427 (1428); BStBl II 2011, 20 (21); BStBl II 2011, 24 (25); BFH/NV 2014, 529 (530).

[238] Lediglich auf letzteren Punkt abstellend Juchem, Angehörigengeschäfte, S. 66; *Rehn*, Verträge zwischen nahen Angehörigen, S. 138 f.

[239] *Crezelius*, Steuerrechtliche Rechtsanwendung, S. 88; *Sieker*, Umgehungsgeschäfte, S.°112.

[240] St. Rspr. BVerfGE 9, 237 (249 f.); BFH BStBl III 1951, 181 (183); BStBl II 1996, 214 (215); BStBl II 1996, 443 (444); BStBl II 1998, 539 (540); BStBl II 2003, 627 (628); BFH/NV 2004, 1268 (1269); BFH/NV 2004, 1270 (1271); BStBl II 2004, 648 (649); BStBl II 2008, 502 (503).

[241] *Gosch*, DStZ 1997, 1 (2).

[242] *Gosch*, DStZ 1997, 1 (1); *Fischer*, DStZ 1997, 357 (357); *Falkner*, Einkunftserzielungsabsicht, S. 229.

[243] *Wolff-Diepenbrock*, in: FS Beisse, S. 581 (584 Fn. 22); *Gosch*, DStZ 1997, 1 (2); *Pezzer*, DStZ 2002, 850 (853); *Sterner*, KÖSDI 1995, 10380 (10381); *Bauschatz*, Verdeckte Gewinnausschüttung und Fremdvergleich, S. 62; *Heinicke*, in: Schmidt, EStG, § 4, Rz. 520; dazu, dass die Ernsthaftigkeit im hier verstandenen Sinne wohl nicht mit dem Scheingeschäft gleichgesetzt werden kann auch *Meßmer*, StbJb. 1979/80, 163 (198); *Meyer-Arndt*, StbJb. 1987/88, 167 (197); *Rehn*, Verträge zwischen nahen Angehörigen, S. 138; kritisch *Wacke*, Beweislast, S. 59 ff.; vgl. auch *Görlich*, Vertragsgestaltungen, S. 108; *Bender*, Grundlagen und Kriterien, S. 37; *Fischer*, in: Handbuch der Personengesellschaften Teil II, § 10, Rn. 1321, die im Merkmal der „Ernsthaftigkeit“ eine konsequente Anwendung des § 41 Abs. 2 AO sehen.

Das Merkmal der „Ernsthaftigkeit" erlangt damit eine besondere Bedeutung, zumal es vom Bundesverfassungsgericht anerkannt und von der Rechtsprechung des Bundesfinanzhofs zuweilen auch als „Tatbestandselement"[244] bezeichnet wird. Die Ernsthaftigkeit der Vereinbarung ist zum einen der Anlass für die Prüfung mittels der Kriterien zur Anerkennung von Familienverträgen, ihr Oberbegriff, und zum anderen auch Ergebnis dieser Prüfung.[245] Ob man die Ernsthaftigkeit der Vereinbarung als Tatbestandsmerkmal verstehen möchte,[246] ist dabei unerheblich, denn sie ist zumindest Prüfmaßstab für die Gestaltungen. Hieraus lassen sich für die Einordnung zwei wesentliche Folgerungen ziehen.

I. Anknüpfungspunkt für die Verhinderung von Gestaltungsmissbräuchen

Durch die Anforderung der „Ernsthaftigkeit" wird zunächst eine Vermeidungsstrategie begründet,[247] ohne die positivrechtliche Norm des § 42 AO zu bemühen. Dies ist eine Frage der materiellen Normen und ihrer Anwendung.[248] Insofern geht es hier in der Tat um die Möglichkeit der Konkretisierung der materiellrechtlichen Normen des EStG. Es ist danach zu fragen, inwiefern eine auf § 2 Abs. 1, Abs. 2, § 4 Abs. 4, § 9 Abs. 1 i.V.m. §§ 13-24 EStG gestützte Rechtsanwendung der Verhinderung von Gestaltungsmissbräuchen dienen kann.[249] Schmidt hat diese Regelungen als die „normativen Säulen, an denen sich die Problematik der Einkommensverlagerung […] hochrankt", ausgemacht.[250]

---

244 BFH BStBl II 1975, 141 (143); BFH/NV 2014, 1949 (1951); BFH/NV 2016, 1559 (1561).

245 *Gosch*, DStZ 1997, 1 (2).

246 Zu dieser Überlegung bereits *Jüptner/Riegel*, FR 1983, 417 (421), die dies aber im Folgenden ablehnen.

247 *Gosch*, DStZ 1997, 1 (1); *Fischer*, DStZ 1997, 357 (357); *Falkner*, Einkunftserzielungsabsicht, S. 228; so schon *Knobbe-Keuk*, StbJb. 1984/85, 81 (86), nach der die Verhinderung von Missbräuchen das einzig legitime Ziel für die Aufstellung von besonderen Nachweisanforderungen sei.

248 *Danzer*, Steuerumgehung, S. 143 ff.; *Schwendy*, in: FS Schmidt, S. 787 (791); *Drüen*, in: Tipke/Kruse, AO/FGO, § 41 AO, Rz. 30; *Kulosa*, DB 2014, 972 (972).

249 Für eine vorrangige Anwendung der Rechtsprechung zur Verlagerung von Einkünften *Grieger*, DStZ/A 1961, 81 (81); *Schwendy*, in: FS Schmidt, S. 787 (796); *Ratschow*, in: Klein, AO, § 42, Rz. 122; von einer von § 42 AO unabhängigen eigenständigen Lösung spricht auch *Hüttemann*, DStR 2015, 1146 (1149).

250 *Schmidt*, StbJb. 1975/76, 149 (154); *Söhn*, in: K/S/M, EStG, § 4, Rdnr. E 10; ähnlich *Schmidt-Liebig*, DB 1983, 52 (53); *Stadie*, Zurechnung, S. 19; *Osterloh*, Gesetzbindung, S. 356; *Loschelder*, in: Schmidt, EStG, § 12, Rz. 27; *Juchem*, Angehörigengeschäfte, S. 60; auf § 12 EStG abstellend *Sterner*, KÖSDI 1995, 10380 (10380); *Spindler*, DB 1997, 643 (645); *Heuermann*, DB 2007, 1267 (1267); *Kulosa*, DB 2014, 972 (972). § 12 EStG kommt jedoch nur die Funktion eines klarstellenden Rechtssatzes zu, *Lang*, Bemessungsgrundlage, S. 77. Sobald die Voraussetzungen der § 4 Abs. 4, § 9 Abs. 1 EStG gegeben sind, können Aufwendungen bereits einer steuerbaren Tätigkeit positiv zugeordnet werden und zugleich kann eine negative Zuordnung zur privaten Sphäre verneint werden, weshalb es nicht mehr auf § 12 EStG ankommt.

Voraussetzung für die Anerkennung eines Vertrages zwischen nahen Angehörigen ist nach der Rechtsprechung jedenfalls, dass eine eindeutige und ernstliche Vereinbarung vorliegt und diese auch tatsächlich durchgeführt wird,[251] so dass diese Kriterien als Mindestvoraussetzung[252] gelten können. Des Weiteren kann es, je nach Fallgestaltung, auch darauf ankommen, dass die Vereinbarung einem Fremdvergleich standhält.

Nur die Anerkennung der Vereinbarung führt zu der gewünschten Verlagerung der Einkünfte als Rechtsfolge. Der Schluss auf eine Rechtsfolge ist aber Rechtsanwendung und nicht Beweiswürdigung, denn deren Ziel ist die Feststellung von Tatsachen und nicht die der Rechtsfolge.[253] Die Frage, ob auf Grundlage der einkommensteuerrechtlichen Normen über die Zurechnung von Einkünften und den Abzug von Betriebsausgaben besondere Nachweisanforderungen an die Anerkennung von Verträgen zwischen nahen Angehörigen gestellt werden können, ist eine solche der Rechtsanwendung, besonders aber der verfassungsrechtlichen Zulässigkeit im Hinblick auf Art. 6 Abs. 1 GG.

II. Anknüpfungspunkt für die Abgrenzung der betrieblichen von der privaten Sphäre

Neben dem Ob stellt sich auch die Frage nach dem Wie ihrer Anwendung. Vor diesem Hintergrund kann es insoweit zunächst als unerheblich angesehen werden, auf welcher Ebene man die Grundsätze einordnen möchte, also ob als Normkonkretisierung oder Sachverhaltsfeststellung, denn es geht immer darum, aufgrund einer Würdigung den Schluss zu ziehen, ob die fragliche Leistung im betrieblichen oder im privaten Bereich ihren Ursprung hat.[254]

Jedoch erfordert die Frage nach der betrieblichen Veranlassung auch immer eine hinreichende Sachverhaltsaufklärung.[255] Sieht man die Ernsthaftigkeit daher auch als Gegenstand der Frage nach der Motivation der Steuerpflichtigen an und ist diese als innere Willensrichtung nicht zweifelsfrei feststellbar, bedarf es der Anwendung „äußerlich erkennbarer Merkmale als Beweisanzeichen (Indizien)".[256] Das Erfordernis der Ernsthaftigkeit kann demnach als ein Bündel

[251] BVerfG BStBl II 1996, 34 (36), dies verlangt auch die Finanzverwaltung, BMF EStH 2015 4.8.

[252] BFH BStBl II 1998, 106 (107); BStBl II 1998, 349 (350); BStBl II 2000, 386 (388); BFH/NV 2001, 1551 (1552); BStBl II 2002, 699 (701); BFH/NV 2004, 1274 (1274); BFH/NV 2008, 350 (351); BStBl II 2013, 1015 (1018); BStBl II 2014, 374 (377); BFH/NV 2014, 529 (530); BFH/NV 2014, 1949 (1951); „Grundvoraussetzungen" bei *Schmidt-Liebig*, BB 1983, 52 (54).

[253] *Anzinger*, Anscheinsbeweis, S. 85.

[254] *Spindler*, StbJb. 2002/03, 61 (77); ähnlich *Heuermann*, DB 2007, 1267 (1269).

[255] *Drüen*, in: Tipke/Kruse, AO/FGO, § 41 AO, Rz. 30.

[256] BVerfG BStBl II 1996, 34 (36).

von Voraussetzungen verstanden werden,[257] zu denen die zivilrechtliche Wirksamkeit[258] und die Vergleichbarkeit mit Verträgen zwischen Fremden[259] zählt.

Geringe Abweichungen vom Fremdüblichen dürfen aber keine Auswirkungen mehr auf die Anerkennung haben, sondern sind allenfalls Indizien, die in ihrer Gesamtheit dahingehend zu würdigen sind, ob sie für oder gegen die Ernsthaftigkeit sprechen.[260] Eine Gesamtwürdigung aller Umstände des Einzelfalles ist jedoch nicht zwingend notwendig,[261] sondern nur, wenn kein einzelner Satz der Lebenserfahrung angewendet werden kann, der stark genug ist, auf die Tatsache zu schließen.[262] In diesem Rahmen findet eine Verortung der Rechtsprechungsgrundsätze auf der Ebene des Beweisrechts ihre Rechtfertigung.

---

[257] *Wolff-Diepenbrock*, in: Littmann, EStG, §§ 4, 5, RdNr. 1849; *Meyer-Arndt*, StbJb. 1987/88, 167 (189).

[258] BFH BStBl II 1975, 141 (142); BStBl II 1980, 449 (449); BFH/NV 2014, 1949 (1951); BFH/NV 2016, 1559 (1561).

[259] BFH BStBl III 1958, 445 (446); BStBl II 1983, 173 (175 f.); BStBl II 1998, 349 (350); BFH/NV 2001, 152 (153); BFH/NV 2002, 334 (335); BStBl II 2007, 294 (295); BFH/NV 2011, 1367 (1368); BStBl II 2013, 1015 (1018); BStBl II 2014, 374 (377); BFH/NV 2014, 529 (530); BFH/NV 2014, 533 (534); Vgl. bereits *Schmidt-Liebig*, BB 1983, 52 (54); ähnlich *Seer*, DB 1987, 713 (715).

[260] Vgl. oben Zweites Kapitel § 4 B. III. 1.

[261] *Sieker*, Umgehungsgeschäfte, S. 113 f.; *Anzinger*, Anscheinsbeweis, S. 157; *Stollenwerk*, Geschäfte zwischen nahestehenden Personen, S. 270.

[262] *Anzinger*, Anscheinsbeweis, S. 157.

§ 9 Das Erfordernis besonderer Anforderungen an Angehörigenverträge. Die Frage nach dem „Ob“

Anknüpfend an die soeben vorgenommene Unterscheidung, gilt es zunächst danach zu fragen, *ob* besondere Anforderungen an die Anerkennung von Vereinbarungen zwischen nahen Angehörigen gestellt werden können. Da die Ehe und die Familie aber durch Art. 6 Abs. 1 GG einem besonderen Schutz unterliegen, scheint eine Praxis, die Verträge zwischen Familienangehörigen anderen steuerrechtlichen Voraussetzungen unterwirft als Verträge zwischen fremden Dritten, hiermit nicht in Einklang zu bringen zu sein.

Gleichwohl halten es Verwaltung und Rechtsprechung aus Gründen der Missbrauchsvermeidung für geboten, an die Anerkennung von Vereinbarungen zwischen nahen Angehörigen besondere Anforderungen zu stellen, ohne hierin einen Wiederspruch zu Art. 6 Abs. 1 GG zu erblicken.[263] Ob diese Auffassung aber auf Erwägungen beruht, die mit Art. 6 Abs. 1 GG in Einklang zu bringen sind, gilt es im Folgenden zu untersuchen.

A. Schutz von Angehörigenverträgen durch das Grundrecht von Ehe und Familie, Art. 6 Abs. 1 GG

Ausgangspunkt der Überlegungen zu der Frage, ob Verwaltung und Rechtsprechung besondere Anforderungen an die Anerkennung von Vereinbarungen zwischen nahen Angehörigen stellen dürfen, ist Art. 6 Abs. 1 GG. Ehe und Familie stehen unter dem besonderen Schutz der staatlichen Ordnung. Dies garantiert nicht nur die Institute Ehe und Familie, sondern enthält eine verbindliche Wertentscheidung für das gesamte den Bereich von Ehe und Familie betreffende private und öffentliche Recht.[264] Um diesem Schutzauftrag des Art. 6 Abs. 1 GG zu genügen, ist es insbesondere Aufgabe des Staates, alles zu unterlassen, was Ehe und Familie beschädigt oder sonst beeinträchtigt; zudem hat der Staat Ehe und Familie durch geeignete Maßnahmen zu fördern.[265] Aufgrund seiner Wertentscheidung setzt Art. 6 Abs. 1 GG einen

[263] BVerfG, HFR 1985, 283 (283 f.); HFR 1986, 646 (646); HFR 1987, 34 (34); BVerfG BStBl II 1996, 34 (36); BFH BStBl II 1998, 149 (151); BFH/NV 1999, 616 (617); BStBl II 2001, 186 (188); BFH/NV 2001, 152 (153); BFH/NV 2001, 1551 (1552); BFH/NV 2003, 1547 (1548); BStBl II 2004, 826 (827).

[264] BVerfGE 6, 55 (72); 55, 114 (126); 105, 313 (346); 108, 351 (363 f.); 124, 199 (225); 131, 239 (259); 133, 377 (409).

[265] BVerfGE 6, 55 (76); 28, 104 (113); 53, 224 (248); 76, 1 (41); 80, 81 (92 f.); 99, 216 (231 f.); 124, 199 (225); 131, 239 (259); 133, 377 (409).

Maßstab, den Gesetzgebung, Exekutive und Judikative gleichermaßen zu beachten haben.[266]

Für die Gestaltung von Vereinbarungen im Familienverbund folgt aus Art. 6 Abs. 1 GG zunächst, dass die Sphäre privater Lebensgestaltung der staatlichen Einwirkung entzogen ist.[267] Es sind solche Maßnahmen zu vermeiden, die geeignet sind, in die freie Entscheidung der Ehegatten über ihre Aufgabenverteilung in der Ehe einzugreifen. In diesen Bereich fällt auch die Entscheidung darüber, ob ein Ehepartner sich ausschließlich dem Haushalt und der Erziehung der Kinder widmen oder beruflich tätig sein und eigenes Einkommen erwerben will.[268] Untersagt Art. 6 Abs. 1 GG somit „jede staatliche Steuerung wesenhaft familiärer Dispositionen",[269] muss Eheleuten und Familienangehörigen auch zugestanden werden, untereinander Vereinbarungen zu schließen, welche die vermögensrechtliche Sphäre bestimmen. Die Sphäre der privaten Lebensgestaltung umfasst auch den Abschluss von Arbeitsverträgen oder anderen schuldrechtlichen Verträgen. Es kann keinen Unterschied machen, ob sich ein gewerbetreibender für die Erfüllung von Tätigkeiten in seinem Betrieb der Arbeitskraft eines Fremden oder aber eines Familienangehörigen bedient oder aber ob der Familienangehörige seine Arbeitskraft in einem fremden Betrieb oder dem eines Angehörigen einbringt.[270] Mit Art. 6 Abs. 1 GG ist es demnach nicht zu vereinbaren, wenn Verträge zwischen Familienangehörigen generell nicht anerkannt werden.[271]

Zudem ist insbesondere im Hinblick auf die gleichheitsrechtliche Dimension[272] des Art. 6 Abs. 1 GG fraglich, ob es zulässig ist, an den Nachweis

---

[266] *Wacke*, Beweislast, S. 24 ff.; *Seiler*, Grundzüge, S. 42; *Badura*, in: Maunz/Dürig, GG, Art. 6 GG, Rz. 67.

[267] St. Rspr. BVerfGE 6, 55 (82); 21, 329 (353); 33, 236 (238); 53, 257 (296); 61, 319 (346 f.); 99, 216 (231); 103, 89 (101); 107, 27 (53); 133, 377 (410); G. Kirchhof, AöR 129 (2004), 542 (565).

[268] BVerfGE 66, 84 (94); 87, 234 (258 f.); 133, 377 (410).

[269] *Seiler*, Grundzüge, S. 39. Die innere Gestaltungsfreiheit von Ehe und Familie ist resistent gegen steuerliche Regulierung, ihr besonderer Schutz verträgt steuerliche Diskriminierung nicht, vgl. *Isensee*, StuW 1994, 9 (10).

[270] *Schön*, in: FS Klein, S. 467 (486).

[271] BVerfGE 13, 290 (290 ff.); 13, 318 (318 ff.); 16, 241 (243); 29, 104 (112); 69, 188 (205 ff.); *Osterloh/Nußberger*, in: Sachs, GG, Art. 3, Rn. 139; *von Coelln*, in: Sachs, GG, Art. 6, Rn. 40 f.; *Wernsmann*, in: H/H/Sp, AO/FGO, § 4 AO, Rz. 525; *Jakob*, Einkommensteuer, Rn. 129.

[272] Hierzu *Seiler*, Grundzüge, S. 44 f.; *G. Kirchhof*, AöR 129 (2004), 542 (574); *Badura*, in: Maunz/Dürig, GG, Art. 6, Rz. 31 f. Daher kann es auch grundsätzlich dahinstehen, ob Art. 3 Abs. 1 GG durch Art. 6 Abs. 1 GG verdrängt wird, so BVerfGE 99, 216 (232), oder aber Art. 3 Abs. 1 GG i.V.m. Art. 6 Abs. 1 GG, so BVerfGE 103, 242 (263), denn die Wertentscheidung des Art. 6 Abs. 1 GG zieht in jedem Fall eine wesentliche Schranke, so Seiler, S. 44 f. Fn. 148. Art. 3 Abs. 1 GG ist jedenfalls dann maßgebend, wenn sich dieser als sach-

des Abschlusses und die Ernsthaftigkeit der Vereinbarung besondere Nachweisanforderungen zu stellen. Als Benachteiligungsverbot verbietet Art. 6 Abs. 1 GG, Ehe und Familie gegenüber anderen Lebens- und Erziehungsgemeinschaften schlechter zu stellen.[273] Es steht jeder belastenden Differenzierung entgegen, die an die Existenz der Ehe oder Familie anknüpft.[274] Liegt eine Ungleichbehandlung vor, kann somit die Existenz einer Ehe oder Familie als solches nicht zu deren Rechtfertigung herangezogen werden.[275]

Gleichwohl statuiert Art. 6 Abs. 1 GG kein grundsätzliches Differenzierungsverbot,[276] weshalb auch hier als Vergleichsmaßstab das Leistungsfähigkeitsprinzip herangezogen werden kann.[277] Die eheliche Lebens- und Wirtschaftsgemeinschaft kann zum Anknüpfungspunkt wirtschaftlicher Rechtsfolgen genommen werden,[278] wenn sich für eine Differenzierung aus der Natur des geregelten Lebensverhältnisses oder aus den finanzverfassungsrechtlichen Vorgaben für eine bestimmte Steuerart einleuchtende Sachgründe ergeben.[279]

Bei den Anforderungen, die Rechtsprechung und Verwaltung an die Anerkennung von Vereinbarungen zwischen Familienangehörigen stellen, handelt es sich jedenfalls um einen Eingriff in den Schutzbereich des Art. 6 Abs. 1 GG im Hinblick auf das Benachteiligungsverbot, da an Vereinbarungen zwischen Fremden wie auch zwischen den Partnern einer nichtehelichen Lebensgemeinschaften, keine derartigen Anforderungen gestellt werden.[280] Da jedoch nur unzulässige Eingriffe auch eine Verletzung der Grundrechte darstellen, besteht immer die Möglichkeit der Rechtfertigung des Eingriffs. Nur ein nicht gerechtfertigter Eingriff stellt eine Verletzung eines Grundrechts dar.[281]

---

näher erweist, vgl. *Kotzur*, in: Stern/Becker, Grundrechte-Kommentar, Art. 6, Rdn. 97; *P. Kirchhof*, in: Maunz/Dürig, GG, Art. 3, Rz. 210.

[273] BVerfGE 12, 151 (163); 13, 290 (299); 28, 324 (346 f.); 43, 108 (118 ff.); 76, 1 (72 f.); 82, 60 (80 f., 86 ff.); 87, 1 (35 ff.); 99, 216 (232 f.); 103, 242 (263 ff.); 114, 316 (333).

[274] BVerfGE 99, 216 (232); vgl. auch BFH BStBl II 2014, 986 (989); BStBl II 2014, 992 (995); BStBl II 2015, 397 (398); *Görlich*, Vertragsgestaltungen, S. 24; *Beul/Beul*, DStR 1985, 13, 14; *Meyer-Arndt*, StbJb. 1987/88, 167 (194); *Schön*, in: FS Klein, S. 467 (482); *Schmieszek*, in: Beermann/Gosch, AO/FGO, § 41 AO, Rz. 15.

[275] *Kempny*, StuW 2014, 185 (191).

[276] *Badura*, in: Maunz/Dürig, GG, Art. 6, Rz. 83; *Wernsmann*, in: H/H/Sp, AO/FGO, § 4 AO, Rz. 416.

[277] *Seiler*, Grundzüge, S. 46.

[278] BVerfGE 28, 324 (347); 114, 316 (333); BVerfG, HFR 2009, 1027 (1027).

[279] BVerfGE 114, 316 (333); BVerfG, HFR 2009, 1027 (1027).

[280] *Schön*, in: FS Klein, S. 465 (481 f.).

[281] *Kingreen/Poscher*, Grundrechte, Rz. 245 f.

B. Rechtfertigung des Eingriffs in den grundrechtlichen Schutz von Ehe und Familie

Als vorbehaltslos gewährleistetes Grundrecht[282] ist Art. 6 Abs. 1 GG nur durch kollidierendes Verfassungsrecht einschränkbar.[283] Zu den verfassungsimmanenten Schranken vorbehaltslos gewährleisteter Grundrechte zählen die Grundrechte Dritter sowie andere Güter von Verfassungsrang.[284]

Verwaltung und Rechtsprechung rechtfertigen die Anwendung der besonderen Anforderungen an Vereinbarungen zwischen nahen Angehörigen vornehmlich mit dem aus Art. 3 Abs. 1 GG abgeleiteten Zweck der Missbrauchsabwehr und stützen sich somit auf den Grundsatz der Gleichmäßigkeit der Besteuerung. Als den Eingriff in Art. 6 Abs. 1 GG rechtfertigendes kollidierendes Verfassungsrecht kommt zudem aber auch der aus Art. 20 Abs. 3 GG folgende Grundsatz der Gesetzmäßigkeit in Betracht, so dass im Folgenden der Inhalt dieser beiden verfassungsimmanenten Schranken zu erörtern und ihre Bedeutung im Zusammenhang mit Vereinbarungen zwischen nahen Angehörigen darzulegen ist.

I. Kollidierendes Verfassungsrecht

1. Gesetzmäßigkeit der Besteuerung

Gemäß Art. 20 Abs. 3 GG sind die Verwaltung und die Rechtsprechung an „Gesetz und Recht" gebunden. Das Prinzip der Gesetzmäßigkeit wird dabei durch den Vorrang des Gesetzes und den Vorbehalt des Gesetzes konkretisiert[285] und findet seine Ausprägung nicht nur im Rechtsstaatsprinzip des Art. 20 Abs. 3 GG, sondern darüber hinaus auch im Demokratieprinzip des Art. 20 Abs. 1, Abs. 2 GG.[286]

Die Gesetzesbindung der Verwaltung und der Rechtsprechung ist das entscheidende Instrument dafür, dass sich der im Parlament demokratisch gebildete Wille auch in der Vollziehung der diesen Willen beinhaltenden Gesetze

---

[282] BVerfGE 24, 119 (135); 31, 58 (68 f.); *Kingreen/Poscher*, Grundrechte, Rz. 730; *Michael/Morlok*, Grundrechte, Rn. 712; *Burgi*, in: Friauf/Höfling, Berliner Kommentar, Art. 6, Rn. 28.

[283] BVerfGE 28, 243 (260 f.); 30, 173 (193); 32, 98 (108); 33, 52 (70 f.); 47, 327 (369); 77, 240 (253); 81, 287 (292 f.); 83, 130 (139); 93, 1 (21); 107, 104 (118); 108, 282 (297); 138, 297 (333).

[284] BVerfGE 28, 243 (260 f.); 41, 29 (50 f.); 41, 88 (107); 44, 37 (49 f.); 52, 223 (247); 93, 1 (21); 108, 282 (297); 138, 296 (333).

[285] *Maurer*, Allg. VerwR, § 6, Rn. 1; *Wernsmann*, in: H/H/Sp, AO/FGO, § 4 AO, Rz. 332; *Kube*, Finanzgewalt, S. 128; Tipke, StRO I, S. 120.

[286] *Kube*, Finanzgewalt, S. 128; *Hey*, in: Tipke/Lang, Steuerrecht, § 3, Rz. 231 f.

durchsetzt.[287] Zudem darf die Verwaltung immer nur im öffentlichen Interesse tätig werden, was positivrechtlich ebenfalls aus dem Demokratieprinzip in Art. 20 Abs. 1 GG sowie dem Rechtsstaatsprinzip in Art. 20 Abs. 3 GG folgt.[288] Ein sozialer Rechtsstaat verpflichtet alle Steuerpflichtigen zu solidarischem Verhalten, so dass es Aufgabe der Finanzbehörden ist, diesen Anspruch auch durchzusetzen.[289]

Insbesondere der Vorrang des Gesetzes bringt die Bindung an die bestehenden Gesetze zum Ausdruck. Er besagt zum einen positiv, dass entsprechend der Gesetze gehandelt werden muss, zum anderen negativ, dass keine gegen die Gesetze verstoßenden Maßnahmen getroffen werden dürfen.[290] Die „Verpflichtungswirkung des Gesetzes"[291] statuiert somit ein Anwendungsgebot und ein Abweichungsverbot.[292] Der Grundsatz zwingt den Rechtsanwender zur Anwendung der Norm. Zugleich wird so die demokratische Legitimierung der Rechtsanwendung gesichert, die gleichermaßen eine objektive Entscheidung, Rechtsanwendungsgleichheit[293] und Rechtssicherheit bedingen muss.[294] Im Abgabenrecht hat der vorgenannte Verfassungsgrundsatz seinen Niederschlag in § 85 S. 1 AO gefunden. Hiernach sind die Finanzbehörden verpflichtet, die Steuern nach Maßgabe der Gesetze gleichmäßig festzusetzen und zu erheben. Sie müssen die wegen Verwirklichung eines steuerrechtlichen Tatbestands entstandenen Steueransprüche (§ 38 AO) festsetzen und die Steuer erheben.[295] Nur dann, wenn es das Gesetz, wie in den §§ 156, 163, 227 AO ausnahmsweise zulässt, kann die Finanzbehörde davon absehen, die Steuer festzusetzen oder eine festgesetzte Steuer zu erheben.

Kommt die Finanzbehörde dieser Pflicht nicht nach und besteuert einen Vorgang nicht, obwohl die gesetzlichen Voraussetzungen erfüllt sind, so handelt sie verfassungswidrig.[296] Umgekehrt ist aber zum Beispiel die Berücksichtigung

---

[287] *Jestaedt*, in: Ehlers/Pünder, Allgemeines Verwaltungsrecht, § 11, Rn. 5; ähnlich *Gärditz*, in: Friauf/Höfling, Berliner Kommentar, Art. 20 (6. Teil), Rn. 217.

[288] *Ehlers*, in: ders./Pünder, Allgemeines Verwaltungsrecht, § 1, Rn. 37.

[289] *Seer*, in: Tipke/Kruse, AO/FGO, § 85 AO, Rz. 12; *Spilker*, Amtsermittlung, S. 54

[290] Vgl. nur *Maurer*, Allg. VerwR, § 6, Rn. 2.

[291] *Sachs*, in: Sachs, GG, Art. 20, Rn. 110; *Wernsmann*, in: H/H/Sp, AO/FGO, § 4 AO, Rz. 332.

[292] *Ossenbühl*, in: Isensee/Kirchhof, HStR V, § 101, Rn. 4 f.; *Barth*, Rechtsfortbildung, S. 298; *Reimer*, in: HRSAV, GVwR I, § 9, Rz. 76.

[293] *Koch/Rüßmann*, Juristische Begründungslehre, S. 113 f.; P. *Kirchhof*, FS RFH-BFH, S. 285 (285); *Hillgruber*, JZ 1996, 118 (118).

[294] *Koch/Rüßmann*, Juristische Begründungslehre, S. 114 f.; *Bydlinski*, Juristische Methodenlehre, S. 325 ff.; *Barth*, Rechtsfortbildung, S. 298.

[295] BFH/NV 2017, 498 (504); *Kruse*, Lehrbuch des Steuerrechts I, S. 318; *Tipke*, StRO I, S. 131; *Söhn*, in: H/H/Sp, AO/FGO, § 85 AO, Rz. 32; *Wünsch*, in: Koenig, AO, § 85, Rn. 11; *Hey*, in: Tipke/Lang, Steuerrecht, § 3, Rz. 238.

[296] *Birk*, StuW 1989, 212 (213); *Söhn*, in: H/H/Sp, AO/FGO, § 85 AO, Rz. 32.

von Betriebsausgaben nach § 4 Abs. 4 EStG unzulässig, wenn die gesetzlichen Voraussetzungen nicht erfüllt sind. Würden es die Finanzbehörden und Finanzgerichte daher im Fall von Vereinbarungen unter nahen Angehörigen unterlassen, den Sachverhalt zum Beispiel hinsichtlich der betrieblichen Veranlassung näher aufzuklären, wenn es tatsächlich an einem Interessengegensatz fehlt und die Leistung ihren Grund somit nicht in der schuldrechtlichen Beziehung, sondern in privaten Motiven der Vertragsparteien hat, so läge hierin ein Verstoß gegen den Grundsatz der Gesetzmäßigkeit. Angesichts dieser Tatsache ergibt sich bereits aus der einfach-rechtlichen Gewährleistung der gesetzmäßigen und gleichmäßigen Besteuerung aller Beteiligten in § 85 AO, dass an die Anerkennung von Verträgen zwischen nahen Angehörigen besondere Anforderungen nicht nur gestellt werden dürfen, sondern auch müssen, wenn es aufgrund des besonderen Näheverhältnisses tatsächlich an einem Interessengegensatz fehlt.[297]

2. Gleichmäßigkeit der Besteuerung

a) Bedeutung des Gleichheitssatzes für das Steuerrecht

Kommt bereits der Grundsatz der Gesetzmäßigkeit als kollidierendes Verfassungsrecht in Betracht, welches den Eingriff in Art. 6 Abs. 1 GG durch die Anwendung der besonderen Anerkennungsvoraussetzungen zu rechtfertigen vermag, so wird dieser Eingriff zusätzlich durch den in Art. 3 Abs. 1 GG verankerten Grundsatz der *Gleichmäßigkeit der Besteuerung* gerechtfertigt.

Dieses Gebot verlangt die rechtliche und tatsächliche gleichmäßige Belastung der Steuerpflichtigen. Der Eingriff in die Sphäre des Steuerpflichtigen gewinnt seine Rechtfertigung gerade aus der Gleichheit der Lastenzuteilung,[298] weshalb eine Verletzung dieses Gebots zu einer Desintegration des Gemeinwesens führt.[299] Die Gegenseitigkeit der Verantwortung für die Solidaritätsgemeinschaft der Steuerpflichtigen verwirklicht sich erst in der „Gleichheit im Belastungserfolg".[300] Art. 3 Abs. 1 GG wird so zum Maßstab für die gleichheitsgerechte Besteuerung.[301]

---

[297] Zutreffend daher *Söhn*, in: K/S/M, EStG, § 4, Rdnr. E 853.

[298] BVerfGE 84, 239 (269); 93, 121 (134).

[299] *Isensee*, in: FS Ipsen, S. 409 (418); ähnlich *Eckhoff*, in: FS Kirchhof Bd. II, S. 1601 (1602).

[300] *Birk*, Leistungsfähigkeitsprinzip, S. 127 ff.; *Eckhoff*, Rechtsanwendungsgleichheit, S. 43 f.; *ders.*, in: FS Kirchhof Bd. II, S. 1601 (1602). Die gleichmäßige Beteiligung aller Bürger an den Aufgaben des Gemeinwesens weist über diese gleichheitsrechtliche Bedeutung auch eine demokratische Komponente auf, vgl. *Isensee*, in: FS Ipsen, S. 409 (430).

[301] *Wendt*, DÖV 1988, 710 (713); *Müller-Franken*, in: GS Trzaskalik, S. 195 (203); *Thiemann*, Folgerichtigkeitsgebot, S. 179 (181).

Diesem Belastungsgedanken wird aber durch steuermindernde und steuervermeidende Sachverhaltsgestaltungen die gleichheitsrechtliche Wirkung genommen.[302] Daher wird das Erfordernis der Missbrauchsvermeidung, auch im Hinblick auf Art. 6 Abs. 1 GG, zu Recht als legitimes Ziel zur Gewährleistung einer gleichmäßigen Beteuerung anerkannt.[303] Für Vereinbarungen zwischen nahen Angehörigen hat das Bundesverfassungsgericht dieses Erfordernis in den „Oder-Konto"-Beschlüssen explizit bestätigt, indem es die von der Rechtsprechung aufgestellten Anerkennungsvoraussetzungen mit der Begründung akzeptierte, dass sie den innerhalb eines Familienverbundes typischerweise fehlenden Interessengegensätzen und der daraus resultierenden Gefahr des steuerlichen Missbrauchs zivilrechtlicher Gestaltungsmöglichkeiten durch Ehegatten Rechnung tragen. Dieser Gefahr kann der Gesetzgeber durch die Normierung entsprechender missbrauchsverhindernder Tatbestände und die Rechtsprechung durch Auslegung und Anwendung dieser Tatbestände entgegenwirken.[304] Der Bundesfinanzhof hat sich diese Begründung, wie bereits mehrfach erwähnt, ebenfalls zu Eigen gemacht.[305]

b) Rechtsetzungs- und Rechtsanwendungsgleichheit

Der Grundsatz der Gleichmäßigkeit der Besteuerung ist daher der Maßstab, der das Steuerrecht seit jeher am intensivsten geprägt hat. Er gilt für die Gesetzgebung, die Verwaltung und die Rechtsprechung gleichermaßen, denn Art. 3 Abs. 1 GG garantiert sowohl die Rechtssetzungs- als auch die Rechtsanwendungsgleichheit. Dies hat das Bundesverfassungsgericht im Zinsurteil[306] prägnant hervorgehoben. Die Steuerpflichtigen werden durch ein Steuergesetz nur rechtlich und tatsächlich gleichmäßig belastet, wenn zum einen die Gleichheit der normativen Steuerpflicht, zum anderen die Gleichheit bei deren Durchsetzung in der Steuererhebung gewährleistet ist.[307]

Bei der Beurteilung von Vereinbarungen zwischen nahen Angehörigen steht das Handeln von Verwaltung und Rechtsprechung im Vordergrund, so dass

---

[302] *P. Kirchhof*, in: Maunz/Dürig, GG, Art. 3, Rz. 151.

[303] BVerfGE 13, 290 (315); 13, 318 (330 f.); 13, 331 (344 f.); 16, 203 (208 ff.); 22, 156 (161); 26, 321 (326); 29, 104 (118); 35, 324 (341); 69, 188 (205); 89, 15 (24); 120, 1 (49); vgl. auch *P. Kirchhof*, StuW 1983, 173 (175); *ders.*, StuW 1984, 297 (307); *Rose*, FR 2003, 1274 (1274); *Drüen*, StuW 2008, 3 (13); *ders.*, StuW 2008, 154 (157); *Wernsmann/Desens*, DStR 2008, 221 (225); *Jachmann*, DStR-Beih 2009, 129 (131); *Gabel*, Missbrauchsnormen im Steuerrecht, S. 50 ff.

[304] BVerfG BStBl II 1996, 34 (36).

[305] Vgl. Zweites Kapitel § 4 B. III. 1.

[306] BVerfGE 84, 239 ff.

[307] BVerfGE 84, 239 (268); dies aufgreifend BVerfGE 110, 94 (112 ff.); 118, 168 (196). Hierzu auch BFH/NV 2017, 498 (504); *Kruse*, Lehrbuch des Steuerrechts I, S. 318; *Birk*, StuW 1989, 212 (213); *Tipke*, StRO I, S. 131; *Jakob*, Abgabenordnung, Rn. 62.

Art. 3 Abs. 1 GG in seiner Ausprägung als Gebot der Rechtsanwendungsgleichheit berührt ist. „,Gleichheit vor dem Gesetz' kann für den Rechtsanwender aber nur ,Gleichheit durch das Gesetz' bedeuten. Gleichmäßigkeit und Gesetzmäßigkeit fallen im Stadium der Vollziehung zusammen. Egalität verwirklicht sich durch Legalität."[308]

Maßstab für die Bestimmung der steuerlichen Gleichheit ist das Gesetz.[309] Es ist „ausnahmslos ohne Ansehen der Person zu verwirklichen"[310] oder wie Hensel es formulierte: „Ich verlange, daß mein Nachbar ebenso schwer von der Steuerlast betroffen wird wie ich selbst."[311] Da das Gesetz aber, wie das Bundesverfassungsgericht im Zinsurteil entschieden hat, noch nicht für sich allein die Belastungsgerechtigkeit gewährleistet, sondern sich dieser erst im Vollzug realisiert, wird dem Gebot der Gleichmäßigkeit der Besteuerung erst dann entsprochen, wenn das Gesetz auf alle Fälle angewendet wird, die den Tatbestand der Norm erfüllen[312] und umgekehrt auf keinen Fall angewendet wird, der den Tatbestand nicht erfüllt. Nur tatsächliche Rechtsanwendungsgleichheit schützt den Steuerehrlichen.[313] Erforderlich ist daher, dass der im Steuergesetz zum Ausdruck gebrachte Belastungsgrund zuverlässig zur Geltung gebracht wird.[314]

Eine über das Gebot der Gesetzmäßigkeit hinausgehende Bedeutung soll das Gebot der Rechtsanwendungsgleichheit nach überwiegender Auffassung in der Literatur für die Fälle erlangen, in denen das Gesetz einen Ermessens- und Beurteilungsspielraum vorsieht.[315] Zutreffender dürfte es aber sein, diese über das Gebot der Gesetzmäßigkeit hinausgehende Bedeutung grundsätzlich immer dann anzunehmen, wenn die Verwaltung ihre Interpretationsmöglichkeiten wahrnehmen will.[316] Der Gleichheitssatz verlangt für diesen Fall, dass die Interpretationsspielräume nach einheitlichen (gleichen) Voraussetzungen

308 *Isensee*, Verwaltung, S. 133 f.; vgl. auch *Alexy*, Theorie der Grundrechte, S. 358; *Kloepfer*, Gleichheit als Verfassungsfrage, S. 25; *Hesse*, Grundzüge des Verfassungsrechts, Rn. 430; *Kirchhof*, in: FS-RFH-BFH, S. 285 (299); *Michael*, Der allgemeine Gleichheitssatz als Methodennorm, S. 247; *Müller-Franken*, Maßvolles Verwalten, S. 68; Söhn, in: H/H/Sp, AO/FGO, § 85 AO, Rz. 32; *Englisch*, in: Stern/Becker, Grundrechte-Kommentar, Art. 3, Rdn. 37.

309 *Müller-Franken*, Maßvolles Verwalten, S. 67.

310 BVerfGE 66, 331 (351 f.), 71, 354 (362).

311 *Hensel*, Vierteljschr. f. St. u. FinR. 1927, 39 (62).

312 *Isensee*, StuW 1994, 3 (8).

313 *Söhn*, in: H/H/Sp, AO/FGO, § 85 AO, Rz. 35.

314 *Kirchhof*, in: FS RFH-BFH, S. 285 (290).

315 Statt vieler *Osterloh/Nußberger*, in: Sachs, GG, Art. 3, Rn. 116 f.; *Englisch*, in: Stern/Becker, Grundrechte-Kommentar, Art. 3, Rdn. 39.

316 *Müller-Franken*, Maßvolles Verwalten, S. 98.

vervollständigt und konkretisiert werden.[317] Für die Verwaltung und Rechtsprechung gelten die gleichheitsrechtlichen Anforderungen, die auch den Gesetzgeber binden.[318] Die Gründe, die Rechtsprechung und Verwaltung zur Differenzierung heranziehen, müssen auf sachlich begründeten Erwägungen beruhen, die sich am Regelungsziel und Regelungsgegenstand orientieren.[319]

Unabhängig von dieser Frage ergibt sich aus dem Gebot der Rechtsanwendungsgleichheit jedenfalls, dass eine vom Gesetz nicht gedeckte Gewährung eines steuerlichen Vorteils die Steuerpflichtigen ungleich behandelt und so mit dem Gebot der Gleichheit der Besteuerung, zu dessen Wahrung die Verwaltung durch Art. 3 Abs. 1 GG objektiv-rechtlich verpflichtet ist, unvereinbar wäre. Verwaltung und Rechtsprechung haben die steuerliche Belastungsentscheidung folgerichtig umzusetzen, wenn sie steuerliche Normen konkretisieren.[320]

Der Gesetzgeber hat sich in § 2 Abs. 2 S. 1 EStG i.V.m. § 4 Abs. 4, § 9 Abs. 1 EStG zur Besteuerung nach dem objektiven Nettoprinzip entschieden. Hieraus folgt, dass Erwerbsaufwendungen nur dann von der Bemessungsgrundlage abzuziehen sind, wenn sie die Leistungsfähigkeit des Steuerpflichtigen auch tatsächlich beeinflussen. Dies ist aber dann nicht der Fall, wenn Familienangehörige durch Vertragsgestaltungen Einkünfte verlagern, ohne dass die Vereinbarung ihren Rechtsgrund in der betrieblichen Sphäre hat. Indem Verwaltung und Rechtsprechung aber besondere Anforderungen an Vereinbarungen zwischen nahen Angehörigen stellen und so der Gefahr des Missbrauchs rechtlicher Gestaltungsmöglichkeiten entgegenwirken, verwirklichen sie das objektive Nettoprinzip und wahren den Grundsatz der Gleichmäßigkeit der Besteuerung.

II. Eingriff nur auf Grund eines Gesetzes

1. Geltung des Vorbehaltes des Gesetzes

Auch wenn somit die Möglichkeit besteht, die Einschränkung des grundrechtlichen Schutzes von Ehe- und Familie durch den Grundsatz der Gesetzmäßigkeit und Gleichmäßigkeit der Besteuerung als kollidierendes

---

[317] *P. Kirchhof*, in: FS RFH-BFH, S. 285 (299); *Eckhoff*, Rechtsanwendungsgleichheit, S. 484 ff.; *Müller-Franken*, Maßvolles Verwalten, S. 98 f.; vgl. auch *Kloepfer*, Gleichheit als Verfassungsfrage, S. 27: „Gleichheit durch gleiche Rechtsanwendung."

[318] *Friauf*, DStJG 5, S. 53 (54); *Alexy*, VVDStRL 61 (2002), 7 (11); *Eckhoff*, Rechtsanwendungsgleichheit, S. 499; *Desens*, Bindung der Finanzverwaltung. S 249; *Englisch*, in: Stern/Becker, Grundrechte-Kommentar, Art. 3, Rdn. 39; *Osterloh/Nußberger*, in: Sachs, GG, Art. 3, Rn. 116 f.

[319] *Eckhoff*, Rechtsanwendungsgleichheit, S. 500.

[320] BVerfGE 101, 132 (138); *P. Kirchhof*, in: Isensee/Kirchhof, HStR VIII, § 181, Rn. 226; *Englisch*, in: FS Lang, S. 167 (180); *Desens*, Bindung der Finanzverwaltung, S. 249.

Verfassungsrecht zu rechtfertigen, handelt es sich um einen Eingriff in eine grundrechtliche Freiheit, für die die Verwaltung einer gesetzlichen Grundlage bedarf.[321]

Gerade für das Steuerrecht hat das Bundesverfassungsgericht entschieden, dass dieses „aus dem Diktum des Gesetzgebers“[322] lebt. Hieraus folgt, dass jeder Eingriff eines formellen Gesetzes als Handlungsermächtigung bedarf.[323] Ein Eingriff in die Sphäre des Steuerpflichtigen kann zumindest hinsichtlich der Garantie der allgemeinen Handlungsfreiheit (Art. 2 Abs. 1 GG) angenommen werden.[324] Für die Festsetzung und Erhebung einer Steuer ist daher Voraussetzung, dass ein hinreichend bestimmter formell-gesetzlicher Tatbestand erfüllt ist, an den die Rechtsfolge der Steuer knüpfen kann.[325]

Für den hier zu rechtfertigenden Eingriff in den Schutzbereich des Art. 6 Abs. 1 GG durch das Sonderregime für Vertragsgestaltungen zwischen Familienangehörigen entfaltet der Vorbehalt des Gesetzes somit seine Funktion als materieller Grundrechtsschutz.[326]

Zudem sind die allgemeinen Anforderungen an ein grundrechtseingreifendes Handeln zu beachten. Die rechtsstaatliche Garantiefunktion des grundrechtlichen Vorbehalts des Gesetzes liegt nämlich darin, Art und Ausmaß zulässiger Grundrechtsbeschränkung im Vorhinein abstrakt-generell festzulegen und damit zugleich ein Übermaß an Freiheitsbeschränkungen im Einzelfall auszuschließen.[327] Insoweit steht hier vor allem der Grundsatz der Verhältnismäßigkeit im Vordergrund. Dies bedeutet konkret, dass nur solche Anforderungen an die Anerkennung von Vereinbarungen zwischen nahen Angehörigen formuliert werden dürfen, die nötig sind, um die Gefahr eines Missbrauchs zu bannen. „Wie“ diese Anforderungen formuliert werden können, soll an anderer Stelle dieser Untersuchung näher dargelegt werden.[328]

---

[321] *Maurer*, Allg. VerwR, § 6, Rz. 16.

[322] BVerfGE 13, 318 (328); diese Aussage ist zurückzuführen auf *Bühler/Strickrodt*, Steuerrecht I/2, S. 658.

[323] *Hensel*, Steuerrecht, S. 45; *Maurer*, Allg. VerwR, § 4, Rn. 3; *Grzeszick*, in: Maunz/Dürig, GG, Art. 20 VI, Rz. 75; *Reimer*, in: HRSAV, GVwR I, § 9, Rn. 25; *Drüen*, StuW 2008, 154 (160); *Jakob*, Abgabenordnung, Rn. 52; *Birk/Desens/Tappe*, Steuerrecht, Rn. 172.

[324] *Vogel/Waldhoff*, Bonner Kommentar, Vorbem. z. Art. 104a-115, Rz. 477.

[325] *Tipke*, StRO I, S. 128; *Kube*, Finanzgewalt, S. 129; *Söhn*, in: H/H/Sp, AO/FGO, § 85 AO, Rz. 31.

[326] *Müller-Franken*, Maßvolles Verwalten, S. 281.

[327] *Hillgruber*, in: Isensee/Kirchhof, HStR IX, § 201, Rn. 27.

[328] Vgl. unten Viertes Kapitel § 11.

2. Überblick über die Rechtsgrundlagen

Fraglich ist zunächst, ob der Umgang mit Angehörigenverträgen von Verwaltung und Rechtsprechung die Anforderungen an den Vorbehalt des Gesetzes erfüllt, es also eine gesetzliche Grundlage gibt, auf welche diese Anforderungen gestellt werden können. Anders als in anderen Bereichen des steuerlichen Umgangs mit Verträgen in besonderen Näheverhältnissen, hat der Gesetzgeber im Bereich der Nähe zwischen Angehörigen keine besonderen Grundlagen im Einkommensteuerrecht geschaffen. Die Notwendigkeit, aufgrund des fehlenden Interessengegensatzes zwischen den Beteiligten besondere Nachweisanforderungen an Vereinbarungen zwischen nahen Angehörigen zu stellen, lässt sich den einkommensteuerrechtlichen Normen somit nicht ausdrücklich entnehmen, weshalb es an einer positivrechtlichen beziehungsweise spezialgesetzlichen Missbrauchsnorm zur Verhinderung von Steuerumgehungen durch Angehörigenverträge fehlt.

Die zentrale Frage ist, ob Leistungen an Familienmitglieder dem steuerlich unbeachtlichen Bereich der Einkommensverwendung oder aber dem steuerlich beachtlichen Bereich der Einkünfteerzielung zuzuordnen sind.[329] In diesem Rahmen stellt sich dann zum einen die Frage, ob die Leistungen als Aufwendungen die steuerpflichtigen Einkünfte des Zuwendenden mindern können, zum anderen ob die Leistungen dem Empfänger als Einkünfte zuzurechnen sind. § 2 Abs. 1, Abs. 2, § 4 Abs. 4, § 9 Abs. 1 i.V.m. §§ 13-24 EStG erweisen sich insoweit als die „normativen Säulen, an denen sich die Problematik der Einkommensverlagerung [...] hochrankt“.[330] Für die Beurteilung von Verträgen zwischen nahen Angehörigen ist demnach die steuerrechtliche Norm relevant, die sich für den konkreten Sachverhalt als entscheidungserheblich erweist.[331]

Macht der Steuerpflichtige zum Beispiel geltend, dass er aufgrund eines Darlehensvertrages mit einem nahen Angehörigen Einkünfte aus Kapitalvermögen erzielt hat, dann sind die Vorschriften über die Zurechnung von Einkünften, sprich § 2 Abs. 1 S. 1 Nr. 5 EStG i.V.m. § 20 Abs. 1 Nr. 7 EStG, maßgeblich. Macht der Steuerpflichtige dagegen den Abzug von Betriebsausgaben geltend, so sind § 2 Abs. 2 i.V.m. § 4 Abs. 4, § 9 Abs. 1 und § 12 Nrn. 1 u. 2 EStG die maßgeblichen Rechtsgrundlagen zur Bewertung der Vereinbarung.

Dies gilt auch für die Entscheidungen, in denen die §§ 85, 88 AO und § 76 Abs. 1 FGO als Rechtsgrundlage genannt werden. Auch hier geht es darum,

---

[329] Vgl. nochmals *Osterloh*, Gesetzesbindung, S. 355; Drittes Kapitel § 8 B.

[330] *Schmidt*, StbJb. 1975/76, 149 (154); vgl. auch *Osterloh*, Gesetzbindung, S. 355.

[331] Ebenso *Rehn*, Verträge zwischen nahen Angehörigen, S. 172.

aufgrund einer Würdigung von Beweisanzeichen den Schluss zu ziehen, aus welchen Gründen ein Leistungsaustausch unter Angehörigen stattgefunden hat, ob aufgrund eines den Tatbestand einer Einkunftsart erfüllenden Vertrages oder aus privaten, familiären Gründen. Das Ergebnis dieser der Tatsachenfeststellung zuzuordnenden Indizienwürdigung ermögliche dann die nachfolgende rechtliche Subsumtion, ob es sich bei den Aufwendungen des Steuerpflichtigen um nicht abziehbare Privatausgaben oder aber um Werbungskosten oder Betriebsausgaben handelt.[332] Es handelt sich insofern um die verfahrensrechtliche Grundlage der erforderlichen Sachverhaltsermittlung, nicht dagegen um die materielle Rechtsgrundlage für die Versagung des Betriebsausgabenabzuges.[333]

Da diese Normen aber weder die Kriterien nennen, an denen Verträge unter nahen Angehörigen gemessen werden sollen, noch einen Hinweis darauf geben, wie diese gewonnen werden können, können die Kriterien nur im Wege der Rechtsanwendung entnommen werden. Fraglich ist somit, ob ein solches Vorgehen den Anforderungen an die Gesetzmäßigkeit der Besteuerung genügt. Es geht um das Verhältnis der Rechtsfortbildung zum Vorbehalt des Gesetzes im Steuerrecht.

3. Allgemeine Bestimmungen der AO

Allerdings kommt es hierauf schon dann nicht mehr an, wenn die gesetzlichen Bestimmungen der Abgabenordnung, sprich § 41 Abs. 2 AO und § 42 AO, mit welchen ebenfalls an Angehörigenverträge herangetreten wird,[334] nicht an Stelle der von der Rechtsprechung geschaffenen Regeln als maßgebende Grundlagen angesehen werden können. In diesem Fall würde die Rechtsanwendung ohne Weiteres dem Vorbehalt des Gesetzes genügen.

Zunächst könnte die Beurteilung von Vereinbarungen zwischen Familienangehörigen in der Tat allein an § 41 Abs. 2 AO zu messen sein. Nach § 41 Abs. 2 AO sind Scheingeschäfte und Scheinhandlungen für die Besteuerung unerheblich. Wird durch ein Scheingeschäft ein anderes Rechtsgeschäft verdeckt, so ist das verdeckte Rechtsgeschäft für die Besteuerung maßgebend. § 41 Abs. 2 AO ist Ausdruck der wirtschaftlichen Betrachtungsweise, nach der die Besteuerung an die tatsächlichen Gegebenheiten anzuknüpfen hat.[335]

---

[332] BFH BStBl II 2002, 699 (700 f.); BStBl II 2003, 243 (245); BFH/NV 2004, 1274 (1274); BFH/NV 2005, 339 (340); BFH/NV 2008, 350 (350); BFH/NV 2013, 1067 (1069); BFH/NV 2014, 529 (530); BStBl II 2015, 638 (641); BStBl II 2017, 273 (275).

[333] So auch *Kulosa*, DB 2014, 972 (972); *Rehn*, Verträge zwischen nahen Angehörigen, S. 174.

[334] Vgl. Zweites Kapitel § 5 B. und C.

[335] *Drüen*, in: Tipke/Kruse, AO/FGO, § 41 AO, Rz. 64.

Nach herrschendem Verständnis erfasst § 41 Abs. 2 AO in seinem normativen Kern den Anwendungsbereich des § 117 BGB.[336] Auch das Bundesverfassungsgericht hat es nicht als Verstoß gegen Art. 103 Abs. 2 GG betrachtet, dass der Bundesfinanzhof den Begriff des Scheingeschäfts des § 41 Abs. 2 AO im gleichen Sinne wie dem des § 117 BGB versteht.[337]

Ein Scheingeschäft liegt vor, wenn die Parteien einverständlich nur den äußeren Schein eines Rechtsgeschäfts hervorgerufen haben, die mit dem Geschäft verbundenen Rechtsfolgen aber nicht eintreten lassen wollen; maßgeblich ist der fehlende Rechtsbindungswille.[338] Ob dieser fehlt, ist im Einzelfall unter Heranziehung äußerer Tatsachen zu prüfen.[339] Scheingeschäfte sind steuerrechtlich insbesondere deshalb unerheblich, weil sie nicht durchgeführt werden.[340]

Die Rechtsprechung versucht, mit den zu Verträgen zwischen nahen Angehörigen entwickelten Kriterien als äußere Beweisanzeichen ebenfalls die inneren Tatsachen zu ermitteln, auf der die Vereinbarung ruht, sprich ob sie der relevanten steuerlichen Sphäre zuzuordnen ist oder nicht. Es ließe sich als innere Tatsache daher durchaus auch die Vorstellung der Parteien sehen, das Erklärte nicht zu wollen und in Wirklichkeit bloß etwas einander zuzuwenden. Die innere Tatsache wäre dann ein dissimuliertes Geschäft und das Erklärte wäre dann ein Scheingeschäft.[341]

Es ist nun jedoch so, dass wenn die Parteien eine bestimmte Rechtsgestaltung lediglich aus steuerliche Gründen wählen, es regelmäßig nicht am erforderlichen Rechtsbindungswillen fehlen wird,[342] so dass § 41 Abs. 2 AO in diesen Fällen schon nicht zur Anwendung kommen kann. Lediglich dann, wenn die Parteien die notwendigen Folgerungen bewusst nicht gezogen haben, liegt ein Scheingeschäft i.S.v. § 41 Abs. 2 AO vor und die Vereinbarung ist der Besteuerung nicht zugrunde zu legen.

Allerdings kann mithilfe des § 41 Abs. 2 AO eben nur bestimmt werden, ob die Vereinbarung generell bei der Besteuerung berücksichtigt werden kann. Es lässt sich mit seiner Hilfe jedoch keine Aussage darüber treffen, ob die aufgrund des Vertrages erbrachte Leistung dem steuerlich relevanten Bereich der

---

336 *Fischer*, in: H/H/Sp, AO/FGO, § 41 AO, Rz. 151; kritisch *Walz*, Steuergerechtigkeit, S. 229 f.

337 BVerfG, NJW 2008, 3346 (3347).

338 *Ellenberger*, in: Palandt, BGB, § 117, Rz. 3; *Fischer*, in: H/H/Sp, AO/FGO, § 41 AO, Rz. 155; *Schulze-Osterloh*, AcP 190 (1990), 139 (148).

339 *Drüen*, in: Tipke/Kruse, AO/FGO, § 41 AO, Rz. 66; *Fischer*, in: H/H/Sp, AO/FGO, § 41, Rz. 241.

340 *Englisch*, in: Tipke/Lang, Steuerrecht, § 5, Rz. 99.

341 So *Heuermann*, DB 2007, 1267 (1268).

342 *Crezelius*, in: FS Otte, S. 38 (50); *Singer*, in: Staudinger, BGB, § 117, Rn. 13; *Drüen*, in: Tipke/Kruse, AO/FGO, § 41 AO, Rz. 68.

Einkunftserzielung oder der unbeachtlichen privaten Sphäre im Sinne von § 12 Nrn. 1 u. 2 EStG zuzuordnen ist, so dass in einem Zwischenschritt die besonderen Nachweisanforderungen heranzuziehen sind.[343]

Weisen die Parteien dagegen den erforderlichen Rechtsbindungswillen auf, so kann für diese Fälle § 42 AO die maßgebliche Rechtsgrundlage sein, da das Geschäft im Fall des § 42 AO dem Gestaltungswillen entspricht.[344]

Auch § 42 AO kommt jedoch als vorrangige Rechtsgrundlage zur Bewertung von Vereinbarungen zwischen nahen Angehörigen nicht in Betracht. Zwar lässt sich ebenfalls ein gewisser Gleichlauf zwischen der Anwendung der Rechtsprechungsgrundsätze zu Vereinbarungen zwischen nahen Angehörigen und der Anwendung der allgemeinen Missbrauchsvorschrift des § 41 Abs. 2 AO feststellen; die Kriterien zu Angehörigenverträgen stehen jedoch neben der allgemeinen Missbrauchsvorschrift des § 42 AO und sind vorrangig vor diesem zu prüfen.[345]

So kann im Rahmen des § 42 AO ebenfalls nur im Einzelfall bestimmt werden, ob eine Gestaltung als unangemessen anzusehen ist.[346] Ob eine Gestaltung unangemessen ist, bestimmt sich danach, ob sie „ohne Berücksichtigung der beabsichtigten steuerlichen Effekte unwirtschaftlich, umständlich, kompliziert, schwerfällig, gekünstelt, überflüssig, ineffektiv oder widersinnig erscheint."[347] Zudem ist die Angemessenheit ein Relationsbegriff und verlangt als solcher immer einen Bezugspunkt und einen Wertungsmaßstab.[348] Während sich der Bezugspunkt aus der Rechtsfolgenanordnung des § 42 Abs. 1 S. 3 AO ergibt, also aus einer „den wirtschaftlichen Vorgängen angemessenen rechtlichen Gestaltung",[349] ist der Wertungsmaßstab dem Steuer-

---

343 *Rehn*, Verträge zwischen nahen Angehörigen, S. 133 ff.

344 *Hensel*, Steuerrecht, S. 98; *Kruse*, JbFStR 1977/78, 82 (88); *Crezelius*, Steuerrechtliche Rechtsanwendung, S. 22; *Ellenberger*, in: Palandt, BGB, § 117, Rz. 5; *Drüen*, in: Tipke/Kruse, AO/FGO, § 41 AO, Rz. 74; *Englisch*, in: Tipke/Lang, Steuerrecht, § 5, Rz. 101; *Schmieszek*, in: Beermann/Gosch, AO/FGO, § 41 AO, Rz. 23. Daher können § 41 Abs. 2 AO und § 42 AO auch nur alternativ herangezogen werden, *Drüen*, in: Tipke/Kruse, AO/FGO, § 41 AO, Rz. 74; *Schmieszek*, in: Beermann/Gosch, AO/FGO, § 41 AO, Rz. 23.

345 *Söhn*, in: K/S/M, EStG, § 4, Rdnr. E 865; *Ratschow*, in: Klein, AO, § 42, Rz. 122; *Koenig*, in: ders., AO, § 42, Rn. 38.

346 BFH BStBl II 2014, 527 (530); *Hey*, DB 2009, 1044 (1046); *Drüen*, in: Tipke/Kruse, AO/FGO, Vor § 42 AO, Rz. 15.

347 BMF BStBl I 2014, 290 AEAO Nr. 2.2.

348 BT-Drucks. 16/7036, S. 24; so auch schon *Hensel*, Steuerrecht, S. 95; *Drüen*, in: Tipke/Kruse, AO/FGO, Vor § 42 AO, Rz. 17; *Ratschow*, in: Klein, AO, § 42, Rn. 49; *Englisch*, in: Tipke/Lang, Steuerrecht, § 5, Rz. 126.

349 *Drüen*, in: Tipke/Kruse, AO/FGO, § 42 AO, Rz. 17; *Ratschow*, in: Klein, AO, § 42, Rn. 49.

gesetz zu entnehmen, dessen Telos durch die gewählte Gestaltung (mutmaßlich) umgangen wird.[350]

Wie für § 41 Abs. 2 AO gilt aber auch hier, dass mittels § 42 AO nur geprüft werden kann, ob der mit der Gestaltung eingeschlagene Weg insgesamt der Besteuerung zugrunde zu legen ist, nicht aber, welcher Sphäre die Vereinbarung zuzuordnen ist.[351]

Es soll jedoch nicht bestritten werden, dass einzelne Gestaltungen nicht bereits als Scheingeschäft im Sinne von § 41 Abs. 2 AO zu qualifizieren sind oder aber die Gestaltung missbräuchlich ist, obwohl die Vereinbarung den Anerkennungsvoraussetzungen entspricht. Es empfiehlt sich daher bei der Bewertung von Vereinbarungen zwischen nahen Angehörigen die in der Literatur[352] vorgeschlagene dreistufige Prüfungsreihenfolge heranzuziehen.

(a) Liegt ein Scheingeschäft nach § 41 Abs. 2 AO vor?

(b) Erfüllt das Angehörigengeschäft die von der Rechtsprechung für seine steuerrechtliche Anerkennung speziell entwickelten Kriterien und ist damit dem betrieblichen beziehungsweise beruflichen Bereich zuzuordnen?

(c) Stellt die von den Beteiligten gewählte Gestaltung einen Missbrauch von rechtlichen Gestaltungsmöglichkeiten dar?

4. Richterliche Rechtsfortbildung

a) Rechtsanwendung als Vorgang der Rechtserkenntnis und Rechtserzeugung

Da die gesetzlichen Normen der Abgabenordnung nicht die Rechtsgrundlage für die Kriterien zur Anerkennung von Vereinbarungen zwischen nahen Angehörigen sind, können diese nur im Wege der Rechtsanwendung der einkommensteuerrechtlichen Normen über den Abzug von Betriebsausgaben und Werbungskosten sowie über die Zurechnung von Einkünften entnommen werden. Gerade im Steuerrecht ist der Rechtsanwender aber oftmals einer atypisch gewählten Sachverhaltsgestaltung ausgesetzt,[353] deren Subsumtion unter die entscheidungserheblichen Normen des Einkommensteuerrechts erhebliche Probleme aufwerfen kann.

---

[350] *Drüen*, in: Tipke/Kruse, AO/FGO, § 42 AO, Rz. 18; *Ratschow*, in: Klein, AO, § 42, Rn. 49; *Englisch*, in: Tipke/Lang, Steuerrecht, § 5, Rz. 126.

[351] *Rehn*, Verträge zwischen nahen Angehörigen, S. 133 ff.

[352] *Söhn*, in: K/S/M, EStG, § 4, Rdnr. E 866; *Juchem*, Angehörigengeschäfte, S. 35 f.; Spindler, DB 1997, 643 (645); *Rehn*, Verträge zwischen Angehörigen, S. 79; eingeschränkt auch *Kulosa*, DB 2014, 972 (972).

[353] *P. Kirchhof*, in: FS RFH-BFH, S. 285 (290).

Der Vorgang der Rechtsanwendung ist jedoch nicht bloße Subsumtion des Sachverhalts unter die Norm, sondern beinhaltet immer auch ein schöpferisches Element.[354] Die Rechtslehre von Hans Kelsen und Adolf Julius Merkl hat aufgezeigt, dass von einem „arbeitsteiligen Rechtserzeugungsverfahren“[355] auszugehen ist, in welchem die Kompetenz zur Rechtserkenntnis und Rechtserzeugung den drei Gewalten prozedural, organisatorisch und institutionell zugewiesen ist.[356] In dessen Mittelpunkt steht der Stufenbau der Rechtsordnung,[357] nach dem die Norm der höheren Stufe die Erzeugungsregel für die Norm der rangniedrigeren Stufe enthält.[358] Den zuständigen Organen wird eine rechtserzeugende Funktion zuerkannt, ohne die Bindung an die vorgegebenen Normen zu vernachlässigen,[359] wodurch die heteronomen Elemente der Bindung und autonomen Elemente des schöpferischen Moments ausreichend berücksichtigt werden können.[360]

Dementsprechend ist die Unterscheidung zwischen exekutiver und judikativer Rechtsanwendung und der der Legislative vorbehaltenen Rechtsetzung nur eine Schein-Alternative.[361] Jeder Akt der Rechtsanwendung auf einer Stufe erzeugt einen neuen oder mehrere Rechtssätze auf einer anderen Stufe.[362] Jede Norm besitzt somit ein „doppeltes Rechtsantlitz“[363], nach der die rang-

---

[354] Zu der Überwindung des Subsumtionsideals *Hensel*, Vierteljschr. f. St. u. FinR. 1931, 115 (118); *Kelsen*, Reine Rechtslehre2, S. 350; *Larenz*, Methodenlehre, S. 315; *Barth*, Rechtsfortbildung, S. 28; *Hey*, Steuerplanungssicherheit, S. 588; *Müller-Franken*, Maßvolles Verwalten, S. 56; *Jestaedt*, Das mag in der Theorie, S. 20ff., 46 ff.; *Desens*, Bindung der Finanzverwaltung, S. 284; *Schenke*, Rechtsfindung, S. 22 m.w.N.

[355] *Merkl*, Prolegomena einer Theorie des rechtlichen Stufenbaues (1931), in: Gesammelte Schriften, Bd. I/1, S. 437 (438).

[356] *Jestaedt*, Grundrechtsentfaltung, S. 298 f.

[357] *Merkl*, Das Recht im Lichte seiner Anwendung (1916/1917/1919), in: Gesammelte Schriften, Bd. I/1, S. 85 (85 ff.); *Kelsen*, Reine Rechtslehre2, S. 228 ff.; *Jestaedt*, Grundrechtsentfaltung, S. 300.

[358] *Merkl*, Das doppelte Rechtsantlitz (1918), in: Gesammelte Schriften, Bd. I/1, S. 227 (232 ff.); *Kelsen*, Reine Rechtslehre2, S. 236 ff.; *Jestaedt*, Grundrechtsentfaltung, S. 307, 319 ff.; *ders.*, Das mag in der Theorie, S. 24 ff.; *Isensee*, in FS Winkler, S. 367 (372 Fn. 15); *Bumke*, in: Richterrecht, S. 33 (37).

[359] *Jestaedt*, Grundrechtsentfaltung, S. 304 f.

[360] *Merkl*, Das Recht im Lichte seiner Anwendung (1916/1917/1919), in: Gesammelte Schriften, Bd. I/1, S. 85 (85 ff.); *Jestaedt*, Grundrechtsentfaltung, S. 306.

[361] *Jestaedt*, Grundrechtsentfaltung, S. 307 ff.; *ders.*, in: Richterrecht, S. 49 (62).

[362] *Merkl*, Prolegomena einer Theorie des rechtlichen Stufenbaues (1931), in: Gesammelte Schriften, Bd. I/1, S. 437 (477); *Jestaedt*, Grundrechtsentfaltung, S. 318.

[363] *Merkl*, Das doppelte Rechtsantlitz (1918), in: Gesammelte Schriften, Bd. I/1, S. 227 (234).

höhere Norm angewandt, d.h. ausgelegt, sprich erkannt wird, um im Rahmen dieser inhaltlichen Vorgaben die rangniedrigere Norm zu erzeugen.[364]

Die Feststellung des Rechtserzeugungsrahmens im Wege der Rechtserkenntnis hat sich dabei der allgemeinen Auslegungsmethoden zu bedienen,[365] ohne dass die der Rechtserkenntnis dienende Auslegungsmethode die Bindung an Gesetz und Recht verfälscht.[366] Ziel der Rechtserkenntnis ist die Ermittlung und Klarstellung des Sinns der Gesetzesworte, also des Inhalts der Norm,[367] welcher vom Rechtsanwender als rechtliches Argument auf den zugrundeliegenden Fall übertragen werden muss, um zu dem Schluss zu gelangen, ob das Gesetz auf diesen Sachverhalt nun anzuwenden ist oder nicht.[368] In dieser Bindung an das vorgegebene Recht ist der Rechtsanwender dann im Rahmen seiner Rechtsetzungsaufgabe ermächtigt, Recht zu erzeugen.[369]

Kommt der Rechtsanwender daher zu dem Schluss, dass die einkommensteuerrechtlichen Normen nichts zur Behandlung von Familienverträgen aussagen, so hat er in schöpferischer Eigenleistung eine eigene Wertung zu setzen,[370] was herkömmlicherweise mit Rechtsfortbildung beschrieben wird.

b) Richterliche Rechtsfortbildung im Steuerrecht

Die Befugnis der Gerichte zur Auslegung und Rechtsfortbildung ist allgemein anerkannt und für das Steuerrecht in § 11 Abs. 4, § 115 Abs. 2 Nr. 2 FGO festgehalten. Die Entwicklung von Rechtsgrundsätzen, die Auslegung unbestimmter

---

364 *Merkl*, Das doppelte Rechtsantlitz (1918), in: Gesammelte Schriften, Bd. I/1, S. 227 (234); *Jestaedt*, Grundrechtsentfaltung, S. 318 ff.; *ders.*, in: Richterrecht, S. 49 (63); ebenso bereits *Heck*, AcP 112 (1914), 100 f.: Gebotsinhalt als Maßstab für die wertende Gebotsbildung; vgl. auch *Koch/Rüßmann*, Juristische Begründungslehre, S. 163 („Bedeutungsfeststellung und Bedeutungsfestsetzung"); *v. Arnauld*, RT 2001, 465 (479) („Rechtsfeststellung und Rechtsfestsetzung"); *Isensee*, in: FS Winkler, S. 367 (372): „Auslegung ist deskriptive Rechtserkenntnis, Anwendung präskriptive Rechtserzeugung".

365 *Kruse*, GoB, S. 180 f.; *Jestaedt*, ZÖR 55 (2000), 133 (135).

366 *Jestaedt*, in: Richterrecht, S. 49 (66).

367 BFH BStBl II 2011, 277 (280); BStBl II 2014, 135 (138); BStBl II 2015, 393 (395); *Merkl*, Das Recht im Lichte seiner Anwendung (1916/1917/1919), in: Gesammelte Schriften, Bd. I/1, S. 85 (94 f.); *Hensel*, Vierteljschr. f. St. u. FinR. 1931, 115 (120); *Isensee*, in: FS Winkler, S. 367 (376); *Jestaedt*, Grundrechtsentfaltung, S. 329; *Schenke*, Rechtsfindung, S. 26; *Lang*, in: FS Höhn, S. 159 (173); *Rüthers/Fischer/Birk*, Rechtstheorie, Rz. 717 f.; *Tipke* StRO III, 1597 f.

368 *Braun*, Einführung in die Rechtsphilosophie, S 380 f.

369 *Jestaedt*, Grundrechtsentfaltung, S. 324; *ders.*, in: Richterrecht, S. 49 (63); *Walter*, in: FS Klug, S. 187 (193); ähnlich *Korinek*, in: FS Walter, S. 363 (367). „Richterliche „Rechtsanwendung bedeutet Rechtsetzung in Bindung an das bestehende Recht", *Jestaedt*, ZÖR 55 (2000), 133 (153); ebenso *Hillgruber*, JZ 2008, 745 (745 f.).

370 *Heck*, AcP 112 (1914), 90, 98; *Beisse*, StuW 1981, 1 (8): „eigentliche Interpretationsentscheidung, ihr dezisionistisches Moment"; a.A. *Meßmer*, in: FS Döllerer, S. 429 (440); *Leisner*, Kontinuität, S. 537 f.

Rechtsbegriffe und die Befugnis zur Rechtsfortbildung gehören auch im Steuerrecht zu den anerkannten Aufgaben der Rechtsprechung.[371]

Auch der im Steuerrecht strikt geltende Grundsatz des Vorbehalts des Gesetzes,[372] steht dem nicht entgegen. Im Wege der Rechtsfortbildung dürfen lediglich keine Steuertatbestände ausgeweitet und keine neuen Steuertatbestände geschaffen werden.[373] Das Steuerrecht lebt aus dem „Diktum des Gesetzgebers".[374] Dieser entscheidet allein über die Steuerwürdigkeit bestimmter Sachverhalte, da es keinen Sachverhalt gibt, der seiner Natur nach besteuert werden müsste.[375] Die hieraus folgenden Zusammenhänge sind aber sehr wohl der Rechtsanwendung zugänglich.[376] Hat der Gesetzgeber nämlich eine Sachgesetzlichkeit statuiert, muss der Rechtsanwender das Gesetz zu Ende denken.[377] Der Steuerrechtsnorm kommt somit die Funktion einer durch Auslegung und Anwendung zu vollziehenden Eingriffsermächtigung zu.[378] Ist eine Rechtsfrage unbewusst von der Gesetzgebung offengelassen worden, dann muss der Rechtsanwender diese beantworten.[379] Dies ist auch ein Erfordernis des Systems der Gewaltenverschränkung, die das Grundgesetz etabliert hat.[380] Insbesondere eine gesetzesimmanente Rechtsfortbildung, die an den Zweck der Norm anknüpft und diesen folgerichtig zu Ende denkt, verstößt daher nicht gegen den

371 BVerfGE 13, 153 (164); 13, 318 (328); 69, 188 (204); 71, 354 (362); BVerfG BStBl II 1992, 212 (213).

372 So *Vogel/Waldhoff*, Bonner Kommentar, GG, Vorbem. z. Art. 104a-115, Rz. 481 f; ebenfalls *Barth*, Rechtsfortbildung, S. 433 ff.; a.A. *Osterloh*, Gesetzesbindung, S. 160 f.; zum Vorbehalt des Gesetzes als Grenze der Rechtsfortbildung auch *Hillgruber*, JZ 1996, 118 (123); *Müller-Franken*, DStZ 2004, 606 (610); *Wernsmann*, in: H/H/Sp, AO/FGO, § 4 AO, Rz. 697.

373 BVerfGE 13, 318 (328).

374 BVerfGE 13, 318 (328); diese Aussage ist zurückzuführen auf *Bühler/Strickrodt*, Steuerrecht I/2, S. 658.

375 *Kruse*, Lehrbuch des Steuerrechts I, S. 45 f.; *Drüen*, in: Tipke/Kruse, AO/FGO, § 4 AO, Rz. 362.

376 *Bühler/Strickrodt*, Steuerrecht I/2, S. 658 f.; zu dieser Formulierung als bloßes Steuerfindungsverbot auch *Görlich*, Vertragsgestaltungen, S. 88; *Englisch*, StuW 2015, 302 (306).

377 *Woerner*, GS Knobbe-Keuk, S. 967 (978); *Drüen*, in: Tipke/Kruse, AO/FGO, § 4 AO, Rz. 362a.

378 *Isensee*, Verwaltung, S. 21 ff.; *Müller-Franken*, Maßvolles Verwalten, S. 54.

379 *Vogel/Waldhoff*, Bonner Kommentar, Vorbem. z. Ar. 104a-115, Rz. 484.

380 *Schulze*-Fielitz, in: Dreier, GG, Art. 20 (Rechtsstaat), Rn. 75; *Ossenbühl*, in: Isensee/Kirchhof, HStR II, § 26, Rn. 60; *Barth*, Rechtsfortbildung, S. 200 ff.; *Englisch*, StuW 2015, 302 (305).

Vorbehalt des Gesetzes, sondern verwirklicht diesen vielmehr.[381] Eine derartige Rechtsfortbildung ist denkender Gehorsam gegenüber dem Gesetzgeber.[382]

Auch wenn sich die Rechtsfortbildung im Steuerrecht somit grundsätzlich als unbedenklich erweist,[383] gilt es zu beachten, dass sich dieses Vorgehen immer im „Spannungsfeld der grundgesetzlichen Macht- und Kompetenzverteilungen" bewegt.[384] Daher sind auch hier die Grenzen der Rechtsanwendung zu beachten, die aus der Verfassung abgeleitet werden.[385] Der Aufgabe und Befugnis zur „schöpferischen Rechtsfindung und Rechtsfortbildung" sind mit Rücksicht auf den aus Gründen der Rechtsstaatlichkeit unverzichtbaren Grundsatz der Gesetzesbindung der Rechtsprechung Grenzen gesetzt.[386] Der Richter darf seine eigene materielle Gerechtigkeitsvorstellung nicht an die Stelle derjenigen des Gesetzgebers setzen,[387] da nur so dem Demokratieprinzip, dem Grundsatz der Gewaltenteilung und der Bindung an Gesetz und Recht Rechnung getragen werden kann.[388] Zudem hat er den anerkannten Methoden der Gesetzesauslegung zu folgen.[389]

---

381 *Paulick*, in: GS Spitaler, S. 165 (191); *Lang*, in: FS Höhn, S. 159 (181); *Englisch*, StuW 2015, 302 (308); ähnlich *Sachs*, in: Sachs, GG, Art. 20, Rn. 121. Vgl. auch *Eckhoff*, Rechtsanwendungsgleichheit, S. 302; *Drüen*, StuW 2008, 154 (160).

382 *Görlich*, Vertragsgestaltungen, S. 90; *Rüthers/Fischer/Birk*, Rechtstheorie, Rz. 867; *Englisch*, in: Tipke/Lang, Steuerrecht, § 5, Rz. 82; *ders.*, StuW 2015, 302 (304).

383 Bedenken bestehen insbesondere gegen die belastende Analogie, vgl. *Hensel*, Zur Dogmatik des Begriffs „Steuerumgehung", in: System des Familiensteuerrechts und andere Schriften, S. 303 (316 ff.); *Friauf*, DStJG 5, S. 53 (60 ff.); *Drüen*, StuW 2008, 154 (160); *Schön*, DStJG 33, S. 29 (54 f.).

384 *Ipsen*, Richterrecht und Verfassung, S. 54 f.; *Danzer*, Steuerumgehung, S. 49; *v. Arnauld*, RT 2001, 465 (468).

385 *Schneider*, DÖV 1975, 443 (452); *Stern*, Staatsrecht III/2, S. 1636; *Ipsen*, Richterrecht und Verfassung, S. 47 ff.; *Hillgruber*, JZ 1996, 118 (118 ff.); *Barth*, Rechtsfortbildung, S. 177 ff.; Rüthers, JZ 2006, 53 (56).

386 BVerfGE 128, 193 (210); 135, 1 (19); BVerfG, NJW 2012, 669 (670); BVerfG, WM 2016, 1431 (1432).

387 BVerfGE 128, 193 (210); BVerfG, NJW 2012, 669 (670); BVerfG, WM 2016, 1431 (1432); hierzu auch *Looschelders/Roth*, Juristische Methodik, S. 288; *Weber-Grellet*, DStR 1991, 438 (442); *Englisch*, StuW 2015, 302 (307).

388 *Rüthers/Fischer/Birk*, Rechtstheorie, Rz. 812; ebenso *Koch/Rüßmann*, Juristische Begründungslehre, S. 169, 181, 189; *Barth*, Rechtsfortbildung, S. 326; *Jestaedt*, Grundrechtsentfaltung, S. 351 ff. Auch wird so einer zu starken Subjektivität im Sinne der Ersetzung der gesetzgeberischen Grundentscheidung durch eine politische Eigenwertung des Richters entgegengewirkt, vgl. *Lang*, in: FS Höhn, S. 159 (173).

389 BVerfGE 122, 248 (252); 128, 193 (210 f.); 132, 99 (127 f.); hierzu auch *Müller-Franken*, DStZ 2004, 606 (608); *Wernsmann*, in: H/H/Sp, AO/FGO, § 4 AO, Rz. 701.

c) Richterliche Rechtsfortbildung und Verträge unter nahen Angehörigen

Nichts anderes gilt für die Behandlung von Verträgen zwischen nahen Angehörigen. Um einem Missbrauch durch Vertragsgestaltungen entgegenzuwirken, darf auch die Rechtsprechung die gesetzlichen Tatbestände anwenden.[390] Gleiches gilt für die mit dem Sachverhalt zuerst konfrontierte Verwaltung.

Erkennen Verwaltung und Rechtsprechung daher Vereinbarungen zwischen nahen Angehörigen auf Grundlage der § 4 Abs. 4, § 9 Abs. 1 EStG und § 12 Nr. 1 und Nr. 2 EStG unter Anwendung der Anerkennungsvoraussetzungen nicht an, so hat dies zur Folge, dass zum Beispiel Zinsaufwendungen im Rahmen von Darlehensverträgen zwischen nahen Angehörigen nicht als Betriebsausgaben nach § 4 Abs. 4 EStG abgezogen werden können. Dabei stellen die Aufwendungen bei oberflächlicher Betrachtung aber Betriebsausgaben gemäß § 4 Abs. 4 EStG oder § 9 Abs. 1 EStG dar.[391]

Da das in § 4 Abs. 4, § 9 Abs. 1 EStG enthaltene Veranlassungsprinzip aber Ausfluss des objektiven Nettoprinzips ist,[392] dürfen nur solche Aufwendungen berücksichtigt werden, die die Leistungsfähigkeit des Steuerpflichtigen auch tatsächlich beeinflussen. § 4 Abs. 4 EStG wird so zu einer Vorschrift der Einkünfteermittlung, die die betriebliche von der privaten Sphäre trennen soll.[393] Aufwendungen sind daher nur dann von der Bemessungsgrundlage abzuziehen, wenn sie tatsächlich durch die Einkünfteerzielung veranlasst sind.

Dies erfordert, dass die Aufwendungen mit der Einkünfteerzielung objektiv zusammenhängen und ihr subjektiv zu dienen bestimmt sind.[394] Maßgeblich hierfür sind die Gründe, aus denen der Steuerpflichtige die Aufwendungen tätigt. Sie bilden das „auslösende Moment" für die Überlegungen des Steuerpflichtigen, die Kosten zu tragen. Haben daher die Aufwendungen unter Berücksichtigung des Veranlassungsprinzips ihren Rechtsgrund nicht oder nur in unbedeutendem Maße in der privaten Lebenssphäre, so sind sie als Betriebsausgaben abziehbar, wenn nicht anderweitige gesetzliche Regelungen entgegenstehen.

---

[390] BVerfG BStBl II 1996, 34 (36).

[391] *Kruse*, StbJb. 1978/79, 443 (456); *Danzer*, Steuerumgehung, S. 28; § 4 Abs. 4 und § 9 Abs. 1 EStG werden insoweit inhaltsgleich verstanden. Zur Begründung *Lang*, Bemessungsgrundlage, S. 319; *Loschelder*, in: Schmidt, EStG, § 9, Rz. 40 ff.

[392] *Söhn*, in: K/S/M, EStG, § 4, Rdnr. E 10; *Bode*, in: Kirchhof, EStG, § 4, Rn. 165; *Bauschatz*, Verdeckte Gewinnausschüttung und Fremdvergleich, S. 25.

[393] *Söhn*, DStJG 3, S. 13 (25); ähnlich *Müller-Franken*, Maßvolles Verwalten, S. 262; *Bauschatz*, Verdeckte Gewinnausschüttung und Fremdvergleich, S. 25.

[394] BFH BStBl II 1990, 817 (823); BStBl II 2010, 672 (681); BFH, DStR 2017, 2164 (2165 f.) auch zum Folgenden.

Die Rechtsfolgenanordnung des § 4 Abs. 4 EStG ist damit nicht bereits vorgegeben, sondern wird im Prozess der Ermittlung erst konkretisiert.[395] Dies kann es erforderlich machen, wertende Gesichtspunkte zu entwickeln, nach denen eine Abgrenzung zwischen betrieblicher und privater Sphäre erfolgen kann.[396]

Bei der Beurteilung von Vereinbarungen zwischen nahen Angehörigen halten Verwaltung und Rechtsprechung es für erforderlich, äußere Beweisanzeichen zu Feststellung der inneren Tatsachen, auf der die Vereinbarung beruht, heranzuziehen. Die Anerkennungsvoraussetzungen zu Vereinbarungen zwischen nahen Angehörigen lassen sich daher als „Hilfstatsachen" bezeichnen. Sie ergänzen die Anwendungsvoraussetzungen der einkommensteuerrechtlichen Normen über die Zurechnung von Einkünften und den Abzug von Betriebsausgaben mit der Folge, dass bei ihrem Vorliegen die nach der „Grundnorm" erheblichen Haupttatsachen als festgestellt anzusehen sind, sofern nicht Anhaltspunkte für das Gegenteil bestehen.[397]

Schließt nun ein Vater mit seinem Sohn einen Darlehensvertrag und will er die Zinsaufwendungen als Betriebsausgaben im Sinne von § 4 Abs. 4 EStG geltend machen, dann dürfen nach Sinn und Zweck des § 4 Abs. 4 EStG nur solche Aufwendungen berücksichtigt werden, die seine Bemessungsgrundlage auch tatsächlich mindern. Es widerspricht einer gesetzmäßigen und gleichmäßigen Besteuerung und damit auch Sinn und Zweck des § 4 Abs. 4 EStG, wenn im Falle von Vereinbarungen zwischen nahen Angehörigen die Parteien durch Verlagerung von Einkünften Progressionsminderungen erreichen, die ihnen sonst nicht zustehen würden.[398] Verwaltung und Rechtsprechung verwirklichen daher das objektive Nettoprinzip durch Anwendung der Kriterien zu Vereinbarungen zwischen nahen Angehörigen, wenn sie die einkommensteuerrechtlichen Normen durch die Anwendung von „Hilfstatsachen" konkretisieren. Es handelt sich nach alledem um eine zulässige Form der Rechtsanwendung.

---

395 Vgl. auch *Vogel*, in: FS Thieme, S. 605 (606).

396 *Bode*, in: Kirchhof, EStG, § 4, Rn. 20.

397 Zum Ganzen *Vogel*, in: FS Thieme, S. 605 (606).

398 *Teschke*, Konzeption, S. 58.

§ 10 Ergebnisse des Dritten Kapitels

(1) Bei der Beurteilung von Verträgen zwischen nahen Angehörigen ist zwischen Gestaltungen zu unterscheiden, in denen lediglich „einfache schuldrechtliche Leistungsbeziehungen“ begründet werden und Gestaltungen, in denen Vermögen auf die Angehörigen übertragen und zugleich eine schuldrechtliche Leistungsbeziehung begründet wird.

(2) Ziel der Anerkennungsvoraussetzungen ist die Verhinderung von Gestaltungsmissbräuchen, indem festgestellt wird, ob die bewirkten Leistungen dem steuerlich relevanten betrieblichen/beruflichen Bereich oder dem steuerlich irrelevanten privaten Bereich zuzuordnen sind.

(3) Bei der Anwendung der Anerkennungsvoraussetzungen geht es zum einem um die Frage, *ob* Verwaltung und Rechtsprechung im Hinblick auf Art. 6 Abs. 1 GG besondere Anforderungen an die Anerkennung von Vereinbarungen zwischen nahen Angehörigen stellen dürfen. Zum anderen stellt sich die Frag *wie* Verwaltung und Rechtsprechung die Kriterien anwenden dürfen, um zu würdigen, ob die fragliche Leistung ihren Ursprung im betrieblichen oder im privaten Bereich hat.

(4) Ausgangspunkt für die Frage nach dem *Ob* ist Art. 6 Abs. 1 GG. Bei den Anforderungen an die Anerkennung von Vereinbarungen zwischen Familienangehörigen handelt es sich um einen Eingriff in den Schutzbereich des Art. 6 Abs. 1 GG, da an Vereinbarungen zwischen Fremden wie auch zwischen den Partnern einer nichtehelichen Lebensgemeinschaft keine derartigen Anforderungen gestellt werden.

(5) Als kollidierendes Verfassungsrecht kann der Grundsatz der *Gesetzmäßigkeit der Besteuerung* diesen Eingriff rechtfertigen. Dieser Grundsatz würde verletzt, wenn Betriebsausgaben zum Abzug zugelassen würden oder Einkünfte zugerechnet würden, obwohl die gesetzlichen Voraussetzungen nicht erfüllt sind. Unterlassen es die Finanzbehörden und Finanzgerichte daher im Fall von Vereinbarungen unter nahen Angehörigen, den Sachverhalt hinsichtlich der betrieblichen Veranlassung näher aufzuklären, wenn es zwischen nahen Angehörigen tatsächlich an einem Interessengegensatz fehlt und die Leistung ihren Grund somit nicht in der schuldrechtlichen Beziehung, sondern in privaten Motiven der Vertragsparteien hat, so liegt hierein ein Verstoß gegen den Grundsatz der Gesetzmäßigkeit.

(6) Auch der aus Art. 3 Abs. 1 GG folgende Grundsatz der *Gleichmäßigkeit der Besteuerung* rechtfertigt als kollidierendes Verfassungsrecht den Eingriff in Art. 6 Abs. 1 GG. Damit durch steuervermeidende Sachverhaltsgestaltungen die rechtliche und tatsächliche gleichmäßige Belastung aller Steuerpflichtigen nicht

gefährdet wird, kann das Erfordernis der Missbrauchsvermeidung als legitimes Ziel zur Gewährleistung einer gleichmäßigen Besteuerung bei Vereinbarungen zwischen nahen Angehörigen zur Rechtfertigung der Anerkennungsvoraussetzungen herangezogen werden.

Maßstab für die Bestimmung der steuerlichen Gleichheit ist das Gesetz. Eine vom Gesetz nicht gedeckte Gewährung eines steuerlichen Vorteils ist mit dem Gebot der Gleichheit der Besteuerung unvereinbar. Die Anwendung der besonderen Anforderungen zur Verhinderung des Missbrauchs rechtlicher Gestaltungsmöglichkeiten wahrt den Grundsatz der *Gleichmäßigkeit der Besteuerung*.

(7) Der Eingriff in die grundrechtliche Freiheit des Art. 6 Abs. 1 GG bedarf aufgrund des Vorbehalts des Gesetzes einer gesetzlichen Grundlage. Der Gesetzgeber hat im Bereich der Nähe zwischen Angehörigen keine besonderen Grundlagen im Einkommensteuerrecht geschaffen. Verwaltung und Rechtsprechung prüfen daher, ob die Leistungen als Aufwendungen die steuerpflichtigen Einkünfte des Zuwendenden mindern können oder ob die Leistungen dem Empfänger als Einkünfte zuzurechnen sind.

(8) Die ebenfalls von der Verwaltung und der Rechtsprechung herangezogenen § 41 Abs. 2, § 42 AO sind nicht die Rechtsgrundlage für die besonderen Anerkennungsvoraussetzungen. Sie können nur bestimmen, ob die Vereinbarung generell bei der Besteuerung berücksichtigt werden kann. Es lässt sich mit ihnen jedoch keine Aussage darüber treffen, ob die aufgrund des Vertrages erbrachte Leistung dem steuerlich relevanten Bereich der Einkünfteerzielung oder der unbeachtlichen privaten Sphäre zuzuordnen ist. Sie sind neben den Anerkennungsvoraussetzungen anzuwenden.

(9) Die Anerkennungsvoraussetzungen sind im Wege der Rechtsanwendung zu gewinnen. Um einem Missbrauch durch Vertragsgestaltungen zwischen nahen Angehörigen entgegenzuwirken, dürfen auch Verwaltung und Rechtsprechung die gesetzlichen Tatbestände anwenden. Die Rechtsfolgenanordnungen der einkommensteuerrechtlichen Normen über die Zurechnung von Einkünften und den Abzug von Aufwendungen werden erst im Prozess der Ermittlung konkretisiert. Die Anerkennungsvoraussetzungen zu Vereinbarungen zwischen nahen Angehörigen sind „Hilfstatsachen“, die die Anwendungsvoraussetzungen dieser Normen ergänzen.

Viertes Kapitel: Die Formulierung und Anwendung der Anforderungen an Angehörigenverträge. Die Frage nach dem „Wie"

§ 11 Der Grundsatz der Verhältnismäßigkeit als zentraler Maßstab

A. Ausgangspunkt

Da die Frage, ob Verwaltung und Rechtsprechung besondere Anforderungen an Vereinbarungen zwischen nahen Angehörigen stellen dürfen, positiv beantwortet wurde, ist nunmehr danach zu fragen, in welcher Form sie dies können. Ausgangspunkt hierfür ist wiederum das verfassungsrechtliche Spannungsfeld zwischen dem Schutz von Ehe und Familie nach Art. 6 Abs. 1 GG einerseits und der Gewährleistung einer gesetzmäßigen (Art. 20 Abs. 3 GG) und gleichmäßigen Besteuerung aller Steuerpflichtigen nach Art. 3 Abs. 1 GG andererseits.

Ausgehend von diesen verfassungsrechtlichen Vorgaben ist daher danach zu fragen, wie die Verwaltung und die Rechtsprechung die besonderen Anforderungen an Vereinbarungen zwischen nahen Angehörigen formulieren und sodann auf den konkret zu entscheidenden Sachverhalt anwenden können.

Verwaltung und Rechtsprechung stehen hierbei vor der Aufgabe, diese verfassungsrechtlichen Wertentscheidungen gleichsam zur Wirkung zu bringen. Das Ziel der Missbrauchsvermeidung darf nicht einseitig zu Lasten der Steuerpflichtigen derart überbetont werden, dass die verfassungsrechtliche Wertentscheidung des Art. 6 Abs. 1 GG nicht mehr ausreichend berücksichtigt wird.

Die Lösung dieses Problems ergibt sich aus dem Verfassungsrecht selbst. Konflikte zwischen kollidierenden Verfassungsgütern, wie vorliegend zwischen dem Schutz von Ehe und Familie und einer gesetzmäßigen und gleichmäßigen Besteuerung, sind „nach Maßgabe der grundgesetzlichen Wertordnung und unter Berücksichtigung der Einheit dieses grundlegenden Wertsystems durch

Verfassungsauslegung zu lösen."[399] Die kollidierenden Positionen sind unter Berücksichtigung aller Umstände des Einzelfalls gegeneinander abzuwägen.[400]

„Spezifischer Ausgleichsregulator" hierfür ist der Grundsatz der Verhältnismäßigkeit.[401] Nach dem Prinzip des schonenden Ausgleichs[402] respektive der praktischen Konkordanz[403], sind die Wechselwirkungen zwischen den kollidierenden Verfassungsgütern zu erfassen und derart zu begrenzen,[404] dass „ein verhältnismäßiger Ausgleich der gegenläufigen, gleichermaßen verfassungsrechtlich geschützten Interessen mit dem Ziele ihrer Optimierung gefunden" wird.[405]

Aufgrund des verfassungsrechtlichen Grundsatzes der Verhältnismäßigkeit muss daher mit der die Anwendung der besonderen Anforderungen an Vereinbarungen zwischen nahen Angehörigen hervorgerufene Einschränkung des Art. 6 Abs. 1 GG besonderen Voraussetzungen standhalten. So müssen Verwaltung und Rechtsprechung mit der Anwendung der Grundsätze ein legitimes Ziel verfolgen, ihre Anwendung muss geeignet sein, dieses Ziel zu fördern, sie muss sich als erforderlich erweisen und schließlich muss die Anwendung der Anerkennungsvoraussetzungen in einem angemessenen Verhältnis zu dem Gewicht und der Bedeutung des Grundrechts stehen.

Der Grundsatz der Verhältnismäßigkeit erweist sich somit als der entscheidende Maßstab hinter den Maßstäben, den Verwaltung und Rechtsprechung bei der einkommensteuerrechtlichen Bewertung von Vereinbarungen im Familienverbund zu beachten haben.

Wie die Anwendung des Grundsatzes der Verhältnismäßigkeit als leitender Maßstab bei der zukünftigen Beurteilung von Vereinbarungen zwischen nahen Angehörigen einen notwendigen Beitrag zur Systematisierung und zur Bewertung neu zu entscheidender Fälle leisten kann, sprich sich konkret auf die hier interessierende Fragestellung auswirkt, soll im Folgenden näher erörtert werden.

B. Legitimes Ziel

Zunächst müssen Verwaltung und Rechtsprechung ein legitimes Ziel verfolgen, wenn sie die Angehörigenverträge an den besonderen Kriterien messen. Das

---

[399] BVerfGE 30, 173 (193).

[400] *Müller-Franken*, in: S-B/H/H, GG, Vorb. v. Art. 1, Rn. 58.

[401] *Stern*, in: ders., Staatsrecht III/2, S. 627 f.; *Müller-Franken*, in: S-B/H/H, GG, Vorb. v. Art. 1, Rn. 58.

[402] *Lerche*, Übermaß und Verfassungsrecht, S. 153.

[403] *Hesse*, Grundzüge des Verfassungsrechts, Rn. 72.

[404] *Müller-Franken*, in: S-B/H/H, GG, Vorb. v. Art. 1, Rn. 58.

[405] BVerfGE 81, 287 (292); 83, 130 (143).

legitime Ziel ist der maßgebliche Bezugspunkt für die Verhältnismäßigkeitsprüfung, so dass es genau bestimmt sein muss.[406] Erforderlich ist, dass der Staat den Zweck als solchen überhaupt verfolgen darf;[407] ob ein Zweck in concreto legitim ist, hängt dabei von dem Grundrecht ab, in das eingegriffen wurde.[408] Sodann muss dem verfolgten Ziel tatsächlich auch eine Gefährdung drohen.

I. Legitimität des Ziels

Das Ziel hinter den besonderen Anerkennungsvoraussetzungen ist es, der Gefahr des steuerlichen Missbrauchs zivilrechtlicher Gestaltungsmöglichkeiten durch Familienangehörige aufgrund des fehlenden Interessengegensatzes Rechnung zu tragen,[409] da nicht immer zweifelsfrei feststellbar ist, ob die Vermögenszuwendung betrieblich veranlasst ist oder ihren Grund in der familiären Beziehung hat.[410] Die besonderen Anforderungen verfolgen somit zum einen das Ziel, Missbräuche zu verhindern; zum anderen sollen sie den Finanzbehörden und den Finanzgerichten die Feststellung innerer Tatsachen erleichtern. Sie tragen somit einerseits dem Grundsatz der Gleichmäßigkeit der Besteuerung, andererseits dem Amtsermittlungsgrundsatz in §§ 88, 85 AO und in § 76 FGO Rechnung.[411]

Es gilt dabei zunächst festzuhalten, dass das Ziel der Missbrauchsvermeidung und somit auch die Wahrung des Grundsatzes der Gesetzmäßigkeit der Besteuerung sowie der Gleichmäßigkeit der Besteuerung für sich betrachtet jedenfalls „abstrakt" legitime Ziele darstellen, die der Gesetzgeber, die Verwaltung und die Rechtsprechung verfolgen dürfen.[412]

II. Gefährdung des Ziels

Voraussetzung für die Legitimität eines Ziels ist aber nicht bereits, dass dieses abstrakt zulässigerweise verfolgt werden darf. Vielmehr kann der Eingriff in ein Grundrecht nur dann als legitim anerkannt werden, wenn dieser auch wirklich dazu dient, eine Gefahr für das Ziel abzuwehren.[413] Nur dann, wenn Verwaltung und Rechtsprechung darauf abzielen, eine konkret fassbare Gefahr für die

---

[406] *Schulze-Fielitz*, in: Dreier, GG, Art. 20 (Rechtsstaat), Rn. 181.

[407] *Kingreen/Poscher*, Grundrechte, Rz. 297; *Michael/Morlok*, Grundrechte, Rn. 615.

[408] *Michael/Morlok*, Grundrechte Rn. 615.

[409] Für *Knobbe-Keuk*, StbJb. 1984/85, 81 (86), ist dies auch der einzige Grund, der die besonderen Nachweisanforderungen zu rechtfertigen vermag.

[410] Vgl. nur BVerfG BStBl II 1996, 34 (36).

[411] *Söhn*, in: K/S/M, EStG, § 4, Rdnr. E 853; *Drüen*, StuW 2008, 154 (158).

[412] BVerfG BStBl II 1996, 34 (36); *Koenig*, in: ders., AO, § 42, Rz. 7.

[413] Zum Erfordernis einer konkreten Gefährdung des legitimen Zwecks vgl. BVerfGE 90, 145 (181 f.); 124, 300 (332).

Gleichmäßigkeit und die Gesetzmäßigkeit der Besteuerung abzuwenden, verfolgen sie einen legitimen Zweck, wenn sie die steuerliche Anerkennung von Vereinbarungen im Familienverbund einschränken.[414]

Für den Schutz von materiellen Rechtsgütern ergibt sich hieraus eine Art Eingriffsschwelle für die Gefahrenabwehr: Gefahren, die lediglich von dem Abschluss einer derartigen Vereinbarung als solche ausgehen, sind zu abstrakt, als dass sie dazu berechtigten, diese staatlicherseits zu untersagen. Dieser Grenzziehung hat auch eine Prüfung anhand des Grundsatzes der Verhältnismäßigkeit zu folgen. Je konkreter und unmittelbarer die Grundsätze der Gleichmäßigkeit und der Gesetzmäßigkeit der Besteuerung durch eine derartige Vereinbarung gefährdet werden, desto geringer sind die Anforderungen an einen Eingriff; je vermittelter und entfernter die drohenden Rechtsgutverletzungen aber bleiben, desto höher sind die zu stellenden Anforderungen.[415]

Übertragen auf die hier interessierende Fragestellung, bedeuten diese Überlegungen konkret, dass überhaupt eine gewisse Missbrauchsanfälligkeit des zu überprüfenden Regelungsbereichs, sprich der Vereinbarung von zivilrechtlichen Verträgen im Familienverbund, bestehen muss, um von einer konkreten Gefährdung der gesetzmäßigen und gleichmäßigen Besteuerung ausgehen zu können. Nur wenn dies der Fall ist, ist es gerechtfertigt, besondere Anforderungen an Vereinbarungen zwischen nahen Angehörigen zu stellen. Andernfalls entfällt das Bedürfnis nach Missbrauchsabwehr.[416]

Um aber feststellen zu können, ob eine zwischen nahen Angehörigen gewählte Gestaltung missbrauchsanfällig ist oder nicht, ist eine Würdigung aller Umstände der konkret zu beurteilenden Vertragsbeziehung erforderlich. Es verbietet sich nämlich ein prinzipielles Misstrauen gegenüber Familienverträgen im Sinne von tatsächlichen oder rechtlichen Vermutungen.[417] Daher gilt bei Personen, die eine größere „persönliche" Unabhängigkeit voneinander besitzen, dass aus mehreren Indizien eigens aufgewiesen werden muss, warum hier von Gefahren eines Vertrages unter nahen Angehörigen auszugehen ist. Maßgeblich zu berücksichtigen ist in diesen Fällen, ob ein den „Gleichklang wirtschaftlicher Interessen indizierendes, den Einzelfall bestimmendes Näheverhältnis" angenommen werden kann.[418] Es müssen demnach besonders schwerwiegende

---

[414] Zum Gedanken der Eingriffsschwelle vgl. BVerfGE 124, 300 (333), auch zum Folgenden.

[415] BVerfGE 124, 300 (333).

[416] *Gabel*, Missbrauchsnormen im Steuerrecht, S. 141.

[417] *Wacke*, Beweislast, S. 28 ff.; *Görlich*, Vertragsgestaltungen, S. 45 ff., 130 ff.; *Ruppe*, in: Handbuch der Familienverträge, S. 101 (108 ff.); *Jüptner/Riegel*, FR 1983, 417 (422); *Beul/Beul*, DStR 1985, 13 (14); *Schön*, in: FS Klein, S. 467 (489); kritisch auch *Wolff-Diepenbrock*, in: Littmann, EStG, §§ 4, 5, RdNr. 1870.

[418] BFH/NV 2003, 617 (617); BFH/NV 2010, 887 (887); BFH/NV 2012, 1308 (1308); BFH/NV 2013, 1067 (1069); BStBl II 2014, 527 (529); Gemeinhardt, BB 2012, 739 (739).

und vor allem wirtschaftliche Anhaltspunkte dafür vorliegen, dass die vertraglich vereinbarten Leistungen tatsächlich nicht erbracht werden.

In Bezug auf Vereinbarungen zwischen nahen Angehörigen begründet die Rechtsprechung das Erfordernis der besonderen Nachweisanforderungen damit, dass bei gegenseitigen Verträgen die zivilrechtlichen Vereinbarungen grundsätzlich auch für Zwecke der Besteuerung maßgebend seien. Denn der natürliche Interessengegensatz der Vertragspartner begründe im Allgemeinen die Vermutung, dass Ausgaben, die auf einem gegenseitigen Vertrag beruhen, auch i.S.d. § 4 Abs. 4 EStG durch den Betrieb veranlasst sind. Fehle es dagegen an einem solchen Interessengegensatz, bedürfe es einer Überprüfung, ob die Zahlungen wirtschaftlich auf dem schuldrechtlich Vereinbarten beruhen oder aus sonstigen Rechtsgründen erbracht würden.[419] Bei Vereinbarungen zwischen nahen Angehörigen sei es jedenfalls denkbar, dass die Leistung neben der betrieblichen Veranlassung auch durch private Zuwendungs- oder Unterhaltsüberlegungen motiviert ist.[420]

Dieser Ansatzpunkt überzeugt. Gerade Beziehungen zwischen Ehegatten oder Eltern und Kindern sind regelmäßig durch güterrechtliche, unterhaltsrechtliche, erbrechtliche und steuerrechtliche Regeln geprägt. Diese können, wie *Osterloh* bereits deutlich dargelegt hat, „spezifische objektive wirtschaftliche Interessen der Beteiligten an bestimmten Vermögensdispositionen und deren steuerrechtlicher Bewertung begründen", so dass ein grundlegender Unterschied zu der Interessenlage zwischen untereinander fremden Vertragsparteien besteht.[421]

Vereinbarungen zwischen nahen Angehörigen können demnach nicht zwingend die gleiche „Richtigkeitsgewähr" zugesprochen werden, wie Vereinbarungen zwischen fremden Dritten. Für Vereinbarungen, an denen fremde Vertragsparteien beteiligt sind, streitet vielmehr die Vermutung, dass solche Gestaltungen „Instrumente rationalen ökonomischen Handelns der jeweils auf den eigenen Nutzen bedachten Beteiligten" sind.[422] Bei Vereinbarungen zwischen nahen Angehörigen lässt sich ein ökonomisch rationales Handeln aber auch dann erklären, wenn sie nicht betrieblich, sondern privat veranlasst sind. Dies ergibt sich aus den objektiven wirtschaftlichen

---

419 BFH BStBl II 2001, 299 (301); BFH/NV 2003, 318, (319); BStBl II 2009, 798 (801); BFH/NV 2015, 1572 (1574); BFH/NV 2017, 451 (453); BFH, DStR 2017, 2164 (2166); FG Saarland, EFG 2003, 1430 (1431); FG Bremen, DStRE 2016, 964 (966); FG Nds., EFG 2017, 482 (483).

420 Vgl. nur BFH BStBl II 2013, 1015 (1017); BStBl II 2014, 374 (377).

421 *Osterloh*, Gesetzesbindung, S. 387 f.

422 *Osterloh*, Gesetzesbindung, S. 389 auch zum Folgenden; kritisch *Beinert*, DStJG 1, S. 141 (143); *Dornbach*, FR 1979, 417 (423).

Interessen der Familienangehörigen, die durch ihre erbrechtliche, güterrechtliche oder steuerrechtliche Stellung begründet wird.

Jedoch ist hier sodann durchaus von entscheidender Bedeutung, ob die Vertragspartner minderjährig oder volljährig sind oder aber inwiefern sie tatsächlich wirtschaftlich unabhängig voneinander sind,[423] wie die Rechtsprechung es selbst schon in verschiedenen Urteilen betont hat.[424] Derartige tatsächliche Momente sind Anhaltspunkte für oder gegen einen fehlenden Interessengegensatz und somit für das Vorliegen einer konkreten Gefahr für eine gesetzmäßige und gleichmäßige Besteuerung.

C. Geeignetheit

Steht fest, dass Verwaltung und Rechtsprechung mit der Anwendung der besonderen Anforderungen an Vereinbarungen zwischen nahen Angehörigen ein legitimes Ziel verfolgen, wenn sie eine konkrete Gefährdung des Grundsatzes der Gleichmäßigkeit und der Gesetzmäßigkeit der Besteuerung unterbinden, so ergibt sich aus dem Erfordernis der Geeignetheit, dass sie nur solche Kriterien zum Nachweis der Ernsthaftigkeit der Vereinbarung formulieren und anwenden dürfen, die tauglich sind das verfolgte Ziel zu erreichen. Dies ist jedenfalls dann der Fall, wenn sie zur Erreichung des Zwecks objektiv beitragen können.[425]

Gefordert ist jedoch keine optimale Eignung der Maßnahme. An der Eignung einer Maßnahme fehlt es nur, wenn die Zweckerreichung überhaupt nicht gefördert wird.[426] Gegen die Geeignetheit einzelner Kriterien zur Überprüfung von Vereinbarungen zwischen nahen Angehörigen, namentlich das Kriterium des Fremdvergleichs und das Kriterium der zivilrechtlichen Wirksamkeit, werden seitens der steuerrechtlichen Literatur Bedenken vorgebracht.

I. Geeignetheit des Kriteriums des Fremdvergleichs

So wird in der Literatur[427] vertreten, dass das Kriterium des Fremdvergleichs nicht geeignet sei, Aufschluss darüber zu geben, ob die Leistung auf vertraglicher Grundlage erbracht wurde. Die Parteien würden nur zu denjenigen Punkten Regelungen treffen, die ihnen auch regelungsbedürftig erscheinen, weshalb ein

---

[423] Vgl. *Osterloh*, Gesetzesbindung, S. 388.

[424] Vgl. Zweites Kapitel § 4 B. I. 3. c).

[425] *Vogel* in: DWVM, Gefahrenabwehr, S. 420; *Stern*, Staatsrecht III/2, S. 776.

[426] *Vogel*, in: DWVM, Gefahrenabwehr, S. 421; *Stern*, Staatsrecht III/2, S. 776; *Michael/Morlok*, Grundrechte, Rn. 619; *Jarass*, in: Jarass/Pieroth, GG, Art. 20, Rn. 118; *Schulze-Fielitz*, in: Dreier, GG, Art. 20 (Rechtsstaat), Rn. 182.

[427] *Rehn*, Verträge zwischen nahen Angehörigen, S. 192 f.

konkreter Vergleich mit dem bei Vereinbarungen zwischen fremden Dritten Üblichen von vornherein ausgeschlossen erscheine.

Aus diesem Argument kann jedoch nicht ohne Weiteres darauf geschlossen werden, dass das Kriterium des Fremdvergleichs nicht geeignet ist, das von der Verwaltung und der Rechtsprechung verfolgte Ziel der Gewährleistung einer gesetzmäßigen und gleichmäßigen Besteuerung zu fördern. Vielmehr ist das Gegenteil der Fall. Oftmals wird sich gerade erst durch Anwendung des Fremdvergleichskriteriums der Zusammenhang mit der Erwerbssphäre zuverlässig nachweisen lassen.[428]

Es ist in der Tat Ausfluss der Privatautonomie, dass die Vertragsparteien nur solche Regelungen in ihrer Vereinbarung treffen, die ihnen auch wirklich regelungsbedürftig erscheinen. Enthält ein Vertrag nun aber zum Beispiel eine Regelung, nach der eine Besicherung des Darlehens für nicht erforderlich gehalten wird oder nach der die Zahlung der Nebenkosten nicht im Voraus, sondern einmal jährlich für das gesamte Jahr erfolgen soll, so müssen Verwaltung und Rechtsprechung aus diesen und den übrigen Umständen des Vertrages auf die Ernsthaftigkeit der Vereinbarung schließen können, wenn es zwischen den Parteien an einem Interessengegensatz fehlt.

Es muss für sie mit der notwendigen Überzeugung feststehen, dass sich die Vertragsparteien wirtschaftlich auch tatsächlich wie Darlehensgeber und Darlehensnehmer oder aber Vermieter und Mieter verhalten und die Vereinbarung somit betrieblich veranlasst ist. Aus dem Vergleich mit dem, was unter Fremden üblich ist, können Verwaltung und Rechtsprechung daher durchaus beurteilen, ob die Vereinbarung ihren Ursprung nicht doch in der privaten Sphäre hat.

Bezogen auf das oben gebildete Beispiel der einmaligen Zahlung der Nebenkosten, kommt man aufgrund eines Fremdvergleichs aber sehr wohl zu dem Ergebnis, dass ein wirtschaftlich denkender fremder Vermieter keineswegs eine Vereinbarung eingehen wird, bei der die Nebenkosten ohne Vorauszahlungen nur einmal jährlich abgerechnet werden. Mietzahlungen über Wohnraum und Nebenkostenvorauszahlungen werden regelmäßig und üblicherweise monatlich im Voraus geleistet, da der Vermieter sich so eine Vorfinanzierung entsprechender Aufwendungen ersparen kann.[429]

Insofern ist der Fremdvergleich durchaus geeignet nachzuweisen, ob die Vereinbarung in Zusammenhang mit der Erwerbssphäre steht. Eine andere Frage ist hingegen, wie man dieses Kriterium im Einzelfall formuliert und

---

[428] So zutreffend *Söhn*, in: K/S/M, EStG, § 4, Rdnr. E 856.

[429] BFH BStBl II 2017, 273 (275 f.).

anwendet. Dies dürfte aber mehr eine Frage der Erforderlichkeit als der Geeignetheit sein.[430]

II. Geeignetheit des Kriteriums der zivilrechtlichen Wirksamkeit

Gerade das Kriterium der zivilrechtlichen Wirksamkeit ist in der Literatur ausführlich diskutiert worden.[431] Gegen die Anwendung dieses Merkmals zur Beurteilung von Vereinbarungen zwischen nahen Angehörigen wird insbesondere § 41 Abs. 1 S. 1 AO angeführt. Nach dessen Wortlaut kommt es auf die zivilrechtliche Wirksamkeit der Vereinbarung nicht an.

Aus diesem Wortlautargument und aus der Maxime des Steuerrechts, die Steigerung der Leistungsfähigkeit des Steuerpflichtigen erfassen zu wollen, wird nun gefolgert, dass es nur auf die tatsächlich erfolgten Vermögensvorgänge ankomme, nicht dagegen, ob dies auf einer zivilrechtlich wirksamen Vereinbarung beruht.[432] § 41 Abs. 1 S. 1 AO lasse es daher genügen, dass das wirtschaftliche Ergebnis eingetreten sei.[433] Zudem spreche gerade die genaue Beachtung der zivilrechtlichen Formerfordernisse eher für ein Scheingeschäft.[434]

Im Hinblick auf diese Argumente sind daher Zweifel an der Geeignetheit der Anwendung des Kriteriums der zivilrechtlichen Wirksamkeit zur Gewährleistung einer gesetzmäßigen und gleichmäßigen Besteuerung durchaus angebracht; der Schluss, dass das Kriterium der zivilrechtlichen Wirksamkeit schon gar kein Indiz dafür sein könne, ob die Vereinbarung ernsthaft gewollt sei, kann hieraus aber nicht gezogen werden.[435]

Schon *Ruppe* hat in seinem Vortrag zur Frage der Einkünfteverlagerung zwischen nahen Angehörigen der zivilrechtlichen Wirksamkeit zumindest eine Indizwirkung beigemessen und ausgeführt, dass es durchaus Fälle geben kann, „in denen bestimmte materielle Konsequenzen, die für die Besteuerung maßgebend sind, nicht eintreten. Dass auch in diesem Fall in Wahrheit die materielle Konsequenz der Formerfüllung und nicht diese selbst es ist, die

---

[430] Vgl. unten Viertes Kapitel § 11 D.

[431] *Rönitz*, FR 1977, 512 ff.; *Kruse*, JbFStR 1977/78, 82 ff.; *Beul/Beul*, DStR 1985, 13 ff.; *Görlich*, Vertragsgestaltungen, S. 112 ff.; *Jüptner/Riegel*, FR 1983, 417 ff.; *Meyer-Arndt*, StbJb. 1987/88, 167 ff.; *Tiedtke/Möllmann*, DStR 2007, 1940 ff.; *Rehn*, Verträge zwischen nahen Angehörigen, S. 180 ff.

[432] *Kruse*, JbFStR 1977/78, 82 (92); *Meyer-Arndt*, StbJb. 1987/88, 167 (176); *Rehn*, Verträge zwischen nahen Angehörigen, S. 179.

[433] *Tiedtke/Möllmann*, DStR 2007, 1940 (1945).

[434] Zu diesem Argument bereits *Rönitz*, FR 1977, 512 (514); *Kruse*, JbFStR 1977/78, 82 (88); *Beul/Beul*, DStR 1985, 13 (16); *Jüptner/Riegel*, FR 1983, 417 (423); *Rehn*, Verträge zwischen nahen Angehörigen, S. 180.

[435] So aber *Tiedtke/Möllmann*, DStR 2007, 1940 (1945); *Rehn*, Verträge zwischen nahen Angehörigen, S. 182.

besteuerungsrelevant wird, liegt freilich auf der Hand. – Auf der anderen Seite kann die Einhaltung von Formvorschriften im Einzelfall ein Indiz hinsichtlich der tatsächlichen Durchführung der Vereinbarung abgeben."[436]

Dass diese Überlegungen Ruppes überzeugend sind, wird deutlich, wenn man in die Beurteilung von Vereinbarungen zwischen nahen Angehörigen den Aspekt des Minderjährigenschutzes mit einbezieht. Gerade bei Verträgen mit Minderjährigen spielt das Kriterium der zivilrechtlichen Wirksamkeit, wie bereits erwähnt,[437] eine erhebliche Rolle.

Beispiel:

V nimmt seine minderjährige Tochter T mit notariell beurkundetem Schenkungs- und Gesellschaftsvertrag als Kommanditistin in sein Einzelunternehmen auf. In dem Gesellschaftsvertrag wird ein umfangreiches Wettbewerbsverbot vereinbart, das eine Zuwiderhandlung der T unter Strafe stellt. Ein Ergänzungspfleger wird nicht bestellt.

Damit V und T Einkünfte aus Gewerbebetrieb zugerechnet werden können, müssen sie als Mitunternehmer i.S.v. § 15 Abs. 1 S. 1 Nr. 2 EStG anzusehen sein. Voraussetzung hierfür ist, neben der Entfaltung von Mitunternehmerinitiative und dem Tragen von Mitunternehmerrisiko,[438] das Bestehen eines zivilrechtlichen Gesellschaftsverhältnisses.[439] Die Vereinbarung des Wettbewerbsverbots ist für die minderjährige T aber nicht lediglich rechtlich vorteilhaft, so dass es gemäß § 1909 Abs. 1 S. 1 BGB der Einwilligung durch einen vom Gereicht bestellten Ergänzungspfleger bedurft hätte[440] und ein zivilrechtlich wirksames Gesellschaftsverhältnis schon nicht besteht.

Ist die KG im vorliegenden Fall jedoch bereits in Vollzug gesetzt worden, so könnte man durchaus darüber nachdenken, ob in diesem Fall nicht die Grundsätze der Lehre von der fehlerhaften Gesellschaft eingreifen könnten, da die Vertragsbeteiligten das wirtschaftliche Ergebnis gleichwohl eintreten lassen wollen.

Nach der Lehre von der fehlerhaften Gesellschaft wäre die in Vollzug gesetzte KG, deren Gesellschaftsvertrag mangels Vertretung vorliegend unwirksam wäre, nicht von Anfang an als nicht existent anzusehen. Die

---

[436] *Ruppe*, DStJG 1, S. 7 (12). Dieser Auffassung hat sich die überwiegende Meinung in der Literatur angeschlossen, vgl. *Fenyves*, in: Handbuch der Familienverträge, S. 59 (61); *Schön*, in: FS Klein, S. 467 (490); *Seeger*, DStR 1998, 1339 (1343); *Birk/Desens/Tappe*, Steuerrecht, Rn. 339; *Bender*, Grundlagen und Kriterien, S. 163; *Hey*, in: Tipke/Lang, Steuerrecht, § 8, Rz. 164.

[437] Vgl. Zweites Kapitel § 4 B. III. 2. b).

[438] St. Rspr. seit BFH BStBl II 1984, 751 (769).

[439] *Birk/Desens/Tappe*, Steuerrecht, Rn. 1112.

[440] BFH/NV 2016, 1559 (1561 f.), auch zum Folgenden.

Gesellschaft wird vielmehr zum Zwecke der Wahrung von Belangen der Gesellschafter und des Rechtsverkehrs als grundsätzlich wirksam behandelt.[441] Im Steuerrecht ergibt sich dies schon aus § 41 Abs. 1 AO.[442]

Die Grundsätze über die fehlerhafte Gesellschaft gelten aber nach der bisherigen zivilrechtlichen Rechtsprechung und herrschenden Lehre nicht für die Fälle, in denen geschäftsunfähige oder beschränkt geschäftsfähige Gesellschafter an der Personengesellschaft beteiligt sind, da deren Schutz dem Schutz des Rechtsverkehrs vorgeht.[443] Eine fehlerhafte Gesellschaft wird danach nicht anerkannt, soweit ein Gesellschafter geschäftsunfähig ist oder die elterliche oder familiengerichtliche Genehmigung fehlt.

Der Minderjährige nimmt insoweit an den Verlusten der Gesellschaft nicht teil. Dann kann er aber auch nicht an den Gewinnen teilhaben oder sonstige Rechte als Gesellschafter besitzen – eine Aufspaltung in Vor- und Nachteile ist nämlich weder gerecht noch konsequent durchführbar.[444] Der Minderjährigen kann in diesem Fall nicht als Gesellschafter besteuert werden. Es ist nicht möglich, dass das durch die Vereinbarung angestrebte wirtschaftliche Ergebnis eintreten kann.[445]

In diesen Fällen ist das Kriterium der zivilrechtlichen Wirksamkeit als Beweisanzeichen daher durchaus geeignet um festzustellen, ob die Vereinbarung ernsthaft gewollt ist.

Eine andere Frage ist jedoch auch hier, wie Verwaltung und Rechtsprechung die Anforderung formulieren und anwenden können. Nach der neueren Rechtsprechung ist bei der Beurteilung von Vereinbarungen zwischen nahen Angehörigen vorrangig zu würdigen, ob die Vertragsparteien die Vereinbarung tatsächlich wie vereinbart durchgeführt und zeitnah auf die Bestellung eines Ergänzungspflegers hingewirkt haben.[446] Dem Kriterium der zivilrechtlichen Wirksamkeit komme jedoch dann verstärkte Indizwirkung zu, wenn den Vertragsparteien der Nichtbeachtung der Formerfordernisse angelastet werden kann.[447]

---

441 *Wertenbruch*, in: E/B/J/S; HGB, § 105, Rn. 246; *Roth*, in: Baumbach/Hopt, HGB, §°105, Rn. 75.

442 Vgl. *Klein*, AO, § 41, Rn. 1: „alle Fallgruppen fehlerhafter Rechtsgeschäfte".

443 BGH, NJW 1992, 1503 (1504); *Westermann*, in: Handbuch Personengesellschaft Teil I, § 8, Rn. 216; *Roth*, in: Baumbach/Hopt, HGB § 105, Rn. 84; *Blaurock*, in: Handbuch stille Gesellschaft, Rn. 11.24; a.A. *Wertenbruch*, in: E/B/J/S; HGB, § 105, Rn. 257.

444 *Roth*, in: Baumbach/Hopt, HGB § 105, Rn. 84.

445 BFH BStBl II 1973, 307 (308); zustimmend *Meßmer*, StbJb. 1979/80, 163 (246); *Danzer*, Steuerumgehung, S. 153; a.A. *Meyer-Koppitz*, DStZ 1996, 265 (269).

446 BFH BStBl II 2007, 294 (296).

447 Vgl. oben Zweites Kapitel § 4 B. III. 2.

Gegen diese Anwendung des Kriteriums der zivilrechtlichen Wirksamkeit wird nunmehr aber vorgebracht, dass gerade das Abstellen auf die verstärkte Indizwirkung bei Anlastbarkeit der Nichtbeachtung der Formerfordernisse[448] deutlich mache, dass die zivilrechtliche Unwirksamkeit zum entscheidenden Faktor der Anerkennung werde.[449] Zudem bürde die Anlastbarkeit bei angeblich klarer Zivilrechtslage dem Durchschnittssteuerpflichtigen ein nicht zu beherrschendes Risiko auf.[450]

Diese Kritik zielt jedoch ebenfalls mehr auf die Frage der Erforderlichkeit ab und kann daher keine grundsätzlichen Zweifel an der Geeignetheit der Anwendung dieses Kriteriums wecken. Das Kriterium der zivilrechtlichen Wirksamkeit ist in seiner Funktion als Beweisanzeichen ein Hilfsmittel der Würdigung des Sachverhaltes. Mit ihm kann festgestellt werden, ob die Vereinbarung ernsthaft getroffen wurde, sprich betrieblich veranlasst ist oder eben nicht. Als ein solches Hilfsmittel ist dieses Kriterium aber durchaus geeignet, den von der Verwaltung und der Rechtsprechung verfolgten Zweck einer gesetzmäßigen und gleichmäßigen Besteuerung zu fördern.

D. Erforderlichkeit

Wie sich in den vorherigen Ausführungen bereits angedeutet hat, liegt der Schwerpunkt in der Beantwortung der Frage, wie Verwaltung und Rechtsprechung die besonderen Anforderungen formulieren und anwenden können. Die Auflösung des verfassungsrechtlichen Spannungsverhältnisses zwischen dem Schutz von Ehe und Familie und der Gewährleistung einer gesetzmäßigen und gleichmäßigen Besteuerung liegt somit im Grundsatz der Erforderlichkeit.

Als „Kern des Übermaßverbotes“[451] verlangt dieser Grundsatz, dass Eingriffe in grundrechtlich geschützte Positionen möglichst schonend vorgenommen werden. Es darf kein milderes, die Grundrechte weniger intensiv beschränkendes Mittel geben, dass das Ziel der staatlichen Maßnahme ebenso effektiv erreicht.[452] Das mildere Mittel muss sich aber als eindeutig gleichwertige

[448] Vgl. oben Zweites Kapitel § 4 B. III. 2.

[449] *Tiedtke/Möllmann*, DStR 2007, 1940 (1945); *Rehn*, Verträge zwischen nahen Angehörigen, S. 183.

[450] *Juchem*, Angehörigengeschäfte, S. 72.

[451] *Ossenbühl*, Jura 1997, 617 (618); *Schulze-Fielitz*, in: Dreier, GG, Art. 20 (Rechtsstaat), Rn. 183.

[452] BVerfGE 17, 269 (279 f.); 19, 342 (351 ff.); 53, 135 (145 ff.); 67, 157 (177); 90, 145 (172 f.); 118, 168 (194 f.); 120, 274 (321); 126, 112 (144 f.); 135, 90 (118).

Alternative erweisen, d.h. die weniger intensive Belastung des Regelungsadressaten muss das Ziel evident mit gleicher Wirksamkeit erreichen können.[453]

I. Bedeutung für die Formulierung von Anforderungen

Aus dem Grundsatz der Erforderlichkeit folgt für die hier zu untersuchende Fragestellung zunächst, dass Verwaltung und Rechtsprechung bei der Formulierung der Anforderungen an die Anerkennung von Vereinbarungen zwischen nahen Angehörigen Schranken gezogen sind. Dies ist die unmittelbare Folge der „Oder-Konto"-Beschlüsse des Bundesverfassungsgerichts.

In diesen hat es zunächst einmal zu Gunsten der bisherigen Praxis von Verwaltung und Rechtsprechung entschieden, dass diese, um der Gefahr des Missbrauchs rechtlicher Gestaltungsmöglichkeiten vorbeugen zu können, an den Beweis des Abschlusses und der Ernstlichkeit der Vereinbarung strenge Anforderungen stellen dürfen.[454] Damit die Vermögenszuwendung der steuerlich beachtlichen betrieblichen/beruflichen oder aber der steuerlich unbeachtlichen privaten Sphäre zugeordnet und die Schwierigkeiten der Feststellung innerer Tatsachen überwunden werden können, dürfen Verwaltung und Rechtsprechung auch äußerlich erkennbare Merkmale als Beweisanzeichen heranziehen.

Die Einschränkung durch das Bundesverfassungsgericht für die Formulierung der Anforderungen erfolgte aber dahingehend, dass ein einzelnes Indizmerkmal schon dann nicht mehr mit ausschlaggebender Bedeutung herangezogen werden darf, wenn ein Sachverhalt nicht beweisbedürftig ist, sondern schon aus anderen Quellen mit hinreichender Sicherheit festgestellt werden kann. Ein nachteiliges Indiz darf nicht mehr zu einem Tatbestandsmerkmal verselbständigt werden.

Verwaltung und Rechtsprechung dürfen die Anforderungen daher zum Beispiel nicht mehr dahingehend formulieren, dass es für die Ernsthaftigkeit eines Darlehensvertrages allein auf die Vereinbarung einer Besicherung ankommt, wenn die betriebliche Veranlassung schon anderweitig festgestellt wurde. Eine solche Formulierung der Anerkennungsvoraussetzungen würde den Grundsatz des geringstmöglichen Eingriffs als wesentliches Teilelement des Grundsatzes der Verhältnismäßigkeit missachten.

Das Bundesverfassungsgericht hat insofern die Praxis, die bereits ein einzelnes Merkmal ausreichen ließ, um der Vereinbarung die Anerkennung zu

---

[453] *Schulze-Fielitz*, in: Dreier, GG, Art. 20 (Rechtsstaat), Rn. 183; *Jarass*, in: Jarass/Pieroth, GG, Art. 20, Rn. 119; *Grzeszick*, in: Maunz/Dürig, GG, Art. 20, Rz. 114; *Michael/Morlok*, Grundrechte, Rn. 622.

[454] BVerfG BStBl II 1996, 34 (36), auch zum Folgenden.

versagen, korrigiert und folgerichtig am Zweck der Aufstellung der besonderen Anforderungen ausgerichtet. Geht es nämlich in vielen Fällen darum, die Feststellung innerer Tatsachen zu erleichtern, so bewegen sich Verwaltung und Rechtsprechung im Bereich der Sachverhaltsfeststellung und Beweiswürdigung.[455] Dies erfordert es, Tatfrage und Rechtsfrage strikt auseinander zu halten.[456] Daher können die Kriterien, wenn sie ihrem Zweck nach der Feststellung der inneren Tatsachen der vertragsschließenden Angehörigen dienen sollen, eben nur Indizien und keine Tatbestandsmerkmale sein. Einzig dies entspricht einer folgerichtigen Umsetzung am Ziel der Anerkennungsvoraussetzungen. Den verfahrensrechtlichen Grundsätzen über die Sachaufklärung kann nicht dadurch entsprochen werden, dass unwiderlegbare Beweisvermutungen aufgestellt werden.[457] Vielmehr entspricht es einer verhältnismäßigen Missbrauchsabwehr, wenn trotz des Vorliegens der tatbestandlichen Voraussetzungen der Gegenbeweis zulässig ist.[458]

Die Anwendung einzelner Indizmerkmale ist demnach nur dann erforderlich, wenn nicht schon anderweitig feststeht, dass die Vereinbarung betrieblich veranlasst ist. Gleichwohl muss auch hier für den Steuerpflichtigen die Möglichkeit bestehen, dieses Beweisanzeichen mittels eines Gegenbeweises zu widerlegen.

Die jüngere Rechtsprechung des Bundesfinanzhofes ist jedenfalls bemüht, diese Vorgaben umzusetzen. So formuliert der Bundesfinanzhof zum Beispiel, dass es zwar weiterhin ein Erfordernis für die Anerkennung der Vereinbarung zwischen nahen Angehörigen sei, dass die Hauptpflichten klar und eindeutig vereinbart sowie entsprechend dem Vereinbarten durchgeführt werden müssen.[459] Jedoch schließe nicht mehr jede geringfügige Abweichung einzelner Sachverhaltsmerkmale vom Üblichen die steuerrechtliche Anerkennung des Vertragsverhältnisses aus. Vielmehr sind die einzelnen Kriterien im Rahmen der gebotenen Gesamtbetrachtung unter dem Gesichtspunkt zu würdigen, ob sie den Rückschluss auf eine privat veranlasste Vereinbarung zulassen.

---

455 *Rosenberg/Schwab/Gottwald*, Zivilprozessrecht, § 111, Rz. 3; *Ratschow*, in: Gräber, FGO, § 96, Rn. 3 *Hansen*, JuS 1992, 327 (329 f.); *Völlmeke*, DStR 1996, 1070 (1074); *Spindler*, StbJb. 2002/03, S. 61 (61 f.); *Anzinger*, Anscheinsbeweis, S. 160 ff., 231 ff.

456 Zu diesem Anliegen der Rechtsprechung vgl. nochmals *Pezzer*, StbJb 1996/97, S. 25 (27); *ders.*, DStZ 2002, 850 (852); *Anzinger*, Anscheinsbeweis, S. 157; ebenso *Fischer*, in: Handbuch der Personengesellschaften Teil II, § 10, Rn. 1321.

457 BFH BStBl II 2001, 393 (395); *Ruppe*, DStJG 3, S. 103 (134); *Eckhoff*, Rechtsanwendungsgleichheit, S. 115.

458 *Drüen*, StuW 2008, 3 (13); *Hey*, StuW 2008, 167 (176).

459 BFH BStBl II 2000, 386 (388); BStBl II 2013, 1015 (1018); BStBl II 2014, 374 (377); BFH/NV 2014, 1949 (1951); BFH/NV 2016, 1559 (1560), auch zum Folgenden.

Die Rechtsprechung wendet in diesem Fall das mildere Mittel an, wenn sie die Vereinbarung anerkennt, obwohl geringfügig vom Üblichen abgewichen wird. Auf diese Weise berücksichtigt sie bei der Würdigung des konkreten Falles auch die Vertragsgestaltungsfreiheit der Parteien. Geringfügige Abweichungen werden akzeptiert, zumal diese auch bei Vereinbarungen zwischen fremden Dritten oftmals vorkommen. Die praktizierte Vertragsfreiheit ist hier nämlich die Regel.[460]

Dem Grundsatz der Erforderlichkeit entspricht es zudem, dass die Rechtsprechung dem Kriterium der zivilrechtlichen Wirksamkeit lediglich dann eine verstärkte Indizwirkung beimisst, wenn den Vertragsparteien angelastet werden kann, dass sie die zivilrechtlichen Formerfordernisse nicht beachtet haben.[461] Zudem würdigen Rechtsprechung und Verwaltung indiziell zu gleich aber auch, dass die Vereinbarung tatsächlich durchgeführt wird und die Parteien nach Erkennen der Unwirksamkeit zeitnah auf die Wirksamkeit hingewirkt haben.[462] Auch hier stuft die Rechtsprechung erkennbar ab und schließt nicht sofort vom Fehlen eines Formerfordernisses auf die mangelnde Ernsthaftigkeit der Vereinbarung.

Als weiteres Beispiel für eine verhältnismäßige Formulierung der Rechtsprechungsgrundsätze lässt sich nunmehr insbesondere anführen, dass die Rechtsprechung für einige Fallgruppen strengere Anforderungen formuliert, als für andere. Ebenso wie bei der Beurteilung von Darlehensverträgen ist bei Arbeitsverträgen zwischen nahen Angehörigen die Intensität der erforderlichen Prüfung der Fremdüblichkeit der Vertragsbedingungen vom Anlass des Vertragsschlusses abhängig.[463] Hätte der Steuerpflichtige im Falle der Nichtbeschäftigung seines Angehörigen einen fremden Dritten einstellen müssen, sei der Fremdvergleich weniger strikt durchzuführen als wenn der Angehörige für solche Tätigkeiten eingestellt wird, die üblicherweise vom Steuerpflichtigen selbst oder unentgeltlich von Familienangehörigen erledigt werden.

Auch bei anderen Vertragsarten lassen sich derartige Unterscheidungen zwischen verschieden Gestaltungsformen finden. So wurde ein Mietvertrag als nicht fremdüblich eingestuft, weil die Mutter, als Mieterin ihres Sohnes, diesem zuvor einen Geldbetrag geschenkt hat und die Schenkung jährlich widerrufen werden kann.[464] Ein fremder Mieter, so die Auffassung des Bundesfinanzhofs, hätte sich auf ein derartiges Vertragsgeflecht nicht eingelassen. Zudem werde

---

460 *Westerfelhaus*, DB 1997, 2033 (2038).

461 BFH/NV 2009, 1427 (1429); BStBl II 2011, 20 (21); BStBl II 2011, 24 (25); BFH/NV 2016, 1559 (1561).

462 BFH BStBl II 2007, 294 (296).

463 BFH BStBl II 2013, 1015 (1018), auch zum Folgenden.

464 BFH/NV 2017, 216 (216 f.), auch zum Folgenden.

eine derartige Kombination aus Mietvertrag und Schenkungsversprechen allenfalls zwischen Angehörigen vereinbart und umgesetzt, so dass dies ein den Gleichklang wirtschaftlicher Interessen indizierendes Näheverhältnis zum Ausdruck bringt und die private Veranlassung der gewählten Vertragsgestaltung dokumentiert.

Hingegen wird eine Vereinbarung weniger streng behandelt, wenn es sich um ein Dauerschuldverhältnis handelt. Existieren hier unklare Vereinbarungen zwischen den Parteien, so kann für deren Auslegung die spätere tatsächliche Übung der Parteien herangezogen werden.[465] Zudem verliert das zwischen fremden Dritten übliche Vertragsgebaren für die Indizienwürdigung an Gewicht, wenn ein Steuerpflichtiger sowohl an einen fremden Dritten als auch an einen Angehörigen vermietet hat und beide Mietverträge nach ihrem Inhalt oder in ihrer Durchführung gleichartige Mängel aufweisen. Die Mängel des Angehörigenvertrages deuten in einem solchen Fall nicht ohne Weiteres auf eine private Veranlassung des Leistungsaustauschs hin.

Schließlich unterscheiden Verwaltung und Rechtsprechung danach, ob die Vertragsparteien wirtschaftlich voneinander unabhängig sind oder nicht und stellen für den Fall der wirtschaftlichen Abhängigkeit ebenfalls strengere Anforderungen an die Anerkennung.[466]

Diese Unterscheidung zwischen verschiedenen Fallgruppen von Verträgen, an denen nahe Angehörige beteiligt sind, ist geradezu elementar, um dem Grundsatz der Erforderlichkeit zu genügen, werden so doch notwendige Abstufungen vorgenommen. Sie ist zudem von Art. 3 Abs. 1 GG gedeckt. Dieser verbietet es nicht, zwischen Sachverhalten zu differenzieren, in denen die Missbrauchsgefahr bei einem der betroffenen Kreise tatsächlicher Gestaltungsformen erfahrungsgemäß größer ist.[467]

Um aber Anwendungsmaßstäbe für die Beurteilung missbräuchlicher Gestaltungen finden zu können, bedarf es zuvor aber auch einer genauen Betrachtung der verschiedenen Fallgruppen.[468] Ziel jeder Rechtsanwendung ist es zu wissen, welche Fälle zweifelsfrei vom Tatbestand erfasst werden.[469] Die

---

465 BFH BStBl II 2002, 699 (701), auch zum Folgenden.

466 BMF BStBl I 2011, 37 (37); BFH, DStR 2017, 2164 (2167); dass die Rechtsprechung ernsthaft darum bemüht ist, die Anwendung der besonderen Anforderungen am Zweck der Missbrauchsvermeidung zu orientieren, zeigt sich auch daran, dass im Falle einer überhöhten Zahlung des Arbeitslohnes zwischen Ehegatten der Vertrag, wenn er im Übrigen den Anerkennungsvoraussetzungen standhält, gleichwohl anerkannt und lediglich die Höhe des Betriebsausgabenabzuges auf das Angemessene reduziert wird, vgl. BFH BStBl II 1984, 60 (61); FG Nds., EFG 2014, 822 (823); FG Nds., EFG 2017, 482 (484).

467 BVerfGE 22, 156 (161); *P. Kirchhof*, StuW 1984, 297 (307).

468 *Crezelius*, FR 2003, 537 (539); *Heuermann*, StuW 2004, 124 (127).

469 *Engisch*, Logische Studien der Gesetzesanwendung, S. 26.

Unterteilung in Fallgruppen hilft den Rechtsanwendungsvorgang zu rationalisieren, denn der juristische Schluss wird immer durch die Übersetzung vom Allgemeinen auf das Konkrete unsicher. Während nämlich die Gesetzesmerkmale zur abstrakten Umschreibung eines Sachverhaltes begrenzt sind, erweist sich die Zahl der Merkmale eines konkreten Lebenssachverhaltes als nahezu unerschöpflich.[470] Durch konstruierendes Nachzeichnen gewinnt das Recht aber an Verständlichkeit und Sichtbarkeit.[471]

Bezogen auf die Missbrauchsanfälligkeit einer Gestaltung bedeutet dies, dass Finanzverwaltung und Rechtsprechung durch einen stetigen Prozess der Beobachtung der in der Lebenswirklichkeit vorgefundenen Gestaltungen solche identifizieren müssen, die dem gesetzlichen Leitbild entsprechen. Sodann können die atypischen Konstellationen ausgemacht und daraufhin überprüft werden, ob sie noch unter die Norm subsumiert werden können oder nicht. Das Normative wird so aufgefüllt durch das „ontisch Normale".[472] Anders: Es stellt sich die Frage, ob an einen unüblichen Sachverhalt die gleichen Rechtsfolgen wie an einen üblichen Sachverhalt geknüpft werden können. Diese Frage wird dann entweder bejaht oder aufgrund der Unterschiede im steuerspezifischen Wertgehalt und der den Normen immanenten Zwecksetzungen verneint.[473] Der Rechtsanwender hat im Steuerrecht danach zu fragen, welche der verschiedenen denkbaren Lösungen des Falls vor dem Hintergrund der bereits entschiedenen Fälle am ehesten zu einer gerechten Lastenverteilung führt.[474]

II. Bedeutung für die Anwendung der Anforderungen

Eine solche Rechtsanwendung, wie zum Beispiel die Formulierung der Anerkennungsvoraussetzungen im Wege der Fallgruppenbildung, darf aber nicht über das hinausgehen, was zur Erreichung einer gesetzmäßigen und gleichmäßigen Besteuerung erforderlich ist. Bewegen sich Verwaltung und Rechtsprechung bei der Zuordnung der aufgrund der Vereinbarung erfolgten Leistungen zur relevanten oder nichtrelevanten steuerlichen Sphäre im Bereich der Sachverhaltsfeststellung und Beweiswürdigung, dann dürfen an die Prüfung von Angehörigenverträgen nur solche Kriterien angelegt werden, die sich hierfür als notwendig erweisen.

Die Vorgaben für die Sachverhaltsfeststellung und den Vorgang der Beweiswürdigung durch Finanzverwaltung und Finanzrechtsprechung ergeben sich dabei aus den steuerverfahrensrechtlichen Vorschriften der Abgabenordnung

---

[470] *Vogel*, JbFStR 1978/79, S. 34 (35).

[471] *P. Kirchhof*, in: Maunz/Dürig, GG, Art. 3, Rz. 20.

[472] *Isensee*, Verwaltung, S. 93.

[473] *Schmidt*, JbFStR 1978/79, 282 (284 f.); *Söffing*, StbJb. 1978/1979, 301 (318 f.).

[474] *Vogel*, JbFStR 1978/79, 34 (52 f.).

und den prozessualen Vorschriften der Finanzgerichtsordnung. Von besonderer Bedeutung ist dabei der behördliche Amtsermittlungsgrundsatz in §§ 85, 88 AO. Die Verwaltung ist als erstes mit dem entscheidungserheblichen Sachverhalt konfrontiert[475] und muss eine Entscheidung darüber treffen, ob die Vereinbarung der betrieblichen oder privaten Sphäre zuzuordnen ist.

Zu diesem Zweck bestimmen die Finanzbehörden nach § 88 Abs. 2 S. 1 AO Art und Umfang der Ermittlungen nach den Umständen des Einzelfalls sowie nach den Grundsätzen der Gleichmäßigkeit, Gesetzmäßigkeit und Verhältnismäßigkeit. Der Amtsermittlungsgrundsatz dient somit dazu, diese Grundsätze zu verwirklichen.[476]

Das Ziel der Sachverhaltsaufklärung ist die materielle Wahrheit, sprich die Feststellung des tatsächlichen Sachverhalts.[477] Würde die Feststellung des Sachverhaltes vom Vorbringen der Beteiligten abhängen, könnten diese den entscheidungserheblichen Sachverhalt selbst bestimmen. Finanzbehörden und Finanzgerichte wären der Willkür der Steuerpflichtigen ausgesetzt. Dies läuft aber einer gleichmäßigen Besteuerung zuwider[478] und entspräche nicht dem „Gebot der Rationalität staatlichen Handelns".[479] Das Prinzip der „materiellen Wahrheitserforschung" verpflichtet die Behörden solange zur Ermittlung, wie Zweifel am Vorhandensein oder Nichtvorhandensein an der Erfüllung des Rechtssatzes bestehen.[480]

Den ermittelten Sachverhalt haben die Finanzbehörden und Finanzgerichte frei zu würdigen, um zu einer Überzeugung von der Wahrheit der strittigen Tatsachenbehauptungen gelangen zu können.[481]. Nach § 96 Abs. 1 S. 1 FGO entscheidet „das Gericht nach seiner freien, aus dem Gesamtergebnis des Verfahrens gewonnenen Überzeugung". Auch wenn die Abgabenordnung für die Finanzbehörden keine entsprechende Vorschrift enthält, gilt hier jedoch nichts anderes.[482] Der Sachverhalt muss dabei aufgrund der Geltung Regel-

---

475 *Isensee*, Verwaltung, S. 24 f.

476 *Söhn*, in: H/H/Sp, AO/FGO, § 88 AO, Rz. 8; vgl. auch *Wittmann*, StuW 1987, 35 (36); *Spilker*, Amtsermittlung, S. 54.

477 *Isensee*, Verwaltung, S. 105: „Materielle Wahrheit bedeutet einzelfallgerechten Gesetzesvollzug"; *Söhn*, in: H/H/Sp, AO/FGO, § 88 AO, Rz. 13; *Hintze*, Indizien, S. 13; *Spilker*, Amtsermittlung, S. 86; wohl auch *Rönitz*, DStJG 3, S. 297 (303); a.A. *Thürmer*, in: H/H/Sp, AO/FGO, § 76 FGO, Rz. 15; *Seer*, in: Tipke/Kruse, AO/FGO, § 76 FGO, Rz. 3.

478 *Söhn*, in: H/H/Sp, AO/FGO, § 88 AO, Rz. 13, 73 ff.

479 *Müller-Franken*, Maßvolles Verwalten, S. 63.

480 *Söhn*, in: H/H/Sp, AO/FGO, § 88 AO, Rz. 73; *Spilker*, Amtsermittlung, S. 132.

481 *Seer*, in: Tipke/Kruse, AO/FGO, § 96 FGO, Rz. 1 f.; *Lange*, in: H/H/Sp, AO/FGO, § 96 FGO, Rz. 69.

482 *Seer*, in: Tipke/Kruse, AO/FGO, § 88 AO, Rz. 35.

beweismaßes auch im Steuerrecht[483] mit an Sicherheit grenzender Wahrscheinlichkeit feststehen.[484]

Dies ist nach der Rechtsprechung des Bundesfinanzhofes bei der Beurteilung von Verträgen zwischen nahen Angehörigen nur dann der Fall, wenn nach der Gesamtheit der objektiven Gegebenheiten[485] feststeht, ob diese entweder durch die Einkünfteerzielung veranlasst oder aber durch private Zuwendungs- oder Unterhaltsüberlegungen motiviert sind.

Fraglich ist, ob von einer solchen Gesamtwürdigung bei der Beurteilung von Vereinbarungen zwischen nahen Angehörigen abgesehen werden kann. Dafür sprechen könnte nunmehr § 88 Abs. 2 S. 2 AO. Dieser wurde durch das Gesetz zur Modernisierung des Besteuerungsverfahrens[486] in § 88 AO aufgenommen und schreibt die Grundsätze der Wirtschaftlichkeit und Zweckmäßigkeit ausdrücklich fest. Nach § 88 AO Abs. 2 S. 2 AO kann die Finanzbehörde bei der Entscheidung über Art und Umfang der Ermittlungen ihre allgemeinen Erfahrungen sowie die Wirtschaftlichkeit und Zweckmäßigkeit der Ermittlungen berücksichtigen. Unter Wirtschaftlichkeitsgesichtspunkten kann die Finanzbehörde somit auch auf das Verhältnis zwischen voraussichtlichem Arbeitsaufwand und steuerlichem Erfolg abstellen.[487]

Allerdings dürfen diese Gesichtspunkte nicht dahingehend verstanden werden, dass hiermit ein wirtschaftliches Maximalprinzip verbunden ist, d.h. durch begrenzten Verwaltungsaufwand den höchstmöglichen fiskalischen Ertrag zu erwirtschaften.[488] Sie sollen vielmehr funktional der Verwirklichung der Gesetzmäßigkeit und Gleichmäßigkeit der Besteuerung dienen.[489]

[483] *Rönitz*, DStJG 3, S. 297 (309); *Müller-Franken*, Maßvolles Verwalten, S. 279 ff., 303 f.; *Anzinger*, Anscheinsbeweis, S. 166; prinzipiell zustimmend *Söhn*, in: H/H/Sp, AO/FGO, § 88 AO, Rz. 222; *Lange*, in: H/H/Sp, AO/FGO, § 96 FGO, Rz. 56; a.A. für das Verwaltungsverfahren *Seer*, in: Tipke/Kruse, AO/FGO, § 88 AO, Rz. 29.

[484] *Rönitz*, DStJG 3, S. 297 (309); *Lambrecht*, DStJG 12, S. 79 (81); *Müller-Franken*, Maßvolles Verwalten, S. 277 ff.; *Söhn*, in: H/H/Sp, AO/FGO, § 88 AO, Rz. 222; *Spilker*, Amtsermittlung, S. 150 f.

[485] Vgl. statt vieler BFH BStBl II 2014, 374 (377). Dies ist in erster Linie typisch für den Indizienbeweis als Form der mittelbaren Beweisführung, vgl. *Hansen*, JuS 1992, 327 (329 f.); *Spindler*, StbJb. 2002/03, 61 (61 ff.); *Hintze*, Indizien, S. 17 f.; *Ratschow*, in: Gräber, FGO, § 96, Rn. 144. Der Bundesfinanzhof spricht in diesem Zusammenhang auch von „Gesamtbetrachtung“ und „Gesamtwürdigung“.

[486] Gesetz v. 18 Juli 2016, BGBl I 2016, 1679 ff.

[487] BT-Drucks. 18/7457, 68 ff.

[488] *Müller-Franken*, Maßvolles Verwalten, S. 101; *Seer*, StuW 2015, 315 (320).

[489] *Seer*, StuW 2015, 315 (320); *Roser*, in: Beermann/Gosch, AO/FGO, § 88 AO, Rn. 6.4.

Die Verwaltung darf bei der Sachverhaltsfeststellung daher grundsätzlich Praktikabilitätserwägungen[490] berücksichtigen. Im Rahmen der Beurteilung von Verträgen zwischen nahen Angehörigen darf aber zur Gewährleistung einer gesetzmäßigen und gleichmäßigen Besteuerung nicht mehr als das für diesen Zweck Notwendige verlangt werden.[491]

Dies bedeutet konkret, dass Verwaltung und Rechtsprechung bei der Anwendung der Anerkennungsvoraussetzungen nicht von einer Würdigung der Gesamtheit der objektiven Gegebenheiten absehen dürfen, um zu beurteilen, ob die Vereinbarung der Besteuerung zugrunde zu legen ist oder nicht. Zur Abwehr missbräuchlicher Gestaltungen kommt es entscheidend auf die Würdigung aller Umstände des Falles an, auf den Anlass, aus dem heraus ein Vertrag zu prüfen ist.

Dementsprechend sind für die Beurteilung von Vereinbarungen zwischen nahen Angehörigen solche Formen der Beweiswürdigung zulässig, die die Möglichkeit eines Gegenbeweises eröffnen. Gerade die Möglichkeit, einzelne Abweichungen durch Heranziehung gegenläufiger Indizien ausgleichen zu können, trägt dem verfassungsrechtlichen Verhältnismäßigkeitsgrundsatz Rechnung,[492] wohnt dem Erforderlichkeitsgrundsatz doch schon eine „individuelle Tendenz" inne.[493]

Diese Grenzziehung für die Anwendung der besonderen Anforderungen ergibt sich auch aus der Wertentscheidung des Art. 6 Abs. 1 GG. Den diesem Grundrecht immanenten Wertentscheidungen dürfen keine Zweckmäßigkeitserwägungen vorangestellt werden.[494] Dies bedeutet jedoch nicht, dass generell auf eine effektive Missbrauchsabwehr zu verzichten ist. Daher kann es im Einzelfall geboten sein, unter Zuhilfenahme besonderer Beweisanforderungen, die Anerkennung von Verträgen unter nahen Angehörigen zu versagen.[495] Sonstige Belastungen sind mit Art. 6 Abs. 1 GG und Art. 3 Abs. 1 GG vereinbar, wenn sie wegen der besonderen Gefahr der Steuerumgehung aufgestellt werden.[496] Im Umkehrschluss kann man folgern, dass es Verwaltung und Rechtsprechung nicht versagt ist, die Kriterien anzuwenden und aufgrund der Würdigung der Gesamtheit der objektiven Gegebenheiten und aufgrund des

---

490 Zur Gleichsetzung der Praktikabilität mit dem Begriff der Wirtschaftlichkeit *Müller-Franken*, Maßvolles Verwalten, S. 71 ff.

491 *Söhn*, in: K/S/M, EStG, § 4, Rdnr. E 853.

492 *Kulosa*, DB 2014, 972 (975); zum Gedanken einer angemessenen Missbrauchskontrolle auch *Birk/Desens/Tappe*, Steuerrecht, Rn. 339.

493 *Lerche*, Übermaß und Verfassungsrecht, S. 162; *Stern*, Staatsrecht III/2, S. 780.

494 BVerfGE 6, 55 (83 f.); 13, 290 (316 f.); 26, 321 (326 f.); *Wacke*, Beweislast, S. 55 ff.; *Beul/Beul*, DStR 1985, 13 (15).

495 *Schön*, in: FS Klein, S. 467 (489).

496 BVerfGE 6, 55 (83 f.); 9, 237 (245); 13, 290 (316); 13, 318 (327); 18, 257 (269 f.).

fehlenden Interessengegensatzes zu einer Missbrauchsvermutung zu gelangen, solange diese widerlegbar ausgestaltet sind.[497]

III. Insbesondere: Bedeutung des Vorliegens eines Gesamtplans für den Fremdvergleich

Wie sich die Schrankenziehung durch den Erforderlichkeitsgrundsatz auf die Formulierung und die Anwendung neuer Kriterien zur Beurteilung von Vereinbarungen zwischen nahen Angehörigen auswirkt, lässt sich anhand des Kriteriums des Fremdvergleiches erörtern. Im Zusammenhang mit diesem Kriterium wird im Rahmen der Investitionsdarlehensfälle seit neuestem die Frage gestellt, ob die bereits erwähnte Figur des Gesamtplans eine Rolle spielen kann. Der Bundesfinanzhof äußerte sich dahingehend, dass der Gesamtplangedanke bislang noch nicht in die Überlegungen zu Investitionsdarlehen mit einbezogen worden ist.[498] Dies trifft jedoch keine Aussage darüber, ob ein solcher als schädlich oder unschädlich einzustufen ist.[499]

Durch die Argumentationsfigur des Gesamtplans soll eine Mehrzahl von Rechtsgeschäften, die auf einer einheitlichen Planung basieren, für die steuerliche Beurteilung zu einem wirtschaftlichen Vorgang zusammengefasst werden.[500] Die Steuerpflichtigen zielen durch den Abschluss mehrerer Rechtsgeschäfte darauf ab, in rechtlicher und wirtschaftlicher Hinsicht voneinander unabhängige Gestaltungen zu suggerieren.[501] Um eine einheitliche steuerliche Beurteilung dieser beiden Gestaltungen zu ermöglichen, wird der diesen zugrundeliegende Sachverhalt auf seinen eigentlichen wirtschaftlichen Kern verkürzt, damit eine den Wertungen des Steuergesetzes entsprechende Rechtsfolgenanordnung getroffen werden kann.[502]

Da sich das Vorliegen eines Gesamtplans als innere Tatsache oftmals nicht zweifelsfrei feststellen lassen wird, muss auf äußerlich erkennbare Merkmale als Beweisanzeichen zurückgegriffen werden.[503] Als solche können der sachliche und der zeitliche Zusammenhang herangezogen werden.[504] Ein sachlicher

---

[497] *Hey*, DStJG 33, S. 139 (169 f.); *Gabel*, Missbrauchsnormen im Steuerrecht, S. 211; *Stollenwerk*, Geschäfte zwischen nahestehenden Personen, S. 76.

[498] Vgl. Zweites Kapitel § 5 D.

[499] *Kanzler*, FR 2014, 187 (188).

[500] Vgl. Zweites Kapitel § 5 D.

[501] *Sieker*, Umgehungsgeschäfte, S. 123; *Heuermann*, StuW 2004, 124 (128).

[502] *Förster*, in: FS Korn, S. 3 (14); *Osterloh*, JöR 56 (2008), 141 (150); zur Erfassung des wirtschaftlichen Kerns als Ziel der Figur des Gesamtplans auch *Schön*, DStR-Beih 2007, 20 (21); *Tanzer*, DStJG 33, S. 189 (191); *Rehn*, Verträge zwischen nahen Angehörigen, S. 103.

[503] BFH BStBl II 2001, 393 (395).

[504] *Förster*, in: FS Korn, S. 3 (9); *Offerhaus*, FR 2011, 878 (879); *Krüger*, DStZ 2014, 194 (200); nach der Auffassung von *Söffing*, BB 2004, 2777 (2778), muss zumindest ein sachlicher Zusammen-

Zusammenhang wird regelmäßig dann bestehen, wenn ein übergeordnetes Endziel erkennbar ist, in dessen Rahmen die verwirklichten Schritte eingeordnet werden können.[505] Schließlich ist erforderlich, dass der Steuerpflichtige alle Teilakte beherrscht, d.h. weder Markt- und Umweltrisiken oder Risiken im Vertragsverhalten der Parteien bestehen.[506] Ein Beweisanzeichen für die Beherrschbarkeit der Teilschritte kann sein, dass vertragliche Vereinbarungen bestehen, die die beteiligten Personen binden.[507]

Wenn nun, wie in dem der Entscheidung vom 22. Oktober 2013 zugrunde liegenden Sachverhalt, der Großvater seinem Sohn ein Darlehen gewährt und noch am selben Tag gegenüber seinen Enkelkindern ein Schenkungsversprechen hinsichtlich der Forderungen aus dem Darlehensvertrag abgibt, so ließe sich durchaus die Frage stellen, ob es aufgrund eines Gesamtplans von vornherein beabsichtigt war, die minderjährigen Kinder zu Gläubigern des Darlehensnehmers zu machen, wenn diese ihr Vermögen nicht aus Mitteln des Darlehensnehmers, sondern von den Großeltern erhalten haben.

Vorliegend lässt sich jedenfalls ein zeitlicher Zusammenhang unzweifelhaft feststellen. Es ist jedoch nicht erkennbar, dass der Vater wusste und wollte, dass die Forderung des Großvaters gegen ihn an die Kinder verschenkt wird. Zudem sind vorliegend die Kinder frei darin, über die geschenkten Beträge zu verfügen, da die Schenkung nicht unter der Bedingung erfolgt, dass die Mittel auch weiterhin als Darlehen zur Verfügung stehen müssen. Zudem stammt das Darlehen ursprünglich aus Mitteln des Großvaters, weshalb sich somit von vornherein zwei wirtschaftlich voneinander unabhängige Vertragsparteien gegenüberstehen. Der Großvater ist in der Verfügung über seine Forderung nicht eingeschränkt.

Zumindest für den Sachverhalt, der der Entscheidung vom 22. Oktober 2013 zugrunde lag, wird ein Gesamtplan nicht angenommen werden können. Dies bedeutet jedoch nicht, dass aufgrund der Würdigung der einzelnen Indizien niemals von der Annahme eines Gesamtplans ausgegangen werden kann. Es lässt sich folglich die These vertreten, dass in bestimmten Fällen das Bestehen eines Gesamtplans als Indiz gegen die Fremdüblichkeit betrachtet werden kann. Es bedarf jedoch hier einer Gesamtwürdigung der Beweisanzeichen des

---

hang bestehen; vgl. auch *Hey*, DStJG 33, S. 139 (161), die den sachlichen Zusammenhang für zwingend hält, in dem zeitlichen Zusammenhang dagegen bloß ein Indiz sieht.

505 *Förster*, in: FS Korn, S.3 (9); *Rehn*, Verträge zwischen nahen Angehörigen, S. 107. Die Beurteilung des sachlichen Zusammenhangs ist immer vom Einzelfall abhängig, BFH BStBl II 2001, 393 (395); vgl. auch *Strahl*, FR 2004, 929 (935).

506 *Spindler*, DStR 2005, 1 (4); *Kugelmüller-Pugh*, FR 2007, 1139 (1143); *Rehn*, Verträge zwischen nahen Angehörigen, S. 109.

507 *Förster*, in: FS Korn, S. 3 (12); *Damas/Ungemach*, DStZ 2007, 552 (554); *Kugelmüller-Pugh*, FR 2007, 1139 (1143); *Fischer*, in: H/H/Sp, AO/FGO, § 42 AO, Rz. 367.

zeitlichen und sachlichen Zusammenhanges sowie der Möglichkeit, einen Gegenbeweis zu erbringen.

E. Verhältnismäßigkeit i.e.S.

Schließlich ist auch die Verhältnismäßigkeit i.e.S. zu wahren. Für den einzelnen Betroffenen muss bei einer „Gesamtabwägung zwischen der Schwere des Eingriffs und der Dringlichkeit der ihn rechtfertigenden Gründe“ die Grenze der Zumutbarkeit gewahrt bleiben.[508] Die zu erwartenden Folgen einer Maßnahme dürfen nicht außer Verhältnis zu dem mit ihr angestrebten Erfolg stehen.[509] Allerdings kann die Unverhältnismäßigkeit mit der Folge der Rechtswidrigkeit nicht schon bei jedem festgestellten Missverhältnis angenommen werden, sondern nur bei einem solchen, welches „offensichtlich“ ist.[510]

Die Anerkennungsvoraussetzungen würden jedoch nur dann nicht als verhältnismäßig i.e.S. angesehen werden können, wenn ein erforderliches Kriterium für die betroffenen Steuerpflichtigen eine Belastung darstellen würde, die erkennbar außer Verhältnis zu den mit den Kriterien verfolgten Zielen stünde. Als unverhältnismäßig erweisen sich dabei regelmäßig solche Maßnahmen, die in den absolut geschützten Kernbereich privater Lebensgestaltung eingreifen. Eine derartige Maßnahme lässt sich nicht rechtfertigen.[511] Auch Art. 6 Abs. 1 GG gewährt eine Sphäre privater Lebensgestaltung, die staatlicher Einwirkung entzogen ist.[512] Familienangehörigen steht es frei, miteinander Arbeitsverträge oder Darlehensverträge zu schließen. Greifen die besonderen Anforderungen an Vereinbarungen zwischen nahen Angehörigen daher in diesen Kernbereich ein, so wäre ihre Anwendung schon nicht mehr zu rechtfertigen.

Allerdings lässt sich nicht jeder Bereich des privaten Lebens als diesem von Art. 2 Abs. 1 GG i.V.m. Art. 1 Abs. 1 GG geschützten Kernbereich zuordnen. Es sind solche Maßnahmen zu dulden, die im überwiegenden Interesse der Allgemeinheit unter strikter Wahrung des Verhältnismäßigkeitsgrundsatzes i.w.S. getroffen werden.[513]

Bestehen nun aber Zweifel daran, ob Vereinbarungen zwischen nahen Angehörigen ihren Grund in der betrieblichen und somit steuerlich beachtlichen

---

[508] BVerfGE 30 292 (316); 67, 157 (178); 83, 1 (19); 101, 331 (350); 102, 197 (200); 113, 167 (260); 118, 168 (195); 120, 224 (241); 126, 112 (152 f.); 133, 277 (322); 134, 242 (298).

[509] *Ossenbühl*, Jura 1997, 617 (619); *Jarass*, in: Jarass/Pieroth, GG, Art. 20, Rn. 120.

[510] *Ossenbühl*, Jura 1997, 617 (619).

[511] BVerfGE 34, 238 (245).

[512] Vgl. Drittes Kapitel § 9 A.

[513] BVerfGE 34, 238 (245); 67, 100 (143); 92, 191 (197); *Söhn*, in: H/H/Sp, AO/FGO, § 88 AO, Rz. 202; *Tipke*, StRO I, S. 435.

Sphäre haben oder aber steuerlich unbeachtlich sind, so rechtfertigt es der Grundsatz der Gleichmäßigkeit der Besteuerung als überwiegendes Interesse der Allgemeinheit, dass an diese Vereinbarungen besondere Anforderungen für ihre Anerkennung gestellt werden. „Der materielle Steuereingriff ist stets ein Vorgang der Sozialsphäre. Die Steuerpflicht ist eine Sozialpflicht."[514]

Zwar bedarf es eines hinreichenden Anlasses für diesen Eingriff in den persönlich-familiären Bereich, wobei die Anforderungen hieran umso größer sind, je mehr in den familiären Bereich eingegriffen wird.[515] Da von dem Ziel der Gleichmäßigkeit der Besteuerung die Rechtfertigung des Steuereingriffs insgesamt abhängt, seine Bedeutung mithin nicht überschätzt werden kann, sind die Anforderungen an Angehörigenverträge bislang nicht diesem Vorwurf ausgesetzt gewesen.

---

[514] *Tipke*, StRO I, S. 428; *Seer*, in: Tipke/Kruse, AO/FGO, § 88 AO, Rz. 25.

[515] *Seer*, in: Tipke/Kruse, AO/FGO, § 88 AO, Rz. 25.

§ 12 Darlehensverträge zwischen Angehörigen

Der Maßstab hinter den Maßstäben für die steuerliche Bewertung von Vereinbarungen innerhalb des Familienverbundes ist der Grundsatz der Verhältnismäßigkeit. Unter Heranziehung dieses Maßstabes können für die Beurteilung der bisherigen Fallgruppen und neu zu beurteilende Sachverhalte die maßgeblichen Voraussetzungen für die Anerkennung formuliert und auf den zu entscheidenden Lebenssachverhalt angewendet werden.

Die weitreichende Konsequenz, die sich hieraus für die Frage nach dem „Wie" ergibt, also der Anwendung der besonderen Nachweisanforderung, lässt sich somit zu einem prägnanten Satz zusammenfassen: Es dürfen nur verhältnismäßige Kriterien formuliert werden, und diese dürfen auch nur verhältnismäßig angewendet werden.

Diese abstrakte Formel für die Anwendung der besonderen Nachweisanforderungen kann jedoch nur die grundlegende Basis sein. Ihre notwendige Schärfung erfährt sie erst, wenn sie anhand konkreter Fälle näher entfaltet wird. Dies soll im Rahmen der vorliegenden Untersuchung anhand der bereits dargestellten Rechtsprechung zur anlassbezogenen Fremdvergleichsprüfung bei Darlehensverträgen zwischen nahen Angehörigen erfolgen.[516] Fraglich ist, inwiefern diese tatsächlich einer am Grundsatz der Verhältnismäßigkeit ausgerichteten Überprüfung der Vereinbarungen im Familienverbund entspricht, wenn der Bundesfinanzhof eine Unterteilung in drei Fallgruppen vornimmt und entscheidet, dass für die Fallgruppen der Umwandlungsfälle und der Novation der Fremdvergleich „strikt", für die Fallgruppe der Investitionsdarlehen dagegen „großzügiger" durchzuführen ist.[517]

Zwar handelt es sich bei den Adverbien „strikt" und „großzügig" in der Tat nicht um Begrifflichkeiten der juristischen Methodenlehre;[518] übersetzt in juristische Kategorien sagen diese Begriffe jedoch nichts anderes aus, als dass eine – am Grundsatz der Verhältnismäßigkeit orientierte – abgestufte Fremdvergleichsprüfung der Vereinbarung erfolgen soll.[519] Ihre Intensität, sprich ihre Erforderlichkeit, hängt dabei von der Missbrauchsanfälligkeit der Gestaltung ab. So erscheint bei der ersten Fallgruppe eine private Veranlassung wahrscheinlicher, wenn die Darlehensmittel dem – meist minderjährigen – Darlehensgeber zuvor vom Darlehensnehmer geschenkt worden sind. In der dritten Fallgruppe spricht dagegen viel dafür, dass die Darlehensaufnahme eindeutig betrieblich beziehungsweise durch die Erzielung von

---

516 Vgl. Zweites Kapitel § 4 B. III. 3.

517 BFH BStBl II 2014, 374 (377 f.); FG München, EFG 2015, 1084 (1086); FG Rh.-Pf, EFG 2015, 1711 (1712); FG Münster, EFG 2016, 2056 (2057); BMF BStBl I 2011, 37 (37 f.).

518 *Kanzler*, FR 2014, 187 (188).

519 So auch *Birk/Desens/Tappe*, Steuerrecht, Rn. 339.

Überschusseinkünften veranlasst ist,[520] wenn wirtschaftlich voneinander unabhängige Parteien miteinander die Vereinbarung schließen,[521] die Darlehensmittel also originär aus dem Vermögen der Darlehensgeber stammen, oder aber die Darlehensmittel der Finanzierung der Anschaffungs- oder Herstellungskosten von Wirtschaftsgütern dienen.

Ob sich Verwaltung und Rechtsprechung bei der Anwendung der Grundsätze auf diese Fallgruppen tatsächlich innerhalb der Vorgaben des Grundsatzes der Verhältnismäßigkeit bewegen, soll anhand der Umwandlungsfälle und der Investitionsdarlehensfälle näher untersucht werden.

A. Umwandlungsfälle

Die erste Fallgruppe, die der Bundesfinanzhof seiner anlassbezogenen Fremdvergleichsprüfung zugrunde legt, ist dadurch gekennzeichnet, dass das Darlehen aus Mitteln gewährt wird, die dem Darlehensgeber zuvor vom Darlehensnehmer geschenkt worden sind.

Die Prüfung der Vereinbarung auf ihre betriebliche Veranlassung erfolgt dabei in zwei Schritten. Zunächst soll eine strikte Fremdvergleichsprüfung durchgeführt werden. Hält die Vereinbarung einer solchen stand, soll in einem zweiten Schritt geprüft werden, ob im Verhältnis zwischen Schenker und Beschenktem eine endgültige Vermögensverschiebung bewirkt worden ist. Ist dies nicht der Fall, so sei die Vereinbarung trotz ihrer Fremdvergleichskonformität nicht anzuerkennen.[522]

I. Fremdvergleichskonformität der Vereinbarung

Auch für die Durchführung der strikten Fremdvergleichsprüfung als ersten Schritt zur Beurteilung der sogenannten Umwandlungsfälle gelten grundsätzlich die allgemeinen Erwägungen zur Beurteilung von Verträgen zwischen nahen Angehörigen. Dies bedeutet konkret, dass für die Beantwortung der Frage, ob die Vereinbarung auf einer betrieblichen oder privaten Veranlassung beruht, die Gesamtheit der objektiven Gegebenheiten maßgebend ist, die Fremdüblichkeit mithin anhand von Indizien zu bestimmen ist.[523]

Die Vereinbarung ist jedoch nicht schon deshalb als unüblich zu qualifizieren, weil die Darlehensmittel dem Darlehensgeber zuvor vom

---

[520] BFH BStBl II 2014, 374 (377); FG München, EFG 2015, 1084 (1086); FG Rh.-Pf, EFG 2015, 1711 (1712); FG Münster, EFG 2016, 2056 (2057); BMF BStBl I 2011, 37 (37 f.).

[521] BFH/NV 1999, 780 (782); BStBl II 2000, 393 (395); BFH/NV 2002, 334 (334); BFH/NV 2009, 12 (12); BMF BStBl I 2011, 37 (37).

[522] BFH BStBl II 2002, 685 (687); BStBl II 2014, 374, 377.

[523] Vgl. Zweites Kapitel § 4 B III. 1.

Darlehensnehmer geschenkt worden sind.[524] Nach ständiger Rechtsprechung ist bei einem Darlehensvertrag die Fremdüblichkeit anhand der Vereinbarung über die Laufzeit und Rückzahlbarkeit des Darlehens, der regelmäßigen Entrichtung der Zinsen sowie der Darlehensbesicherung zu beurteilen.[525] Vergleichsmaßstab sind die zwischen Darlehensnehmern und Kreditinstituten üblich geschlossenen Vereinbarungen.[526]

Eine solche Gesamtwürdigung könnte nach der Entscheidung des Bundesfinanzhofs vom 22. Oktober 2013 jedoch im Rahmen der Umwandlungsfälle entbehrlich sein.[527] Nach Auffassung des Bundesfinanzhofes scheint die fehlende Besicherung bei langfristigen Darlehen für sich schon ausreichend zu sein, um die ertragsteuerliche Anerkennung zu versagen.[528] Fraglich ist jedoch, ob dies mit dem Gebot einer verhältnismäßigen Anwendung der Rechtsprechungsgrundsätze in Einklang zu bringen ist.

Hierzu kann zunächst festgehalten werden, dass es sich aufgrund der wirtschaftlichen Abhängigkeit der darlehensgewährenden Kinder von den darlehensnehmenden Eltern um eine Fallkonstellation handelt, in der ein Missbrauchsvorwurf naheliegt und die Anwendung strengerer Kriterien daher durchaus geeignet ist, dem Ziel der Missbrauchsabwehr Rechnung zu tragen. Maßgeblich ist somit, ob diese Maßnahme zur Verwirklichung des legitimen Zwecks auch als erforderlich anzusehen ist.

Es bestehen jedoch Bedenken, ob ein alleiniges Abstellen auf die fehlende Besicherung erforderlich ist. So könnte ein ebenso geeignetes, aber milderes Mittel darin bestehen, dass anstelle eines hypothetischen Fremdvergleichs, also der hypothetischen Frage danach, ob ein fremder Dritter auf eine Besicherung verzichtet hätte,[529] ein konkreter Fremdvergleich durchgeführt wird, der den hypothetischen Fremdvergleich überlagert.[530] Dies kann zum Beispiel dann der Fall sein, wenn drei Kreditinstitute bereit gewesen wären, ungesicherte Darlehen

---

524 BFH BStBl II 2014, 374 (377).

525 BFH BStBl II 1999, 524 (525); BStBl II 2001, 393 (394); BFH/NV 2002, 334 (335); BFH/NV 2009, 12 (13); BFH/NV 2009, 1427 (1429); FG Rh.-Pf., EFG 2015, 1711 (1712).

526 *Söhn*, in: K/S/M, EStG, § 4, Rdnr. E 992.

527 *Kanzler*, FR 2014, 187 (188).

528 BFH BStBl II 2014, 374 (377).

529 BFH BStBl II 2000, 393 (394); BFH/NV 2009, 1427 (1429). Dem Fremdvergleich liegt insgesamt der Gedanke zu Grunde, dass ein fremder Dritter einen Vorgang nicht durchführen würde, wenn er diesen mit einem anderen Vertragspartner zu besseren Bedingungen hätte abschließen können, vgl. *Teschke*, Konzeption, S. 68.

530 BFH BStBl II 2011, 24 (25); BMF BStBl I 2011, 37 (37); zum Auffangcharakter des hypothetischen Fremdvergleichs *Wassermeyer*, in: FS Offerhaus, S. 405 (416); *Pezzer*, DStZ 2002, 850 (854); *Teschke*, Konzeption, S. 78.

zu gewähren, da vor diesem konkreten Hintergrund das zwischen fremden Dritten übliche Vertragsgebaren an Gewicht verliert.[531]

In den Umwandlungsfällen wird sich eine solche konkrete Vergleichsmöglichkeit aber häufig schon nicht ergeben. Vielmehr ist es in dieser Konstellation ja gerade der Wille der Parteien, dass der Schenker von dem Beschenkten den als Schenkung gegebenen Betrag wieder als Darlehen zurückgewährt erhält.

Allerdings verlangt die verhältnismäßige Anwendung der Rechtsprechungsgrundsätze, dass durch Fremdvergleich die Intensität der Abweichung vom Üblichen ermittelt und aus diesen gesamten Umständen angemessene Kriterien entwickelt werden, mit welchen der Missbrauch verhältnismäßig festgestellt werden kann. Dies verbietet zwar nicht per se die Anwendung eines hypothetischen Fremdvergleichs, wenn – wie vorliegend – kein konkreter Fremdvergleich möglich ist. Jener darf aber nicht als unwiderlegliche Vermutung ausgestaltet sein.[532]

Die Rechtsprechung betont zudem selbst, dass zwar die Hauptpflichten klar und eindeutig vereinbart sein müssen, im Übrigen aber nicht schon jede geringfügige Abweichung vom Üblichen die Anerkennung der Vereinbarung ausschließen kann.[533] Zu den wesentlichen vertragstypischen Pflichten eines Darlehensvertrages gehören gemäß § 488 Abs. 1 BGB die Pflicht des Darlehensgebers zur Zurverfügungstellung eines Geldbetrages in der vereinbarten Höhe und die Pflicht des Darlehensnehmers zur Zahlung eines geschuldeten Zinses sowie zur Rückzahlung des zur Verfügung gestellten Darlehens. Nur sofern vereinbart, trifft den Darlehensnehmer die Nebenpflicht, für das Darlehen eine Sicherheit zu bestellen.[534]

Da unübliche geringfügige Abweichungen, wie zum Beispiel der Verzicht auf die Vereinbarung von Nebenpflichten, aber grundsätzlich zulässig sind,[535] müssen zusätzlich noch weitere Umstände hinzukommen, die gegen die Üblichkeit der Vereinbarung sprechen, es sei denn, dass es sich nicht um eine „geringfügige Abweichung" handelt. Gerade bei langfristigen Darlehen, also solchen mit einer Laufzeit von mehr als vier Jahren, wird man nicht annehmen können, dass auf eine Besicherung verzichtet wird.[536] Zudem steht dem

---

531 BFH BStBl II 2011, 24 (25).

532 *Wassermeyer*, in: FS Offerhaus, S. 405 (416); *Teschke*, Konzeption, S. 76.

533 Vgl. Zweites Kapitel § 4 B. III. 1. u. 3.

534 Zur Besicherung als Nebenpflicht *Seifert*, in: Soergel, BGB, § 488, Rz. 165; *Berger*, in: MüKo, BGB, § 488, Rn. 56; *Kulosa*, DB 2014, 972 (975). Vgl. auch *Söhn*, in: K/S/M, EStG, § 4, Rdnr. E 993: „Die Vereinbarung einer Sicherheitsleistung für Darlehensansprüche hat keinen Selbstzweck."

535 BFH BStBl II 2014, 374 (377); vgl. auch Zweites Kapitel § 4 III. 1.

536 BFH BStBl II 1991, 291 (293); BStBl II 2000, 393 (394).

Darlehensgeber nach § 490 Abs. 1 BGB bei Verschlechterung der Vermögensverhältnisse des Darlehensnehmers ein Kündigungsrecht zu, wenn hierdurch der Rückzahlungsanspruch – als Hauptpflicht – aus § 488 Abs. 1 S. 2 BGB gefährdet wird. Die Vermögensverhältnisse des Darlehensnehmers werden aber tatsächlich maßgeblich auch durch die von ihm gestellten Sicherheiten und deren Werthaltigkeit geprägt.[537] Daher bedarf es für die Möglichkeit der fremdüblichen Ausübung des Kündigungsrechts auch der Bestellung von Sicherheiten, um aufgrund objektiv verifizierbarer Indizien eine Prognose[538] über die Verschlechterung der Vermögensverhältnisse anstellen zu können.

Der Bundesfinanzhof stützt das Erfordernis der Besicherung maßgeblich auf die Beachtung der bürgerlich-rechtlichen Vorschriften über die elterliche Vermögenssorge nach § 1642 BGB. Nach dieser Norm haben die Eltern das ihrer Verwaltung unterliegende Geld des Kindes, soweit es nicht zur Bestreitung von Ausgaben bereitzuhalten ist, nach den Grundsätzen einer wirtschaftlichen Vermögensverwaltung anzulegen.[539] Das Erfordernis der Bestellung von Sicherheiten, gerade aus Gründen des Minderjährigenschutzes, überzeugt, denn der Minderjährige verwendet – zumindest vorgeblich – sein eigenes Vermögen.[540]

Gleichwohl widerspricht es einer verhältnismäßigen Anwendung der Kriterien zur Anerkennung von Verträgen zwischen nahen Angehörigen, wenn die Rechtsprechung als einzig maßgebliches Indiz das Fehlen von Sicherheiten heranzieht, um der Vereinbarung die Anerkennung zu versagen. Denn auch wenn diesem Merkmal, wie soeben dargelegt, in den Umwandlungsfällen größere Bedeutung zuzumessen ist als in den Investitionsfällen, so muss für die Steuerpflichtigen gleichwohl die Möglichkeit bestehen, auch andere Umstände darzulegen, aus denen auf eine betriebliche Veranlassung geschlossen werden kann.

Dies ist insbesondere im Hinblick auf die Auffassung der Rechtsprechung geboten, nach der auch die Vertragschancen und -risiken im Rahmen der Gesamtwürdigung zu berücksichtigen sind.[541] So ist zum Beispiel in die Betrachtung miteinzubeziehen, dass die Höhe der Verzinsung oberhalb der im Zeitpunkt des Vertragsschlusses bestehenden Umlaufrendite öffentlicher Anleihen liegt. Dem Gläubiger wird so ein Anreiz geboten, von seinem Kündigungsrecht solange keinen Gebrauch zu machen, wie er das Verhältnis zwischen der höheren Rendite und dem höheren Risiko der Darlehens-

---

[537] *Berger*, in: MüKo, BGB, § 490, Rn. 9; *Seifert*, in: Soergel, BGB, § 490, Rz. 7.

[538] Vgl. zu dieser Pflicht des Darlehensgebers *Berger*, in: MüKo, BGB, § 490, Rn. 7.

[539] BFH BStBl II 1991, 291 (293); vgl. auch *Huber*, in: MüKo, BGB, § 1642, Rn. 7.

[540] *Juchem*, Angehörigengeschäfte, S. 99.

[541] BFH BStBl II 2000, 393 (394); BStBl II 2014, 374 (377); wohl auch BStBl II 2002, 674 (676).

gewährung für angemessen hält.[542] Denn auch ein fremder Dritter hat bei einem höheren Zins weniger Interesse daran, sein Kapital einschließlich der Zinsen abzuziehen.[543]

Da es auf die Gesamtheit der objektiven Gegebenheiten ankommt, müssen diese Überlegungen, sofern sie für den Sachverhalt von Bedeutung sind, von der Verwaltung und der Rechtsprechung in die Gesamtbetrachtung miteinbezogen werden. Zudem muss dem Steuerpflichtigen die Möglichkeit offenstehen, das von der Rechtsprechung aufgestellte Kriterium, dass es der Bestellung von Sicherheiten bedarf, damit die Vereinbarung als unter Fremden üblich anerkannt werden kann, zu entkräften. Andernfalls geht diese Anwendung über das hinaus, was zur Gewährleistung einer gesetzmäßigen und gleichmäßigen Besteuerung notwendig ist.

II. Durchführung der Vereinbarung

Nach der Rechtsprechung des Bundesfinanzhofs kann im Rahmen der Umwandlungsfälle unabhängig von der Fremdvergleichskonformität die steuerliche Anerkennung eines Vertrages zwischen nahen Angehörigen auch dann zu versagen sein, wenn eine endgültige Vermögensverschiebung zwischen den Beteiligten noch nicht erfolgt ist.[544] An einer solchen soll es fehlen, wenn Schenkungs- und Darlehensvertrag in einer Urkunde zusammengefasst sind. In diesem Fall existiere lediglich ein privat veranlasstes Versprechen, künftige Geldbeträge zuzuwenden.[545] Die Darlehensbeträge seien Eigenkapital des Schenkers geblieben.[546]

Ein einkommensteuerrechtlich beachtlicher Vollzug liege erst dann vor, wenn der Beschenkte frei über die Darlehensforderung verfügen könne. Erst ab diesem Zeitpunkt werde das Kapital dem Darlehensnehmer aufgrund eigener Verfügungsmacht zur Nutzung überlassen.[547] Dies gelte aber auch, wenn Schenkung und Darlehen in mehrere Urkunden vereinbart wurden. Maßgeblich soll in diesen Fällen sein, ob zwischen Schenkung und Darlehen eine auf einem Gesamtplan beruhende sachliche Verknüpfung besteht.[548]

---

[542] BFH BStBl II 2014, 374 (379).

[543] *Kulosa*, DB 2014, 972 (975); a.A. *Sterner*, KÖSDI 1995, 10380 (10383).

[544] BFH BStBl II 2014, 374 (377 f.).

[545] BFH BStBl II 1984, 705 (705 f.); BStBl II 1991, 581 (584); BFH/NV 1991, 518 (520); BStBl II 1992, 468 (470); BFH/NV 1995, 197 (198); BStBl II 1999, 524 (525); BStBl II 2001, 393 (394); BStBl II 2002, 685 (686); BFH/NV 2003, 26 (27); BStBl II 2008, 568 (571).

[546] BFH BStBl II 1999, 524 (525); BStBl II 2001, 393 (394); BStBl II 2002, 685 (686); BFH/NV 2002, 1303 (1303); BFH/NV 2003, 26 (27); BStBl II 2008, 568 (571).

[547] BFH BStBl II 2002, 685 (687); BFH/NV 2003, 26 (28).

[548] BFH BStBl II 2001, 393 (395); BStBl II 2002, 685 (687); BFH/NV 2003, 26 (28).

Diese als gegenläufige Gestaltung[549] oder als Ausweich- und Korrekturgeschäft[550] bezeichneten Rechtsgeschäfte stehen im engen Zusammenhang mit der Figur des „Gesamtplans".[551] Zur Beantwortung der Frage, ob eine endgültige Vermögensverschiebung zwischen den Beteiligten vorliegt, stützt sich der Bundesfinanzhof auf die Argumentationsfigur des Gesamtplans und zwar unabhängig davon, ob Darlehen und Schenkung in einer Urkunde oder aber in mehreren Urkunden vereinbart wurden. Als Rechtsgrundlage hierfür zieht er § 42 AO heran[552] oder löst die Fälle unabhängig von der allgemeinen Missbrauchsnorm.[553]

Auf die sich auf den ersten Blick aufdrängende Vermutung, dass es vorliegend um das Verhältnis von § 42 AO zu einer Verhinderung von Gestaltungsmissbräuchen durch teleologische Rechtsanwendung[554] und es damit um die Streitfrage geht, ob den Verfechtern der „Außentheorie" in der Literatur oder den Vertretern der „Innentheorie" zu folgen ist,[555] soll nicht näher eingegangen werden. Bei der Beurteilung der gegenläufigen Gestaltungen steht die Schrittweise Angleichung von Sachverhalt und Norm im Vordergrund und

---

549 *Sieker*, Umgehungsgeschäfte, S. 54, 123; *Heuermann*, StuW 2004, 124 (128); *Schmieszek*, in: Beermann/Gosch, AO/FGO, § 42 AO, Rz. 102.

550 *Fischer*, in: H/H/Sp, AO/FGO, § 42 AO, Rz. 352; *Kugelmüller-Pugh*, Der steuerrechtliche Gesamtplan, S. 67; *Rehn*, Verträge zwischen nahen Angehörigen, S. 105.

551 *Söffing*, BB 2004, 27777 (2779); *Heuermann*, StuW 2004, 124 (128); *Kugelmüller-Pugh*, Der steuerrechtliche Gesamtplan, S. 67; *Offerhaus*, FR 2011, 878 (882); *Kempelmann*, Der Gesamtplan im Steuerrecht, S. 20 ff.

552 BFH BStBl II 1996, 443 (444); BStBl II 2002, 674 (675); zustimmend *Kruse*, StbJb. 1978/79, S. 443 (456); *Drüen*, in: Tipke/Kruse, AO/FGO, § 42 AO, Rz. 56; ablehnend dagegen *Sieker*, Umgehungsgeschäfte, 122 f.; *Fischer*, in: H/H/Sp, AO/FGO, § 42 AO, Rz. 416; *Osterloh*, JöR 56 (2008), S. 141 (150); wohl auch *Schmieszek*, in: Beermann/Gosch, AO/FGO, § 42 AO, Rz. 127.

553 BFH BStBl II 1999, 524 (525); BStBl II 2001, 393 (394); BStBl II 2002, 685 (686); BFH/NV 2002, 1303 (1303); BFH/NV 2003, 26 (27); BStBl II 2008, 568 (571).

554 *Hüttemann*, DStR 2015, 1146 (1147); pointiert *Tanzer*, DStJG 33, S. 189 (208): „Damit mündet auch die Handhabung des Gesamtplans letztendlich in die Glaubensfrage Außen- versus Innentheorie".

555 Für eine teleologische Rechtsanwendung: *Fenyves*, in: Handbuch der Familienverträge, S. 59 (96); *Walz*, Steuergerechtigkeit, S. 224 ff.; *Sieker*, Umgehungsgeschäfte, S. 66 f.; *Schenke*, Rechtsfindung, S. 409 ff.; *Fischer*, in: H/H/Sp, AO/FGO, § 42 AO, Rz. 72 ff.; für eine vorrangige Anwendung des § 42 AO: *Hensel*, Zur Dogmatik des Begriffs „Steuerumgehung", in: System des Familiensteuerrechts und andere Schriften, S. 303, 322; *Stadie*, Zurechnung, S. 57; *Kruse*, Lehrbuch des Steuerrechts I, S. 144 ff.; *Rose*, FR 2003, 1274 (1274 ff.); *Schön*, DStJG 33, S. 29 (58 ff.); *Hüttemann*, DStR 2015, 1146 (1148 f.); *Drüen*, in: Tipke/Kruse, Vor § 42 AO, Rz. 4a.

nicht die Auslegung des gesetzlichen Tatbestandes.[556] Sollten zudem beide dargelegten Begründungsansätze zum selben Ergebnis kommen, bedarf es schon keiner Entscheidung darüber, welcher dieser Wege zu Beurteilung der Umwandlungsfälle vorzugswürdiger ist. Entscheidend ist vielmehr, dass der Grundsatz der Verhältnismäßigkeit gewahrt wird, weshalb die beiden Lösungswege darzustellen und am Grundsatz der Verhältnismäßigkeit zu messen sind.

1. Qualifikation der Gestaltung als unangemessen i.S.v. § 42 AO

Zunächst sollen die Entscheidungen betrachtet werden, die sich bei der Beurteilung der Umwandlungsfälle auf § 42 AO gestützt haben. Die Anwendung der allgemeinen Missbrauchsvorschrift setzt voraus, dass die Schenkung eines Geldbetrages unter gleichzeitiger Rückgewähr als Darlehen an den Schenker als Gestaltungsmissbrauch zu qualifizieren ist. Es muss sich somit gemäß § 42 Abs. 2 S. 1 AO um eine unangemessene rechtliche Gestaltung handeln, die beim Steuerpflichtigen oder einem Dritten im Vergleich zu einer angemessenen Gestaltung zu einem gesetzlich nicht vorgesehenen Steuervorteil führt.

Diese Voraussetzungen sah der Bundesfinanzhof in bislang einer Entscheidung als erfüllt an. Seine Entscheidung begründete er damit, dass der Gewährung des Darlehens in diesem Fall eine Schenkung der Eltern vorausging und den Vereinbarungen über Schenkung und Darlehenshingabe ein Gesamtplan der Eltern zugrunde lag, der nur vor dem Hintergrund der Schaffung von Werbungskosten verständlich wurde.[557]

Beispiel:

V und M (Eltern) haben Eigentum an einem mit einer Doppelhaushälfte bebauten Grundstück erworben, das sie zur Erzielung von Einkünften aus VuV nutzen. Einen Teil des Kaufpreises finanzierten sie durch ein Bankdarlehen. Zudem schenkte M der ihrer minderjährigen Tochter T einen Geldbetrag und buchte diesen auf ihr Konto um. V überwies dann den Habensaldo des Kontos der T auf sein eigenes Konto und verwendete einen Teilbetrag zur Bezahlung des Restkaufpreises. V und M waren über das Konto der T einzeln verfügungsberechtigt. Ein halbes Jahr später hat M mit T, vertreten durch einen Ergänzungspfleger, einen schriftlichen Vertrag über ein Darlehen in Höhe des Restkaufpreises geschlossen. Die Darlehenszinsen sollten als Werbungskosten bei den Einkünften aus VuV berücksichtigt werden.

---

[556] *Sieker*, Umgehungsgeschäfte, S. 122 f.; *Heuermann*, StuW 2004, 124 (125, 127); *Schmidtmann*, FR 2015, 57 (59): „Subsumtionsvorbereitender Schritt auf der Sachverhaltsebene, der den Umfang des rechtlich zu beurteilenden Sachverhalts festlegt."

[557] BFH BStBl II 1996, 443 (444).

Der Bundesfinanzhof entschied nun, dass es einem Kind zwar nicht schlechthin versagt werden könne, seinen Eltern aus seinem Vermögen ein Darlehen zu gewähren; die von M und V mit T getroffenen Vereinbarungen stünden jedoch in einem so engen inneren, von M und V bestimmten Zusammenhang, dass wirtschaftlich davon auszugehen sei, dass M und V mit eigenen Mitteln gehandelt haben. Die Schenkung der M zugunsten der T könne trotz des zeitlichen Abstandes von etwa einem halben Jahr nicht losgelöst von dem anschließenden Darlehen gesehen werden. Insbesondere die Überweisung der M auf das Konto der T entsprach ziemlich genau dem später benötigten Darlehensbetrag. Damit in Einklang steht die zeitliche Festlegung des Geldes allein entsprechend den Finanzierungsanforderungen.

Außersteuerliche Gründe, die den eingeschlagenen unangemessenen Weg in der vorliegenden Form rechtfertigen könnten, seien nicht ersichtlich. Insbesondere bedurfte es nicht des Umwegs über Schenkung und Darlehen, um der T einen den Guthabenzinsen entsprechenden Betrag zuzuwenden. Hätten M und V den dem wirtschaftlichen Ziel angemessenen Weg der Kaufpreiszahlung mit den zunächst vorhandenen eigenen Mitteln gewählt, wären an T zu zahlende Darlehenszinsen nicht angefallen. Die insoweit gezahlten Beträge seien Zuwendungen, die bei einer den wirtschaftlichen Vorgängen angemessenen Gestaltung gemäß § 12 Nr. 1 und 2 EStG nicht einkommensteuermindernd zu berücksichtigen sind.[558]

Als nicht missbräuchlich im Sinne von § 42 AO sah es der Bundesfinanzhof trotz des zeitlichen Zusammenhanges zwischen Schenkungs- und Darlehensvertrag an, wenn der Schenkungsvertrag zwischen der Mutter und dem minderjährigen Kind keine Verpflichtung enthält, die geschenkten Gelder dem Vater als Darlehen zur Verfügung zu stellen. Die Freiheit der minderjährigen Kinder in Bezug auf die Verwendung der geschenkten Beträge sei nicht allein deshalb zu verneinen, weil und solange die Eltern für sie handeln. Selbst wenn daher die Mutter wusste und wollte, dass die geschenkten Beträge als Darlehen überlassen werden sollten, mindere dieser Umstand allein den wirtschaftlichen Wert ihrer Schenkung nicht. Anders wäre es möglicherweise, wenn die Darlehensvereinbarung überwiegend den Interessen des Darlehensnehmers (Vaters) gedient und die Kinder benachteiligt hätte.[559]

Jedenfalls für den als missbräuchliche Gestaltung eingestuften ersten Fall ergibt sich somit aus der Rechtsfolgenanordnung des § 42 Abs. 1 S. 3 AO, dass bei gesamtplanmäßig verbundenen Einzelakten die jeweiligen Einzelauswirkungen kumuliert oder saldiert werden, um den als Bezugspunkt der

[558] BFH BStBl II 1996, 443 (444).

[559] BFH BStBl II 2002, 674 (675 f.).

Angemessenheit letztlich maßgeblichen wirtschaftlichen Zustand zu ermitteln.[560] Durch die Vorgänge hat sich wirtschaftlich nichts geändert, da der Kaufpreis aus eigenen Mitteln gezahlt wurde und es sich bei der Schenkung an T um eine steuerlich unbeachtliche Zuwendung handelte, so dass lediglich § 12 Nr. 1 u. Nr. 2 EStG umgangen werden sollten.

2. Vereinbarung eines bloßen Schenkungsversprechens

Die nicht auf § 42 AO gestützte Rechtsprechung des Bundesfinanzhofs versagt einer derartigen Gestaltung die Anerkennung mit der Begründung, dass keine Schenkung mit anschließendem Darlehensvertrag, sondern ein befristetes Schenkungsversprechen vorliege, dem eine betriebliche Veranlassung fehle. Wurde diese Argumentation ursprünglich nur für die Fälle angewendet, in denen Schenkungs- und Darlehensvertrag in einer Urkunde zusammengefasst sind, so soll sie nunmehr auch auf die Fälle übertragen werden, in denen die Vereinbarungen in mehreren Urkunden getroffen wurden und trotz längerer zeitlicher Abstände zwischen den Vereinbarungen ein Gesamtplan besteht.[561]

a) Beurteilung der Umwandlungsfälle durch das Schrifttum

Die Argumentation des Bundesfinanzhofs geht auf Überlegungen von Knobbe-Keuk zurück. Bei derartigen Gestaltungen werde weder eine Schenkung noch ein Darlehen vereinbart, sondern lediglich ein Schenkungsversprechen abgegeben, welches durch eine vereinbarte Darlehensverbindlichkeit verschleiert werden soll.[562]

Voraussetzung einer Schenkung sei, dass die Zuwendung zu einer Minderung in der Vermögenssubstanz des Schenkers führt.[563] Auf der anderen Seite bedürfe es einer Bereicherung des Beschenkten durch die Zuwendung. Erforderlich sei eine nicht nur formale, sondern eine materiell beständige Mehrung des wirtschaftlichen Vermögens.[564] Die Zuwendung in Erfüllung eines Schenkungsversprechens hingegen stelle keine Schenkung dar, sondern eine „gewöhnliche Leistung solvendi causa", d.h. der Empfänger erhalte durch die Leistung nur das, was ihm ohnehin schon zustehe und in der Form der Forderung schon zu seinem Vermögen gehört habe.[565] Eine Geldzuwendung

---

560 *Englisch*, in: Tipke/Lang, Steuerrecht, § 5, Rz. 126; ähnlich *Heuermann*, StuW 2004, 124 (128); *Fischer*, in: H/H/Sp, AO/FGO, § 42 AO, Rz. 388.

561 Vgl. Viertes Kapitel § 12 A. I.

562 *Knobbe-Keuk*, in: FS Flume Bd. II, S. 149 (170 f.).

563 *Chiusi*, in: Staudinger, BGB, § 516, Rn. 15; *Koch*, in: MüKo, BGB, § 516, Rz. 6; *Mühl/Teichmann*, in: Soergel, BGB, § 516, Rn. 6.

564 *Chiusi*, in: Staudinger, BGB, § 516, Rn. 26; *Koch*, in: MüKo, BGB, § 516, Rz. 11 f.

565 *Knobbe-Keuk*, in: FS Flume Bd. II, S. 149 (156).

mit der gleichzeitigen Abrede der sofortigen Rückgewähr des Geldes als Darlehen sei keine (auflagenbelastete) Schenkung des Geldes. Das Geld als solches werde hier nur vorübergehend zur ausschließlichen Erreichung eines anderen Zwecks „hin- und hergeschoben".[566] Dies ergebe sich aus der Betrachtung des wirtschaftlichen Gehaltes des Rechtsgeschäfts und seiner rechtlichen Qualifizierung. Eine Schenkung liege schon deshalb nicht vor, da der Empfänger das Geld nicht behalten soll. Daher könne auch kein Darlehen vereinbart werden. Es komme auf die Wertung des Gesamtvorganges an und nicht auf die Bezeichnung der Vertragsparteien. Der wirtschaftliche Gehalt bleibe gleich, wenn man sich das Hin- und Herschieben des Geldes hinweg denke.[567]

Diese Argumentation ist im Schrifttum[568] jedoch auf Ablehnung gestoßen. Bei der vorliegenden Konstruktion handle es sich um eine Schenkung unter Auflage.[569] Schenkungsgegenstand seien nicht erst die Zinszahlungen und die Kapitalrückzahlung, sondern die als Darlehen eingeräumte Forderung gegen den Schenker.[570] Durch die Einräumung dieser Forderung sei die Schenkung vollzogen, sofern die nach § 518 Abs. 1 S. 2 BGB erforderliche notarielle Form eingehalten worden ist.[571] Andernfalls sei die Schenkung erst mit der Bezahlung der tatsächlichen Darlehensforderung erfüllt. Argument hierfür sei § 518 Abs. 1 S. 2 BGB, der die Erteilung eines abstrakten Schuldversprechens oder Schuldanerkenntnisses regele und die Verpflichtung anstatt des Schenkungsversprechens als Schenkungsgegenstand betrachte.

Der Beschenkte könne die Forderung schon verwerten, ohne auf den Zugang von Zinsen und Kapitalrückzahlung angewiesen zu sein. Ein Vermögenszugang liege mithin vor. Steuerrechtlich sei eine Einkunftsquelle übertragen worden, so dass der Zinsabzug nicht unter Hinweis auf § 12 Nr. 2 EStG verwehrt werden könne. Würde das Kind seine Forderung an einen Dritten abtreten, der das Darlehen kündigen würde, würde dieser keine Zinsen erhalten. Die gleichen Befugnisse stünden aber schon dem Kind zu.[572]

---

566 *Koch*, in: MüKo, BGB, § 516, Rz. 12.

567 *Knobbe-Keuk*, in: FS Flume Bd. II, S. 149 (170 f.); zustimmend *Pawlowski*, BB 1977, 253 (254 f.); *Chiusi*, in: Staudinger, BGB, § 525, Rn. 73; *Koch*, in: MüKo, BGB, § 525, Rz. 11.

568 *Tiedtke*, DStZ 1985, 287 (288); *Blass*, DStZ 1985, 374 (375); *Autenrieth*, BB 1985, 168 (168); *Groh*, BB 1987, 1505 (1507 f.); *ders.*, DStR 2000, 753 (755 f.); *Paus*, DStZ 1999, 952 (952); *Juchem*, Angehörigengeschäfte, S. 102 ff.

569 *Weidenkaff*, in: Palandt, BGB, § 525, Rn. 7; *Mühl/Teichmann*, in: Soergel, BGB, § 525, Rn. 10.

570 *Blass*, DStZ 1985, 374 (375); *Groh*, DStR 2000, 753 (755); *Kempelmann*, Der Gesamtplan im Steuerrecht, S. 24 ff.

571 *Groh*, DStR 2000, 753 (755), auch zum Folgenden.

572 *Groh*, DStR 2000, 753 (755); ähnlich *Blass*, DStZ 1985, 374 (375); Juchem, Angehörigengeschäfte, S. 102 f.

Der III. Senat des Bundesfinanzhofs[573] hat die Rechtsprechung, die bei der vorliegenden Fallkonstellation ein befristetes Schenkungsversprechen annimmt, zumindest für die Fälle in Frage gestellt, in denen die Vereinbarungen in getrennten Urkunden erfolgt sind. Der III. Senat hat sich dieser Rechtsprechung jedoch für die Fälle angeschlossen, in denen Schenkung und Darlehen in einer Urkunde vereinbart wurden.[574]

b) Steuerrechtliche Beurteilung der Umwandlungsfälle

Ob letztlich die vorliegende Gestaltung zivilrechtlich als Schenkungsversprechen oder aber als Schenkung unter Auflage zu werten ist, ist für die steuerrechtliche Beurteilung nicht entscheidend. Zwar trifft der Rechtsanwender im Steuerrecht, wie bei der Beurteilung von Vereinbarungen zwischen nahen Angehörigen, auf einen zivilrechtlich vorgeprägten Sachverhalt.[575] Die steuerlichen Folgen können aber durch die zivilrechtliche Gestaltung nicht beeinflusst werden.[576]

Der zivilrechtlich gestaltete Sachverhalt und die steuerrechtliche Norm müssen schrittweise aneinander angeglichen werden und umgekehrt. Es ist auch hier das „Hin- und Herwandern des Blicks zwischen Obersatz und Lebenssachverhalt"[577] erforderlich. Führt die Sachverhaltsgestaltung zu einem Erfolg, der nach der steuerrechtlichen Vorschrift eine Belastung rechtfertigt, dann ist der Steuertatbestand erfüllt.[578]

Hierfür bedarf es aber einer Qualifikation des Sachverhaltes im Hinblick auf die steuerrechtliche Norm. Für das Steuerrecht erfolgt dies durch die sogenannte wirtschaftliche Betrachtungsweise.[579] Es handelt sich insofern um einen anerkannten Vorgang juristischer Rechtsanwendung.[580]

---

573 Vgl. Zweites Kapitel § 4 B. I. 3. e) bb).

574 BFH/NV 1995, 197 (198).

575 Vgl. nur *Schön*, DStJG 33, S. 29 (42).

576 BVerfG BStBl II 1992, 212 (213); *P. Kirchhof*, in: FS RFH-BFH, S. 285 (297); *ders.*, DStJG 24, S. 9 (26).

577 *Engisch*, Logische Studien zur Gesetzesanwendung, S. 15.

578 BVerfG BStBl II 1992, 212 (214).

579 Die Anwendbarkeit der wirtschaftlichen Betrachtungsweise ist auch nach Streichung des § 1 Abs. 2, Abs. 3 StAnpG nicht entfallen, vgl. BT-Drucks. 7/4292, S. 15, 16; *Pawlowski*, BB 1977, 253 (253); *Beisse*, StuW 1981, 1 (2); *Drüen*, in: Tipke/Kruse, AO/FGO, § 4 AO, Rz. 209; *Sieker*, in: FS Kirchhof Bd. II, S. 1667 (1169).

580 *Kruse*, StbJb. 1978/79, 443 (446); *ders.*, Lehrbuch des Steuerrechts I, S. 132; *Grimm*, DStZ/A 1978, 283 (289); *Isensee*, Verwaltung, S. 86; *Lambrecht*, DStJG 12, S. 79 (83 f.); *Söffing*, StbJb. 1978/79, 301 (318); *Crezelius*, Steuerrechtliche Rechtsanwendung, S. 86; *P. Kirchhof*, in: FS RFH-BFH, S. 285 (297); *Drüen*, in: Tipke/Kruse, AO/FGO, § 4 AO, Rz. 328 ff.; vgl. auch *Bühler/Strickrodt*, Steuerrecht I/1, S. 159; kritisch *Tipke*, StuW 1970, 55 (57); *Stadie*, Zurechnung, S. 57; *Bender*, Grundlagen und Kriterien, S. 105.

Da die wirtschaftliche Betrachtungsweise auf den tatsächlichen wirtschaftlichen Sachverhalt abstellt, kann bei der steuerrechtlichen Beurteilung daher nicht jede privatrechtliche Interpretation zivilrechtlicher Rechtsbegriffe oder jede privatrechtliche gewählte Gestaltung unkritisch übernommen werden.[581] Die zivilrechtliche Gestaltung kann nur Indizien für die Qualifikation des Sachverhaltes liefern.[582]

Ihre Grenze findet diese Möglichkeit der Rechtsanwendung dann, wenn Sachverhalte umgedeutet werden und es somit zu einer Besteuerung fiktiver Sachverhalte kommt.[583] Aufgrund des Grundsatzes der Tatbestandsmäßigkeit der Besteuerung und dem in §§ 85, 88 AO und § 76 Abs. 1 FGO festgeschriebenen Untersuchungsgrundsatz darf es nur dann zu einer Fiktion des Sachverhaltes kommen, wenn diese, wie zum Beispiel in § 42 Abs. 1 S. 3 AO,[584] auch vom Gesetz vorgesehen ist.[585] Zudem rechtfertigt die wirtschaftliche Betrachtungsweise keine außerrechtliche wirtschaftliche Beurteilung rechtlicher Sachverhaltsgestaltungen.[586]

Als Probleme der rechtlichen Qualifikationen des verwirklichten Sachverhaltes lassen sich die persönliche Zurechnung von Einkünften[587] und die Beurteilung mittels der Argumentationsfigur des Gesamtplans[588] ausmachen, die ja gerade zur Beurteilung der Umwandlungsfälle herangezogen wird. Die Vereinbarung von Schenkung und Darlehen in einer Urkunde kann folglich, ebenso wie ihre Vereinbarung in mehreren Urkunden, nur durch eine Angleichung des Sachverhalts unter die steuerrechtlichen Normen beurteilt werden.[589]

---

581 *Isensee*, Verwaltung, S. 88; *Lambrecht*, DStJG 12, S. 79 (82).

582 *Ruppe*, DStJG 1, S. 7 (11); *ders.*, in: Handbuch der Familienverträge, S. 127 (129); *Kruse*, Lehrbuch des Steuerrechts, S. 139 f.

583 *Grimm*, DStZ/A 1978, 283 (289); *Beisse*, StuW 1981, 1 (11); *Crezelius*, Steuerrechtliche Rechtsanwendung, S. 90 ff.; *Söffing*, BB 2004, 2777 (2783); *Kugelmüller-Pugh*, FR 2007, 1139 (1146); *Jachmann*, DStR-Beih 2011, 77 (80); *Schmidtmann*, FR 2015, 57 (59).

584 So deutlich BFH BStBl II 2001, 260 (261); BFH/NV 2016, 1341 (1343); *Hensel*, Zur Dogmatik des Begriffs „Steuerumgehung", in: System des Familiensteuerrechts und andere Schriften, S. 303 (342); *Crezelius*, Steuerrechtliche Rechtsanwendung, S. 91; *Stadie*, Zurechnung, S. 57; *Jachmann*, Fiktion, S. 1052 f.; *Kruse*, Lehrbuch des Steuerrechts I, S. 145; *Rose*, FR 2003, 1274 (1275); *Drüen*, in: Tipke/Kruse, AO/FGO, § 42 AO, Rz. 11; wohl auch *Lang*, Bemessungsgrundlage, S. 315; kritisch *Sieker*, Umgehungsgeschäfte, S. 31 ff.

585 *Jachmann*, DStR-Beih 2011, 77 (80).

586 BVerfG BStBl II 1992, 212 (214); vgl. auch nochmals BVerfGE 13, 290 (305 f.).

587 *Pawlowski*, BB 1977, 253 (253 ff.); *Kruse*, Lehrbuch des Steuerrechts I, S. 139; *Robertz*, Zurechnung von Vermögenseinkünften, S. 13 f.

588 *Sieker*, Umgehungsgeschäfte, S. 122 f.; *Heuermann*, StuW 2004, 124 (125, 127); *Schmidtmann*, FR 2015, 57 (59).

589 Zu diesem Erfordernis *Isensee*, Verwaltung, S. 85; *Dornbach*, FR 1979, 417 (423); *Ruppe*, in: Handbuch der Familienverträge, S. 101 (106).

Da Ausgangspunkt der Angehörigenproblematik die Verlagerung von Einkünften und die Abgrenzung der betrieblichen/beruflichen von der privaten Sphäre ist,[590] kommt es vorliegend darauf an, ob es sich bei der Schenkung eines Geldbetrages unter gleichzeitiger Rückgewähr als Darlehen um eine einkommensteuerrechtlich relevante Verlagerung von Einkünften unter Begründung einer Einkunftsquelle handelt. Nur diese führt zu einer Zurechnung von Einkünften.[591]

Einkünfte sind gemäß § 2 Abs. 1 Satz 1 EStG demjenigen zuzurechnen, der sie erzielt.[592] Der Steuerpflichtige muss den jeweiligen Einkünftetatbestand in seiner Person – und zwar mit Gewinn- beziehungsweise Einkünfteerzielungsabsicht[593] – verwirklicht haben.[594] Erforderlich für die Zurechnung von Einkünften ist, dass der Steuerpflichtige „über die Leistungserstellung disponieren kann. Er muss die Möglichkeit haben, Marktchancen zu nutzen, Leistungen zu variieren, im Extremfall auch zu verweigern, in dem er seine Tätigkeit einstellt, Kapital zurückzieht, Mietverhältnisse kündigt etc."[595] Entscheidend ist, wer das Risiko der Dispositionsmöglichkeit trägt.[596]

Vorliegend geht es bei der Beurteilung der Umwandlungsfälle darum, ob die Gewährung der geschenkten Geldbeträge dazu dient, dem Beschenkten die Erzielung von Einkünften aus Kapitalvermögen nach § 2 Abs. 1 S. 1 Nr. 5 EStG i.V.m. § 20 Abs. 1 Nr. 7 EStG zu ermöglichen, oder ob es sich um eine

---

590 Vgl. hierzu nochmals Drittes Kapitel § 8 B.

591 *Söffing*, StbJb 1978/79, 301 (305); hierzu als Kern der Problematik auch *Grimm*, DStZ/A 1978, 283 (289); *Tiedtke*, DStR 1981, 464 (467 ff.).

592 Zu § 2 Abs. 1 S. 1 EStG als zentraler Zurechnungsnorm vgl. *Raupach*, in: FS Beisse, S. 403 (408); *Robertz*, Zurechnung von Vermögenseinkünften, S. 20. Während sich für *Hensel* die Zurechnung „meist unbemerkt aus den Tatbestandsnormen" ergab, Steuerrecht, S. 59, wird die Frage der Zurechnung von Einkünften heute weitestgehend als Problem der teleologischen Auslegung der Steuertatbestände aufgefasst, so *Ruppe*, in: Handbuch der Familienverträge, S. 127 (128); *Biergans/Stockinger*, FR 1982, 25 (31).

593 *P. Kirchhof* in: K/S/M, EStG, § 2, Rdnr. A 37; ähnlich *Musil*, in: H/H/R, EStG/KStG, § 2 EStG, Anm. 100; *Weber-Grellet*, in: Schmidt, EStG, § 2, Rz. 18 f., allerdings gegen die Einteilung in einen subjektiven und einen objektiven Tatbestand.

594 *Tipke*, StuW 1977, 293 (298); *Biergans/Stockinger*, FR 1982, 25 (31); *Söffing*, StbJb. 1978/79, 301 (304 f.); *Stadie*, Zurechnung, S. 22; *Ruppe*, in: Handbuch der Familienverträge, S. 127 (128); *P. Kirchhof*, in: K/SM/, EStG, § 2, Rdnr. B 206 ff.; *Hey*, in: Tipke/Lang, Steuerrecht, § 8, Rz. 150; *Musil*, in: H/H/R, EStG/KStG, § 2 EStG, Anm. 102.

595 *Ruppe*, DStJG 1, S. 7 (18); auf die Dispositionsmöglichkeit ebenfalls abstellend *Schmidt*, StbJb 1980/81, 115 (120); *Lang*, Bemessungsgrundlage, S. 232 ff.; *Stadie*, Zurechnung, S. 23 f.; *Wendt*, DÖV 1988, 710 (714 f.); *Kruse*, Lehrbuch des Steuerrechts, S. 140 f.: *Raupach*, in: FS Beisse, S. 403, 413; *Musil*, in: H/H/R, EStG/KStG, § 2 EStG, Anm. 125 ff., 130 ff.; *Hey*, in: Tipke/Lang, Steuerrecht, § 8, Rz. 151; kritisch *Schön*, in: FS Offerhaus, S. 385 (395 ff.).

596 *Stadie*, Zurechnung, S. 25; *Musil*, in: H/H/R, EStG/KStG, § 2 EStG, Anm. 132; *Jakob*, Einkommensteuer, Rn. 118; a.A. *Biergans*/Stockinger, FR 1982, 25 (33).

steuerlich unbeachtliche Zuwendung gemäß § 12 EStG handelt. Einkünfte aus Kapitalvermögen erzielt derjenige, der Kapitalvermögen gegen Entgelt zur Nutzung überlässt.[597] Die Leistung des Steuerpflichtigen besteht hier in der zeitlich begrenzten Zurverfügungstellung des Wirtschaftsgutes.[598] Einnahmen im Sinne von § 20 EStG erzielt danach der Gläubiger des zugrundeliegenden Rechtsverhältnisses, d.h. derjenige, der im Entstehungszeitpunkt der Erträge Gläubiger der Forderung auf Kapitalrückzahlung ist.[599]

Da es maßgeblich auf die Möglichkeit ankommt, über die Einkunftsquelle disponieren zu können, müssten bei den Umwandlungsfällen die Kinder über das geschenkte Vermögen als eigenes verfügen können.[600] An dieser Verfügungsmöglichkeit fehlt es aber, wenn keine ausreichend gesicherte Rechtsposition der Beschenkten besteht,[601] der Vermögenswert also wieder entzogen werden kann.[602] Ist die Schenkung an die Kinder aber von vornherein an die Voraussetzung geknüpft, dass der Beschenkte das Vermögen der Eltern wieder als Darlehen gewähren muss, verbleibt das Vermögen tatsächlich und wirtschaftlich bei dem Schenker.[603] Würden die Kinder den Eltern den Geldbetrag nicht als Darlehen gewähren, so wäre der Rechtsgrund für die Schenkung entfallen und den Kindern der Vermögenswert wieder entzogen.

Die Kinder waren nie in der Lage, frei über den geschenkten Betrag zu verfügen. Dies gilt sowohl für den Fall, dass Schenkung und Darlehen in einer Urkunde vereinbart wurden, als auch für den Fall, dass Schenkung und Darlehen in mehreren und gegebenenfalls auch zeitlich getrennten Urkunden vereinbart wurden.

Das Argumentationsmuster des Gesamtplans, mit dem Verwaltung[604] und Rechtsprechung[605] hier arbeiten, ermöglicht die getrennt vereinbarten Rechts-

---

597 BFH BStBl II 1977, 115 (116); BStBl II 1977, 414 (415); BFH/NV 2006, 57 (58); BFH/NV 2011, 1512 (1513); *Tipke*, StuW 1977, 293 (299); *Hey*, in: Tipke/Lang, Steuerrecht, § 8, Rz. 156; *Buge*, in: H/H//R, EStG, § 20, Anm. 19; *Jakob*, Einkommensteuer, Rn. 118.

598 *Biergans/Stockinger*, FR 1982, 25 (32); *Robertz*, Zurechnung von Vermögenseinkünften, S. 88.

599 *Stadie*, Zurechnung, S. 27; *Jochum*, in: K/S/M, EStG, § 20, Rdnr. B 77; *von Beckerath*, in: Kirchhof, EStG, § 20, Rn. 17.

600 *Fischer*, in: H/H/Sp, AO/FGO, § 42 AO, Rz. 416.

601 *Ruppe*, DStJG 1, S. 7 (29).

602 *Knobbe-Keuk*, in: FS Flume II, S. 149 (160).

603 BFH BStBl II 1992, 468 (470); BFH/NV 1995, 197 (198); BStBl II 2002, 685 (687); BFH/NV 2003, 26 (27).

604 BMF BStBl I 2011, 37 (38).

605 Vgl. oben Viertes Kapitel § 11 A. I.

geschäfte zu einem einheitlichen Geschehen im Hinblick auf Sinn und Zweck der Normen über die Zurechnung von Einkünften zu verklammern.[606]

3. Bedeutung für die Fallgruppe der Umwandlungsfälle

Die wesentliche Schlussfolgerung, die sich der Beurteilung der Umwandlungsfälle mittels § 42 AO und mittels der wirtschaftlichen Betrachtungsweise entnehmen lässt, ist, dass durch eine gegenläufige Gestaltung die rechtlichen und tatsächlichen Wirkungen von Rechtsgeschäften ganz oder teilweise rückgängig gemacht werden und damit die Position des Nutzenden tatsächlich und wirtschaftlich nicht verändert wird.[607] Der wirtschaftliche Gehalt bleibt gleich, wenn man sich das Hin- und Herschieben des Geldes hinweg denkt.[608] Insofern ist es unerheblich, ob man zu dieser Wertung durch Anwendung der Normen über die Zurechnung von Einkünften oder aber mittels der Rechtsfolgenanordnung des § 42 Abs. 1 S. 3 AO kommt. Denn in beiden Fällen sind jeweils die entscheidungstragenden Wertungen aufzuspüren.[609]

Von wesentlich größerem Interesse ist dann aber in diesem Zusammenhang, wie die Verwaltung und die Rechtsprechung zu diesem materiell-rechtlichen Ergebnis gelangen, wenn sie die Umwandlungsfälle unabhängig von § 42 AO prüfen. So will die Verwaltung die Abhängigkeit zwischen Schenkung und Darlehen in bestimmten Fällen unwiderleglich vermuten.[610] Die Abhängigkeit sei jedoch nicht allein deshalb zu vermuten, weil die Vereinbarung von Schenkung und Darlehen zwar in mehreren Urkunden, dafür aber innerhalb kurzer Zeit erfolgt ist. Auch bei einem längeren Abstand zwischen Schenkungs- und Darlehensvertrag könne eine auf einem Gesamtplan beruhende sachliche Verknüpfung bestehen. In anderen Fällen will die Verwaltung dagegen bloß von einer widerleglichen Vermutung ausgehen, die widerlegt ist, wenn Schenkung und Darlehen sachlich und zeitlich unabhängig voneinander vorgenommen worden sind.

Die Anwendung einer unwiderleglichen Vermutung durch die Verwaltung ist jedoch im Hinblick auf den Maßstab der Verhältnismäßigkeit äußerst kritisch zu sehen. Es gilt daher, die Formulierung und Anwendung der Kriterien im

---

606 Zu diesem Erfordernis des Gesamtplans *Crezelius*, FR 2003, 537 (539), allerdings für § 42 AO; *Förster*, in: FS Korn, S. 3 (15); *Schmidtmann*, FR 2015, 57 (59).

607 *Sieker*, Umgehungsgeschäfte, S. 122; *Strahl*, FR 2004, 929 (934); *Förster*, in: FS Korn, S. 3 (8); *Kugelmüller-Pugh*, FR 2007, 1139 (1141) *Heuermann*, StuW 2004, 124 (129); *Ratschow*, in: Klein, AO, § 42, Rn. 121; *Fischer*, in: H/H/Sp, AO/FGO, § 42 AO, Rz. 362.

608 *Knobbe-Keuk*, in: FS Flume Bd. II, S. 149 (171); *Schmidt*, DStJG 1, S. 41 (53); *Tiedtke*, DStR 1981, 464 (465); zustimmend auch *Söhn*, in: K/S/M, EStG, § 4, Rdnr. E 1052.

609 *Heuermann*, StuW 2004, 124 (128 f.).

610 BMF BStBl I 2011, 37 (38).

Rahmen der Umwandlungsfälle durch Verwaltung und Rechtsprechung anhand des Grundsatzes der Verhältnismäßigkeit zu beurteilen.

a) Formulierung und Anwendung einer unwiderleglichen Vermutung

Ob die Formulierung und Anwendung einer unwiderleglichen Vermutung nach dem bisher Gesagten mit dem Grundsatz der Verhältnismäßigkeit als Maßstab für die Formulierung und Anwendung der Kriterien zur Beurteilung von Verträgen zwischen nahen Angehörigen herangezogen werden kann, erscheint mehr als fraglich.

Die Finanzverwaltung geht jedoch bei der Beurteilung der Umwandlungsfälle von einer unwiderleglichen Vermutung der Abhängigkeit zwischen Schenkung und Darlehen aus, wenn Schenkung und Darlehen in einer Urkunde vereinbart wurden, die Schenkung unter der Auflage der Rückgabe als Darlehen erfolgt ist oder das Schenkungsversprechen unter der aufschiebenden Bedingung der Rückgabe als Darlehen abgegeben wurde.[611]

Unwiderlegliche Vermutungen sind aber nicht dem Bereich der Sachverhaltsermittlung und -würdigung zuzuordnen, um den es bei der Beurteilung von Vereinbarungen zwischen nahen Angehörigen geht.[612] Sie sind vielmehr eine Art Fiktion, aufgrund der eine Rechtsfolge, die bei Vorliegen eines bestimmten Tatbestandsmerkmals eintreten soll, bereits bei Vorliegen eines anderen Tatbestandsmerkmals eintritt. Ihre Begründung ist dem Gesetzgeber vorbehalten.

Die Vorgaben der „Oder-Konto"-Rechtsprechung werden zudem in diesem Fall nicht folgerichtig umgesetzt. Maßgeblich ist auch hier die Würdigung der Indizien zur Feststellung des Gesamtplans. Durch die Vereinbarung in einer Urkunde fallen Schenkung und Darlehen sachlich und zeitlich zusammen.[613] Folgt man der oben dargelegten Betrachtungsweise, so kann der Beschenkte nie frei darüber entscheiden, ob er die geschenkten Mittel im Betrieb des Darlehensnehmers einsetzen oder anderweitig verwenden will. Es ist zudem auch kein anderweitiger Geschehensablauf erkennbar, der eine derartige Gestaltung rechtfertigen würde. Es handelt sich nicht um eine den wirtschaftlichen Vorgängen angemessene Gestaltung, da sich der wirtschaftliche Gehalt nicht geändert hat. Auch wenn den Steuerpflichtigen also der Gegenbeweis offensteht, wird es ihnen nicht gelingen, einen anderweitigen Geschehensablauf oder gemäß

---

[611] BMF BStBl I 2011, 37 (38).

[612] BFH BStBl II 2001, 393 (395), auch zum Folgenden.

[613] Vgl. zu diesen Indizien zur Feststellung eines Gesamtplans nochmals Viertes Kapitel § 11 D. III.

§ 42 Abs. 2 S. 2 AO außersteuerliche Gründe darzulegen, die nach dem Gesamtbild der Verhältnisse beachtlich sind.

b) Formulierung und Anwendung einer widerleglichen Vermutung

Anders verhält es sich, wenn die Finanzverwaltung für den Fall, dass Schenkung und Darlehen in mehreren Urkunden, dafür aber innerhalb kurzer Zeit vereinbart wurden, von einer widerleglichen Vermutung ausgeht.[614] So sei die Abhängigkeit widerleglich zu vermuten, wenn ein Vereinbarungsdarlehen nach § 607 Abs. 2 BGB ausgemacht wurde, die Darlehenskündigung nur mit Zustimmung des Schenkers erfolgen kann oder die Entnahme durch den Beschenkten zu Lasten des Darlehenskontos nur mit Zustimmung des Schenkers zulässig ist. Die Vermutung sei als widerlegt ansehen, wenn kein sachlicher und zeitlicher Zusammenhang besteht, wofür insbesondere erforderlich sei, dass der Schenkende endgültig, tatsächlich und rechtlich entreichert und der Empfänger entsprechend bereichert ist.[615]

Dies entspricht insoweit den oben dargelegten Anforderungen an eine verhältnismäßige Anwendung der Rechtsprechungsgrundsätze, als dass den Steuerpflichtigen die Möglichkeit des Gegenbeweises offensteht.[616] Allerdings hat der Bundesfinanzhof entschieden, dass sich die Kürze der zwischen Schenkung und Darlehensgewährung liegenden Zeit nicht zur Begründung eines Anscheinsbeweises eigne.[617] Dieser ist ein Element der freien Beweiswürdigung, der auf der Erfahrung beruht, dass typische Sachverhalte bestimmte Folgen auslösen oder bestimmte Folgen auf typische Geschehensabläufe hindeuten.[618] Es bedarf für seine Führung eines Erfahrungssatzes, der geeignet ist, die volle Überzeugung des Gerichts vom Vorliegen oder Nichtvorliegen einer Tatsache zu begründen.[619] Von einem typischen Geschehensablauf muss auf das Tatbestandsmerkmal geschlossen werden können.[620] Er kann durch die Führung des Gegenbeweises erschüttert werden. Dies ist bereits dann erfolgt, wenn ein Sachverhalt dargetan wird, aus dem sich die ernsthafte Möglichkeit eines anderen als des der allgemeinen Erfahrung entsprechenden Verfahrensablaufs

---

[614] BMF BStBl I 2011, 37 (38), auch zum Folgenden.

[615] BMF BStBl I 2011, 37 (38).

[616] Vgl. Viertes Kapitel § 11 D. I.

[617] BFH BStBl II 2001, 393 (395).

[618] *Völlmeke*, DStR 1996, 1070 (1073); *Ratschow*, in: Gräber, FGO, § 96, Rn. 146.

[619] *Rosenberg/Schwab/Gottwald*, Zivilprozessrecht, § 113, Rz. 17; *Anzinger*, Anscheinsbeweis, S. 86 ff.; zur Geltung des Regelbeweismaßes im Steuerrecht *Rönitz*, DStJG 3, S. 297 (309); *Müller-Franken*, Maßvolles Verwalten, S. 279 ff., 303 f.; *Anzinger*, Anscheinsbeweis, S. 166; prinzipiell zustimmend *Söhn*, in: H/H/Sp, AO/FGO, § 88 AO, Rz. 222; a.A. für das Verwaltungsverfahren *Seer*, in: Tipke/Kruse, AO/FGO, § 88 AO, Rz. 29.

[620] *Söhn*, in: H/H/Sp, AO/FGO, § 88 AO, Rz. 214.

ergibt.[621] Die Tatsachen, die den Gegenbeweis begründen können, müssen jedoch auch zur vollen Überzeugung des Gerichts vorliegen.[622]

Ein solcher Erfahrungssatz könne aber nicht aus der Kürze der zwischen Schenkungs- und Darlehensvereinbarung liegenden Zeit abgeleitet werden.[623] Nur anhand der übrigen Umstände des jeweiligen Falles kann bestimmt werden, wann die zwischen Schenkung und Darlehensgewährung liegende Zeit so kurz ist, dass sie als weiteres Indiz für die "steuerschädliche" Verknüpfung beider Rechtsgeschäfte zu werten ist.

B. Investitionsdarlehensfälle

Die Fallgruppe der Investitionsdarlehensfälle ist dadurch gekennzeichnet, dass das Darlehen der Finanzierung der Anschaffungs- oder Herstellungskosten eines Wirtschaftsgutes dient. Bei diesen Fällen geht es im Hinblick auf den Zweck der Darlehensaufnahme um ausgesprochen typische Gestaltungen, entspricht die Darlehensaufnahme zu Finanzierungszwecken doch gängigen wirtschaftlichen Vorgängen. Der Vergleich der Vereinbarung zwischen Angehörigen mit Vereinbarungen zwischen fremden Dritten ist hier leichter durchführbar.

Gleichwohl unterwirft der Bundesfinanzhof auch diese Fallgruppe, trotz einer „großzügigen“ Anwendung der Fremdvergleichsprüfung,[624] weiteren Grenzen und verlangt, dass es sich nicht um eine verschleierte Schenkung, einen Missbrauch rechtlicher Gestaltungsmöglichkeiten oder ein Scheingeschäft handeln darf.[625] Es gilt daher auch hier, die Rechtsprechung zu dieser Fallgruppe auf ihre Vereinbarkeit mit dem Gebot einer verhältnismäßigen Anwendung der Rechtsprechungsgrundsätze hin zu untersuchen.

---

621 *Rosenberg/Schwab/Gottwald*, Zivilprozessrecht, § 113, Rz. 36; *Völlmeke*, DStR 1996, 1070 (1074 f.); *Anzinger*, Anscheinsbeweis, S. 186; *Lange*, in: H/H/Sp, AO/FGO, § 96 FGO, Rz. 98 f.; *Seer*, in: Tipke/Kruse, AO/FGO, § 96 FGO, Rz. 37.

622 Anzinger, Anscheinsbeweis, S. 186. Es bedarf aber aufgrund des Amtsermittlungsgrundsatzes keines vollen Beweises. Es muss nur die ernsthafte Möglichkeit eines anderen als des der allgemeinen Lebenserfahrung entsprechenden Verlaufs dargelegt werden. Finanzbehörden und Finanzgerichte müssen dann schon die Möglichkeit eines atypischen Geschehensablaufes berücksichtigen und eigene Tatsachenaufklärung betreiben, vgl. Müller-Franken, Maßvolles Verwalten, S. 319; Anzinger, Anscheinsbeweis, S. 188; Lambrecht, DStJG 12, S. 79 (92); *Ratschow*, in: Gräber, FGO, § 96, Rn. 152; a.A. *Seer*, in: Tipke/Kruse, AO/FGO, § 96 FGO, Rz. 44; *Völlmeke*, DStR 1996, 1070 (1075).

623 BFH BStBl II 2001, 393 (395).

624 Vgl. dazu unten Viertes Kapitel § 12 B. I. 1.

625 BFH/NV 1999, 780 (782); BFH BStBl II 2000, 393 (395); BFH/NV 2009, 12 (12); BStBl II 2014, 374 (378); FG Rh.-Pf., EFG 2015, 1711 (1712).

I. Anwendung der Anerkennungsvoraussetzungen

1. Großzügige Fremdvergleichsprüfung

Für die Fallgruppe der Investitionsdarlehen sieht der Bundesfinanzhof eine großzügigere Fremdvergleichsprüfung vor, da die Darlehensaufnahme eindeutig betrieblich oder durch die Erzielung von Überschusseinkünften veranlasst sei, so dass die Bedingungen im Einzelnen von dem unter Fremden Üblichen abweichen können; eine Gesamtwürdigung bleibt jedoch erforderlich.[626] Die Finanzverwaltung geht hier sogar noch einen Schritt weiter und will die Modalitäten der Darlehenstilgung und -besicherung gar nicht mehr prüfen, wenn es sich um volljährige, voneinander wirtschaftlich unabhängige Angehörige handelt.[627]

Nach der Ansicht des Bundesfinanzhofs bestehen in dieser Fallgruppe zum Beispiel keine Bedenken gegen eine Klausel, nach der das Darlehen von beiden Seiten mit einer Frist von sechs Monaten ganz oder in Teilbeträgen gekündigt werden kann.[628] Es sei nicht ersichtlich, dass sich ein fremder Schuldner nicht darauf eingelassen hätte, das Darlehen möglicherweise bereits nach sechs Monaten vollständig zurückzahlen zu müssen. Diese Bedenken könnten allenfalls dann tragen, wenn der Schuldner – insbesondere im Hinblick auf die Höhe des Darlehens – gerade auf die Darlehensgewährung durch den konkreten Gläubiger zwingend angewiesen wäre. Liegt der Betrag des Darlehens ausweislich jeweils unter 10 % der Gesamtverbindlichkeiten des Betriebs, sei jedoch nicht ersichtlich, dass eine Kündigung des Darlehens durch den oder die Gläubiger den Kläger vor existenzbedrohende Probleme gestellt hätte.

Bei Investitionsdarlehensfällen sei zudem schon fraglich, ob das Fehlen von Sicherheiten wesentliche Bedeutung haben könne.[629] So hat der Bundesfinanzhof sogar ausdrücklich offengelassen, ob ein fremder Darlehensgeber bei geordneten wirtschaftlichen Verhältnissen des Schuldners überhaupt eine dingliche Sicherheit verlangt hätte.[630] Zudem sei das Fehlen von Sicherheiten in Entscheidungen zu Umwandlungsfällen bisher in erster Linie bei langfristig unkündbaren Darlehen beanstandet worden.[631] Ein Darlehen, das mit

---

[626] BFH BStBl II 2014, 374 (378); FG Rh.-Pf., EFG 2015, 1711 (1712); FG Münster, EFG 2016, 2056 (2057).

[627] BMF BStBl I 2011, 37 (37 f.).

[628] BFH BStBl II 2014, 374 (379), auch zum Folgenden.

[629] BFH BStBl II 2014, 374 (379), auch zum Folgenden; vgl. auch FG Bad.-Württ., DStRE 2005, 248 (249).

[630] BFH BStBl II 1991, 838 (840).

[631] Vgl. oben Viertes Kapitel § 12 A. I.

einer Frist von sechs Monaten gekündigt werden kann, sei aber nicht als langfristig anzusehen.

Zudem sei hier, sofern diese Möglichkeit besteht, stets ein konkreter Fremdvergleich durchzuführen, der den hypothetischen Fremdvergleich im Einzelfall überlagere.[632] Dies könne dann der Fall sein, wenn drei Kreditinstitute bereit gewesen wären, ungesicherte Darlehen zu gewähren, da vor diesem konkreten Hintergrund das zwischen fremden Dritten übliche Vertragsgebaren an Gewicht verliere.

Alles in allem zeigt sich, dass Verwaltung und Rechtsprechung in diesen Fällen gewillt sind, auch unübliche Vereinbarungen der Besteuerung zugrunde zu legen. Die Gestaltungsfreiheit der Steuerpflichtigen wird im Rahmen der Abwägung zwischen dem Eingriff in Art. 6 Abs. 1 GG und der gebotenen Missbrauchsabwehr größere Bedeutung beigemessen. Die nach dem Grundsatz der Erforderlichkeit vorgegebene abgestufte Missbrauchsabwehr wird mithin verwirklicht.

2. Durchführung der Vereinbarung

Nach der Auffassung der Finanzverwaltung und Finanzrechtsprechung kommt in dieser Fallgruppe der tatsächlichen Durchführung der Vereinbarung die entscheidende Bedeutung zu.[633] Die nichtvertragsgetreue Durchführung sei ein starkes Indiz gegen die Anerkennung.[634] Dabei wird auch hier die Stärke eines Beweisanzeichens maßgeblich davon abhängen, ob es sich um eine vertragliche Haupt- oder Nebenpflicht handelt.[635] Wurde zum Beispiel die Zahlung laufender Zinsen vereinbart, so muss diese auch vertragsgemäß gezahlt werden – und zwar auch in der vertraglich vereinbarten Höhe.[636]

Dass die Rechtsprechung diesem objektiven Kriterium weitaus mehr Gewicht beimisst als den anderen Kriterien, die sie zur Feststellung der inneren Tatsache heranzieht, kann nicht verwundern, bedeutet ein tatsächlich durchgeführter Vertrag doch in erster Linie, dass die Beteiligten die Rechtsfolgen des Geschäfts auch tatsächlich eintreten lassen.[637] Da es bei einer Besteuerung nach der wirtschaftlichen Leistungsfähigkeit aber auf das wirtschaftliche Ergebnis ankommt, ist der tatsächliche Vollzug der Vereinbarung insoweit eine Selbstverständlichkeit, die auch in § 38 AO ausgedrückt ist. Die Leistungspflicht des

---

[632] Vgl. bereits Viertes Kapitel § 12 A. I.

[633] BFH BStBl II 2014, 374 (378); FG Rh.-Pf., EFG 2015, 1711 (1712); FG Münster, EFG 2016, 2056 (2057); BMF BStBl I 2011, 37 (38).

[634] BFH BStBl II 2014, 374 (380).

[635] Vgl. oben Viertes Kapitel § 12 A. I.

[636] BFH/NV 2002, 334 (335); BStBl II 2014, 374 (380).

[637] *Söffing*, StbJb. 1978/79, 301 (343).

Steuerpflichtigen besteht nur dann, wenn der Tatbestand verwirklicht ist, an den das Gesetz diese knüpft. Der tatsächliche Vollzug der Vereinbarung ist somit das Substrat, an welches das Steuerrecht die Steuerpflicht anknüpft.[638]

In der Literatur wird das Kriterium des tatsächlichen Vollzuges des Vereinbarten daher auch als das entscheidende Kriterium betrachtet; seine große Bedeutung wird als unbedenklich angesehen.[639] Es ist nicht nur ein erforderliches Merkmal im Rahmen von Familienverträgen, sondern Voraussetzung eines jeden Rechtsverhältnisses, so dass keine Diskriminierung von Familienverträgen gegeben ist.[640] Auch das Bundesverfassungsgericht stuft es als unbedenklich ein, wenn an die Vertragsgestaltung die Voraussetzung geknüpft wird, dass dieses auch vollzogen wird.[641]

Im Rahmen eines Darlehensvertrages bedeutet dies, dass der Darlehensgeber das Darlehen auch tatsächlich zur Verfügung stellen muss. Für den Darlehensnehmer ist für den Abzug der Darlehenszinsen als Betriebsausgaben somit im Gegenzug erforderlich, dass er das vereinbarte Entgelt zahlt.[642] Nur dann ist seine Leistungsfähigkeit gemindert. Zu beachten ist jedoch die Vereinbarung einer Thesaurierung der Zinsen. Wurde eine solche vertraglich vereinbart, so stellt die Nichtauszahlung der Zinsen keinen Durchführungsmangel dar.[643]

II. Weitere Grenzen

Zudem stellt der Bundesfinanzhof für diese Fallgruppe[644] weitere Grenzen dergestalt auf, dass es sich nicht um eine verschleierte Schenkung, einen Missbrauch rechtlicher Gestaltungsmöglichkeiten oder ein Scheingeschäft handeln darf[645] und unterwirft die Beurteilung dieser Fallgruppen zusätzlich § 41 Abs. 2 AO und § 42 AO.

Dies wirft jedoch Fragen auf: Kommt es auf die von der Rechtsprechung entwickelten Grundsätze nicht mehr an, wenn es sich um eine verschleierte Schenkung oder ein Scheingeschäft handelt, oder sind diese nur im Nachhinein

---

[638] *Fenyves*, in: Handbuch der Familienverträge, S. 59 (95).

[639] *Schön*, in: FS Klein, S. 467 (478); *Juchem*, Angehörigengeschäfte, S. 79; *Bender*, Grundlagen und Kriterien, S. 50; *Rehn*, Verträge zwischen nahen Angehörigen, S. 189 f.

[640] *Stuhrmann*, in: FS Schmidt, S. 403 (407).

[641] BVerfG BStBl II 1996, 34 (36).

[642] So auch *Meyer-Arndt*, StbJb. 1987/88, 167 (180).

[643] *Kulosa*, DB 2014, 972 (979).

[644] A.A. wohl *Kanzler*, FR 2014, 187 (188), der alle drei Fallgruppen unter dem Vorbehalt dieser zusätzlichen Grenze sieht.

[645] BFH/NV 1999, 780 (782); BStBl II 2000, 393 (395); BFH/NV 2009, 12 (12); BStBl II 2014, 374 (378); FG Rh.-Pf., EFG 2015, 1711 (1712).

heranzuziehen, wenn die Prüfung schon dem Fremdvergleich standhält? Lassen sich das Scheingeschäft und die verschleierte Schenkung nicht schon dem Oberbegriff des Gestaltungsmissbrauchs zuordnen?[646] Wie verhalten sich dieser verschiedenen Maßstäbe zueinander?

Um dieser Frage nachzugehen, gilt es, die Rechtsprechung näher dahingehend zu untersuchen, wann oder ob sie Darlehensverträge zwischen Angehörigen als Scheingeschäft, verschleierte Schenkung oder Missbrauch qualifiziert hat.

1. Kein Scheingeschäft oder verschleierte Schenkung

Als ein Scheingeschäft hat es der Bundesfinanzhof gewertet, wenn der Darlehensnehmer wirtschaftlich nur schwer in der Lage ist, die vertraglich vereinbarten Zins- und Tilgungsleistungen aufzubringen.[647] Dies sei zum Beispiel dann der Fall, wenn der Darlehensnehmer (auf Dauer) nicht ohne zusätzliche Zuwendungen seitens seiner Eltern in der Lage gewesen war, Zahlungen auf das Darlehen zu erbringen.[648]

Eine verschleierte Schenkung sei anzunehmen, wenn die feste Laufzeit des tilgungsfreien Darlehens die durchschnittliche statistische Lebenserwartung des Darlehensgebers deutlich übersteigt.[649] Dies werde man aber wohl nur dann annehmen können, wenn der Darlehensschuldner letztlich nicht wirtschaftlich belastet sei.[650] Ist der Darlehensschuldner jedoch zur Zinszahlung und zur Rückzahlung des gewährten Darlehens verpflichtet, so liege trotz der Tatsache, dass die Laufzeit des Darlehens die statistische Lebenserwartung des Darlehensgebers übersteigt,[651] eine wirtschaftliche Belastung vor – und zwar insbesondere dann, wenn die zum Todeszeitpunkt verbliebenen Darlehensforderungen auf die Erben des Darlehensgläubigers übergehen.[652]

Zudem sei eine verschleierte Schenkung anzunehmen, wenn die Verzinsung des Darlehens so hoch ist, dass dem Darlehensgeber die begründete Aussicht vermittelt wird, innerhalb der vereinbarten Darlehenslaufzeit einen zur

---

646 *Kanzler*, FR 2014, 187 (187); nach Ansicht von Kanzler scheitern die Beispiele für die „weiteren Grenzen" bereits am Fremdvergleich, so dass diesen nur schlagwortartig erläuternde Funktion zukommt.

647 BFH BStBl II 2007, 372 (373); BFH/NV 2009, 12 (13); BFH/NV 2009, 1804 (1804); BStBl II 2014, 374 (378).

648 BFH BStBl II 2007, 372 (373).

649 BFH BStBl II 2014, 374 (378).

650 BFH/NV 1997, 404 (505); ausdrücklich FG Rh.-Pf., EFG 2015, 1711 (1712).

651 Im Fall des FG Rh.-Pf. betrug die Laufzeit des Darlehens 24 Jahre. Der Kläger war im Zeitpunkt des Abschlusses bereits 68 Jahre alt, die statistische Lebenserwartung betrug noch rund 15 Jahre.

652 FG Rh.-Pf., EFG 2015, 1711 (1712).

Refinanzierung aufgenommenen Kredit allein durch die vereinnahmten Zinsen ohne Einsatz eigener Mittel in voller Höhe tilgen zu können[653] oder wenn die angeblichen Darlehensmittel nach außen hin als Eigenkapital dargestellt werden und eine Rückzahlungsvereinbarung fehlt.[654] Allerdings sind die Vereinbarungen in den Urteilen, in denen diese Fallgruppe der verschleierten Schenkung angeführt wurde, bislang nicht an diesem Merkmal gescheitert.

2. Kein Gestaltungsmissbrauch

Des Weiteren darf es sich bei der Vereinbarung nach Auffassung des Bundesfinanzhofs nicht um einen Missbrauch rechtlicher Gestaltungsmöglichkeiten handeln. Die Rechtsprechung hat es insbesondere als rechtsmissbräuchlich beurteilt, wenn die Beteiligten durch zivilrechtlich mögliche Gestaltungen zwar wechselseitige Zahlungsverpflichtungen begründen, damit aber ihre jeweilige Position weder tatsächlich noch wirtschaftlich verändern.[655]

Beispiel:

A und B bilden nach der Übertragung mehrerer fremd vermieteter Grundstücke durch ihre Eltern eine Grundstücksgemeinschaft, die u.a. die beiden Grundstücke S und T hielt. Zum Erwerb des Grundstücks S hatte ihr Vater bei der Anschaffung u.a. ein Darlehen bei seiner Mutter aufgenommen. M übertrug ihre Darlehensforderung gegen V später hälftig auf A und B. Die Anschaffungskosten für das Grundstück T hatte V u.a. durch ein Bankdarlehen finanziert, das er durch Darlehensverträge mit A und deren Ehemann und der B ersetzte.

A und B wurde jeweils zur Hälfte das Eigentum an den Grundstücken S und T übertragen, wobei hinsichtlich der auf diesen Grundstücken lastenden Kreditverpflichtungen grundsätzlich eine Übernahme durch A und B vorgesehen war. Abweichend hiervon sollte B die Darlehensverbindlichkeit des V gegenüber A und A die Darlehensverbindlichkeit des V gegenüber B in gleicher Höhe übernehmen. Hinsichtlich des Grundstücks T sollte B die Darlehensverbindlichkeit des V gegenüber A und ihrem Ehemann übernehmen und A die Darlehensverbindlichkeit des V gegenüber B. In der Folge zahlten sich A und B gegenseitig Schuldzinsen.

Bezüglich des Grundstücks T sah der Bundesfinanzhof keinen Gestaltungsmissbrauch gegeben, da hinsichtlich der wechselseitigen Übernahme der Darlehensverbindlichkeiten aus der Einbindung des Ehemanns der A einen Gestaltungsmissbrauch ausschließende nichtsteuerliche Gründe vorlägen.[656] Der Ehemann habe ein beachtliches wirtschaftliches Interesse daran, als Mitglied der

[653] BFH BStBl II 2000, 393 (395); BStBl II 2014, 374 (378).
[654] BFH/NV 2002, 334 (335); BFH BStBl II 2014, 374 (378).
[655] BFH BStBl II 2004, 648 (649); BStBl II 2008, 502 (503).
[656] BFH BStBl II 2008, 502 (504), auch zum Folgenden.

Gläubigergemeinschaft mit seiner Ehefrau nicht einen dritten Schuldner zu verlieren. B als Schuldnerin bedeute für ihn gegenüber einer alleinigen Schuldnerschaft der A als Ehefrau, mit der er eine Wirtschaftsgemeinschaft bildet, ein Mehr an schuldender Liquidität.

Ein beachtlicher außensteuerlicher Grund fehle aber bei dem das Grundstück S betreffenden Darlehen.[657] Zwecksetzung der die streitigen Darlehen betreffenden Vertragsbeziehungen zwischen A und B und V war es, mit der Grundstücksübertragung V auch von der Darlehensschuld zu befreien. Dem diente die wechselseitige Darlehensgewährung jedoch nicht. Vielmehr erforderte die bezweckte Freistellung des V lediglich, dass A und B ihre Darlehensforderungen ihm gegenüber aufgaben. Die Begründung einer Schuld gegenüber der jeweiligen Schwester diente demgegenüber alleine der Aufrechterhaltung des Schuldzinsenabzugs. Bei einer den wirtschaftlichen Vorgängen angemessenen Gestaltung wären die auf dem Grundvermögen ruhenden Verbindlichkeiten des V A und B gegenüber erloschen, so dass die angesetzten Zinsaufwendungen der Besteuerung nicht zugrunde zu legen sind.

3. Folgerungen für eine Prüfungsreihenfolge

Die Folgerungen, die sich hieraus für die oben aufgeworfene Frage ergeben, wie Vereinbarungen zwischen nahen Angehörigen zu prüfen sind, ergeben sich bereits aus dem zum Verhältnis zwischen § 41 Abs. 2 AO, den Rechtsprechungsgrundsätzen und dem zu § 42 AO Gesagten.[658] Die Vereinbarung ist zunächst dahingehend zu überprüfen, ob es sich um ein Scheingeschäft im Sinne des § 41 Abs. 2 AO handelt. Vollziehen die Parteien das Rechtsgeschäft schon nicht, sprich wollen sie die wirtschaftlichen Folgen dieses Geschäfts bereits nicht eintreten lassen, dann ist das Rechtsgeschäft schon nicht der Besteuerung zugrunde zu legen.

Wollen die Parteien die wirtschaftlichen Folgen des Rechtsgeschäfts, dann stellt sich die Frage, ob die Vereinbarung in dieser Form auch tatsächlich der betrieblichen/beruflichen Sphäre zugeordnet werden kann. Hier kommen die von der Rechtsprechung aufgestellten Kriterien zur Bewertung von Vereinbarungen zwischen nahen Angehörigen zum Tragen. Schließlich kann fraglich sein, ob es sich bei der Gestaltung nicht doch um einen Missbrauch rechtlicher Gestaltungsmöglichkeiten im Sinne von § 42 AO handelt, sprich die Gestaltung zwar im Wesentlichen den Anerkennungsvoraussetzungen entspricht, die äußere Gestaltung aber unangemessen ist, um den angestrebten wirtschaftlichen Erfolg zu erreichen.

---

[657] BFH BStBl II 2008, 502 (504), auch zum Folgenden.

[658] Vgl. Drittes Kapitel § 9 B. II. 3.

Sicherlich ist fraglich, ob man die oben dargestellten Fälle nicht auch schon gänzlich mittels der Anerkennungsvoraussetzungen für Vereinbarungen zwischen nahen Angehörigen hätte lösen können.[659] Ein derartiges Vorgehen ermöglicht aber eine klare Prüfung von Vereinbarungen zwischen nahen Angehörigen. Die von der Rechtsprechung gebildeten Fallgruppen können dabei auch hier zu einer Systematisierung beitragen.[660]

C. Vereinbarung zinsloser Darlehen

Bisher nicht in die Betrachtung zu Darlehensverträgen zwischen nahen Angehörigen mit einbezogen wurden solche Fälle, in denen ein zinsloses Darlehen zwischen nahen Angehörigen Streitgegenstand war. Über solche Gestaltungen haben nunmehr das FG Münster mit Urteil vom 7. November 2016[661] und der Bundesfinanzhof mit Urteil vom 13. Juli 2017[662] entschieden. In beiden Entscheidungen ging es um die Frage, ob ein unverzinsliches Angehörigendarlehen als betriebliche Verbindlichkeit nach § 6 Abs. 1 Nr. 3 EStG gewinnerhöhend abzuzinsen oder aber als Einlage zu werten ist.

Das FG Münster entschied, dass das Darlehen nicht abzuzinsen sei, wenn es einem Fremdvergleich nicht standhalte.[663] Insoweit konsequent entschied der Bundesfinanzhof, dass das Darlehen abzuzinsen ist, wenn der Darlehensvertrag unter Anwendung des Fremdvergleichsgrundsatzes anzuerkennen ist.[664] Der Bundesfinanzhof wendete zur Beurteilung der steuerrechtlichen Anerkennung des Darlehensvertrages die bereits erörterten Grundsätze an und nahm insoweit Bezug auf die Urteile zur anlassbezogenen Fremdvergleichsprüfung.

Das FG Münster hatte in seiner Entscheidung jedoch Bedenken, die Rechtsprechung zur anlassbezogenen Fremdvergleichsprüfung ohne Weiteres auf Fälle zu übertragen, in denen die Parteien ein zinsloses Darlehen vereinbart haben.[665] Hierzu führte es aus, dass der Bundesfinanzhof bei eindeutig betrieblich veranlasster Darlehensaufnahme in Bezug auf den Fremdvergleich einzelner Darlehensklauseln „großzügig" verfahre und die tatsächliche Durchführung der Zinsvereinbarung als entscheidend ansehe.

Diese Fallgruppe, so das FG Münster, mag zu zutreffenden Ergebnissen führen, wenn es um den Betriebsausgabenabzug von Zinsen geht.[666] Fehle es,

[659] In diese Richtung wohl *Kanzler*, FR 2014, 187 (188); *Kulosa*, DB 2014, 972 (973).

[660] Zustimmend auch *Juchem*, Angehörigengeschäfte, S. 58.

[661] FG Münster, EFG 2016, 2056 ff.

[662] BFH, DStR 2017, 2475 ff.

[663] FG Münster, EFG 2016, 2056 (2057), auch zum Folgenden.

[664] BFH, DStR 2017, 2475 (2476), auch zum Folgenden.

[665] FG Münster, EFG 2016, 2056 (2058), auch zum Folgenden.

[666] FG Münster, EFG 2016, 2056 (2058), auch zum Folgenden.

wie vorliegend, aber an einer Zinsvereinbarung, sei bei unverzinslichen betrieblich verwendeten Darlehen regelmäßig nicht von einer Fremdüblichkeit auszugehen. Die vom Bundesfinanzhof beabsichtigte „Großzügigkeit“ beim Betriebsausgabenabzug würde sich dann im Anwendungsbereich des § 6 Abs. 1 Nr. 3 EStG in ihr Gegenteil verkehren. Daher bestünden Zweifel, ob die Anlassrechtsprechung uneingeschränkt auf die Fälle der Abzinsung unverzinslicher Darlehen übertragbar sei.

Das FG Münster ließ diese Frage aber im Streitfall dahinstehen, da selbst wenn man die anlassbezogene Fremdvergleichsprüfung uneingeschränkt auf die Fälle der zinslosen Darlehen übertragen würde, die gesamte Durchführung im Streitfall nicht dem unter fremden Dritten Üblichen entspreche.[667]

Vor dem Hintergrund der ständigen Fortentwicklung der Rechtsprechung könnte es in der Tat zum einen zu erheblichen Anwendungsschwierigkeiten für Verwaltung und Rechtsprechung, zum anderen zu Unsicherheiten bei der Steuerplanung kommen, wenn die großzügige Fremdvergleichsprüfung bei den sogenannten Investitionsdarlehensfällen nun nicht mehr auf die Fälle übertragen werden kann, in denen ein unverzinsliches Darlehen vereinbart worden ist.

Allerdings spricht nichts dagegen, für diese Fälle innerhalb der Investitionsdarlehen wiederum eine Ausnahme vorzusehen, solange Verwaltung und Rechtsprechung auch hier die Anforderung in verhältnismäßiger Weise formulieren, sprich nicht wie Tatbestandsmerkmale handhaben und die Kriterien im Rahmen einer Gesamtwürdigung dahingehend betrachten, ob sie den Rückschluss auf eine private Motivation der Steuerpflichtigen zulassen. Dementsprechend ist es Verwaltung und Rechtsprechung untersagt, schon aus der Tatsache der Unverzinslichkeit der Vereinbarung Rückschlüsse für die steuerliche Bewertung zu ziehen.

Beachtet man den Maßstab der Verhältnismäßigkeit bei der Formulierung und Anwendung der besonderen Anforderungen an Vereinbarungen zwischen nahen Angehörigen, so muss man nicht fürchten, sich in Widerspruch zur erst in jüngerer Zeit angewendeten anlassbezogenen Fremdvergleichsprüfung zu setzen. Der Grundsatz der Verhältnismäßigkeit erweist sich als flexibel genug, um auch neue Fallgestaltungen zutreffend handhaben zu können und gleichzeitig dem Bedürfnis nach Regelhaftigkeit und Steuerplanungssicherheit zu entsprechen.

---

[667] FG Münster, EFG 2016, 2056 (2058), auch zum Folgenden.

§ 13 Ergebnisse des Vierten Kapitels

(1) Verwaltung und Rechtsprechung haben bei der Beurteilung von Vereinbarungen zwischen nahen Angehörigen Art. 6 Abs. 1 GG und die Gewährleistung einer gesetzmäßigen und gleichmäßigen Besteuerung aller Steuerpflichtigen in einen schonenden Ausgleich zu bringen. Der Grundsatz der Verhältnismäßigkeit ist der *Maßstab hinter den Maßstäben* zur Beurteilung von Vereinbarungen im Familienverbund.

(2) Die Anerkennungsvoraussetzungen verfolgen das Ziel, der Gefahr des steuerlichen Missbrauchs zivilrechtlicher Gestaltungsmöglichkeiten durch Familienangehörige aufgrund des fehlenden Interessengegensatzes Rechnung zu tragen und so den Grundsatz der Gesetzmäßigkeit der Besteuerung sowie dem Grundsatz der Gleichmäßigkeit der Besteuerung zu wahren.

(3) Für den Schutz von materiellen Rechtsgütern besteht jedoch eine Eingriffsschwelle für die Gefahrenabwehr. Gefahren, die lediglich von dem Abschluss einer derartigen Vereinbarung als solche ausgehen, sind zu abstrakt, als dass sie dazu berechtigten, diese staatlicherseits zu untersagen. Vielmehr bedarf es einer konkreten Gefährdung dieser Verfassungsgüter, die sich vorliegend aus der besonderen Interessenlage der Beziehungen zwischen Eltern und Kindern ergibt. Diese unterscheiden sich grundlegend von der Interessenlage zwischen untereinander fremden Vertragsparteien. Erforderlich ist jedoch eine genaue Betrachtung des Näheverhältnisses.

(4) Die von Verwaltung und Rechtsprechung herangezogenen Kriterien sind geeignet, das Ziel der Missbrauchsabwehr zu erreichen. Es lassen sich keine grundlegenden Einwände gegen ihre Eignung zur Feststellung vorbringen, ob die Vereinbarung betrieblich oder privat veranlasst ist.

(5) Der Grundsatz der Erforderlichkeit setzt der Formulierung der Kriterien zur Überprüfung von Vereinbarungen zwischen nahen Angehörigen Schranken. Verwaltung und Rechtsprechung dürfen die Kriterien nicht mehr so formulieren, dass ein nachteiliges Indiz zu einem Tatbestandsmerkmal verselbständigt wird, da es Ziel der Rechtsprechungsgrundsätze ist, die inneren Tatsachen zwischen den Steuerpflichtigen zuverlässig nachzuweisen. Diese Vorgaben hat die Rechtsprechung in jüngerer Zeit umgesetzt. Insbesondere die Unterscheidung zwischen verschiedenen Fallgruppen ist elementar, um dem Grundsatz der Erforderlichkeit zu genügen.

(6) Der Grundsatz der Erforderlichkeit schränkt auch die Anwendung der besonderen Anforderungen ein. Es dürfen an die Prüfung von Angehörigenverträgen nur solche Kriterien angelegt werden, die sich als notwendig erweisen, um eine gesetzmäßige und gleichmäßige Besteuerung zu gewährleisten.

Verwaltung und Rechtsprechung dürfen aufgrund von Praktikabilitätserwägungen nicht von einer Würdigung der Gesamtheit der objektiven Gegebenheiten absehen. Zur Abwehr missbräuchlicher Gestaltungen kommt es entscheidend auf die Würdigung aller Umstände des Falles an, auf den Anlass, aus dem heraus ein Vertrag zu prüfen ist. Es sind nur solche Formen der Beweiswürdigung zulässig, die die Möglichkeit eines Gegenbeweises eröffnen. Die Möglichkeit, einzelne Abweichungen durch Heranziehung gegenläufiger Indizien ausgleichen zu können, trägt dem verfassungsrechtlichen Verhältnismäßigkeitsgrundsatz Rechnung.

(7) Der Grundsatz der Verhältnismäßigkeit als Maßstab zur Beurteilung von Vereinbarungen zwischen nahen Angehörigen ermöglicht auch die Anwendung anderer Argumentationsfiguren zur Beurteilung von Vereinbarungen zwischen nahen Angehörigen. In bestimmten Fällen kann daher auch das Bestehen eines Gesamtplans als Indiz gegen die Fremdüblichkeit betrachtet werden, wenn die Beweisanzeichen des zeitlichen und sachlichen Zusammenhanges in einer Gesamtbetrachtung gewürdigt werden und die Möglichkeit besteht einen Gegenbeweis zu erbringen.

(8) Die Anerkennungsvoraussetzungen sind auch verhältnismäßig im engeren Sinne. Sie stehen nicht erkennbar außer Verhältnis zu den mit den Kriterien verfolgten Zielen, da sie nicht in den absolut geschützten Kernbereich privater Lebensgestaltung eingreifen. Der Grundsatz der Gleichmäßigkeit der Besteuerung rechtfertigt als überwiegendes Interesse der Allgemeinheit, dass an diese Vereinbarungen besondere Anforderungen für ihre Anerkennung gestellt werden. Vom Ziel der Gleichmäßigkeit der Besteuerung hängt die Rechtfertigung des Steuereingriffs insgesamt ab.

Fünftes Kapitel: Schlussbetrachtung und Ergebnisse der Arbeit

Wie eingangs dargestellt, handelt es sich bei Einkünfteverlagerungen innerhalb des Familienverbundes um ein nach wie vor beliebtes Mittel der Steuergestaltung, mit dem sich zum Beispiel Progressionsvorteile erreichen lassen. Finanzverwaltung und Rechtsprechung stehen derartigen Gestaltungen skeptisch gegenüber und legen strenge Maßstäbe an, wann Verträge zwischen nahen Angehörigen anzuerkennen sind. Diese Maßstäbe haben sich im Laufe der Zeit geändert, sind konkretisiert und wieder aufgegeben worden. Erst jüngst hat die Rechtsprechung der Prüfung des Fremdvergleichsgrundsatzes eine neue Richtung gegeben, indem diese nach dem Anlass der Leistungserbringung fragen muss.

Diese jüngere Entwicklung wurde zum Anlass genommen, danach zu fragen, was letztlich die Maßstäbe sind, die hinter den von der Rechtsprechung angelegten Maßstäben stehen. Die stetige Entwicklung der Rechtsprechungsgrundsätze ist Folge der mannigfaltigen Gestaltungsmöglichkeiten, die den Steuerpflichtigen zur Verfügung stehen und Verwaltung und Rechtsprechung vor erhebliche Anwendungsschwierigkeiten stellen. Gleichzeitig führt die Fortentwicklung der Anerkennungsvoraussetzungen auf Seiten der Steuerpflichtigen zu Planungsunsicherheit. Die Identifizierung der Maßstäbe hinter den Maßstäben ist aus dem theoretischen Bedürfnis nach Systematisierung und dem praktischen Bedürfnis nach Planungssicherheit geboten.

Zu diesem Zweck wurde im Rahmen einer historischen Betrachtung der Rechtsentwicklung aufgezeigt, dass es sich bei den Anerkennungsgrundsätzen zu Familienverträgen um ein Sonderregime der Rechtsprechung handelt, welches keine explizite Stütze im Einkommensteuergesetz findet. Es handelt sich um ein im Prozess der Rechtsanwendung entwickeltes Institut.

Zusätzlich tritt die Rechtsprechung an Vereinbarungen zwischen nahen Angehörigen nicht nur mit den zu diesem Zweck entwickelten Grundsätzen heran, sondern beurteilt sie ebenso anhand der allgemeinen Normen des § 41

Abs. 2 AO und des § 42 AO; außerdem zieht sie die Argumentationsfigur des Gesamtplans heran.

Das Ziel, das Verwaltung und Rechtsprechung durch die Anwendung der Anerkennungsvoraussetzungen verfolgen, ist die Verhinderung von Gestaltungsmissbräuchen, indem festgestellt wird, ob die bewirkten Leistungen dem steuerlich relevanten betrieblichen/beruflichen Bereich oder dem steuerlich irrelevanten privaten Bereich zuzuordnen sind. Werden daher an den Nachweis der Ernsthaftigkeit besondere Anforderungen gestellt, dann zielt dies zum einen auf die Vermeidung von Missbräuchen durch die Steuerpflichtigen und zum anderen auf die Feststellung der eigentlichen Motivation hinter der Gestaltung.

Die *Maßstäbe hinter den Maßstäben* zur Beurteilung der Ernsthaftigkeit einer Vereinbarung im Familienverbund ergeben sich vorrangig aus der Verfassung. Ausgangspunkt für die Frage, ob an Vereinbarungen zwischen nahen Angehörigen besondere Nachweisanforderungen gestellt werden dürfen, ist Art. 6 Abs. 1 GG. Es handelt sich bei den Rechtsprechungsgrundsätzen jedenfalls um eine Benachteiligung von Ehe und Familie, denn an Familienverträge werden andere Voraussetzungen gestellt als an Vereinbarungen zwischen fremden Dritten. Auf der anderen Seite stehen aber die Verpflichtung des Staates zu einer gesetzmäßigen Erhebung und Festsetzung der Steuer sowie die Sicherstellung einer gleichmäßigen Belastung aller Steuerpflichtigen.

Damit diese Verfassungsgüter bestmöglich verwirklicht werden können, bedarf es eines Maßstabes, der die Anwendung und Ausgestaltung der Grundsätze durch Verwaltung und Rechtsprechung leitet. Dieser *Maßstab* für die steuerliche Bewertung von Einkünfteverlagerungen innerhalb des Familienverbundes ist der *Grundsatz der Verhältnismäßigkeit*.

Die Konsequenz, die sich hieraus auch für die zukünftige Anwendung der Rechtsprechungsgrundsätze ergibt, ist, dass zunächst zur Verhinderung von Gestaltungsmissbräuchen der Grund für die Leistungsbeziehung aus den gesamten Umständen konkret festgestellt werden muss und sich hieraus eine konkrete Gefahr für die Verwirklichung einer gleichmäßigen und gesetzmäßigen Besteuerung ergibt. Sodann dürfen zur Abwendung dieser Gefahr nur solche Kriterien herangezogen werden, die zur Erreichung dieses Ziels geeignet sind und nur solche Kriterien formuliert und angewendet werden, die zur Erreichung dieses Ziels auch erforderlich sind.

Als ein Weg, der dieses Anliegen verwirklicht, kann die anlassbezogene Fremdvergleichsprüfung gesehen werden. Sie differenziert zwischen verschiedenen Fallgruppen und bewertet diese mal nach strengeren, mal nach weniger strengen Gesichtspunkten. Es handelt sich im Wesentlichen um eine – am Grundsatz der Verhältnismäßigkeit orientierte – abgestufte Fremdvergleichsprüfung der Vereinbarung. Ihre Intensität, also ihre Erforderlichkeit, hängt dabei von der Missbrauchsanfälligkeit der Gestaltung ab.

Bei der ersten der hier untersuchten Fallgruppen sind die Darlehensmittel dem – meist minderjährigen – Darlehensgeber zuvor vom Darlehensnehmer geschenkt worden, so dass eine private Veranlassung hier wahrscheinlich erscheint. In der dritten Fallgruppe wird man dagegen entweder davon ausgehen können, dass es sich um wirtschaftlich voneinander unabhängige Parteien handelt, die Darlehensmittel also originär aus dem Vermögen der Darlehensgeber stammen, oder aber, dass die Darlehensmittel der Finanzierung der Anschaffungs- oder Herstellungskosten von Wirtschaftsgütern dienen; die Darlehensaufnahme ist hier eindeutig betrieblich beziehungsweise durch die Erzielung von Überschusseinkünften veranlasst.

Bei der Bewertung dieser Fallgruppen spielt somit insbesondere eine Rolle, welche Familienangehörigen an den Vertragsbeziehungen beteiligt sind. Die wirtschaftliche Abhängigkeit ist dabei ein entscheidendes Indiz dafür, dass die Gestaltung privat motiviert ist. Allerdings muss den Beteiligten auch hier die Möglichkeit offenstehen, ein abweichendes Verhalten als noch üblich darlegen zu können. Orientieren sich Finanzverwaltung und Finanzrechtsprechung daran, ob es sich um eine vertragliche Haupt- oder Nebenpflicht handelt, so greifen sie auf einen sachgerechten Maßstab zur Beurteilung der Vereinbarung zurück und wählen das mildere Mittel, wenn sie die Vereinbarung anerkennen, obwohl von einer Nebenpflicht abgewichen wurde.

Die anlassbezogene Fremdvergleichsprüfung ist somit als im Kern am Grundsatz der Verhältnismäßigkeit orientiert verfassungsrechtlich nicht zu beanstanden. Für eine einheitliche Anwendung der Rechtsprechungsgrundsätze ist der Gedanke, die Vereinbarungen nach Anlass des Vertragsschlusses zu beurteilen, auf alle Vertragsgestaltungen zu erstrecken. Bislang ist dies nur für Arbeitsverträge und für Darlehensverträge erfolgt. Auch Mietverträge und Gesellschaftsverträge zwischen nahen Angehörigen, als weitere Vertragsarten von großer praktischer Relevanz, sind jedoch entsprechend zu behandeln.

FSC
www.fsc.org
MIX
Papier | Fördert
gute Waldnutzung
FSC® C083411

Kolibri 360 GmbH
Ferdinand-Jühlke-Straße 7
99095 Erfurt, Deutschland
produktsicherheit@kolibri360.de